家族信託 の 税金

令和2年に発行した書籍
「わかりやすい家族信託の税金のはなし」を基に
信託税制が改正された「平成19年度の税制改正の解説」等を
ふんだんに採り入れた分かりやすい改訂版

税理士 山田吉隆 著

一般財団法人
大蔵財務協会

はしがき

　今の日本の現状は、少子高齢化社会になっています。

　そして、「団塊の世代」の方々が、後期高齢者と言われる75歳以上に達する令和7年には高齢者数が3,657万人となり、近い将来には人口の3人に1人が高齢者になると言われています。

　社会福祉問題、年金問題や働き手の確保などが大きな問題になってきます。

　そして、高齢化に伴って認知症の方が増えているということも現実です。

　認知症の方々の多くは、法律行為ができません。

　法律行為が制限されれば、その方々が所有している金融財産や不動産などの利活用ができなくなります。資産が凍結状態になります。

　本人にとっても家族にとっても由々しき問題です。

　ところで、今、話題になっている「家族信託」をご存じでしょうか？

　平成18年に信託法が大改正され、新たに誕生した制度です。

　この家族信託の仕組みを活用することで、認知症等の対応としてその方の保有する財産が凍結されることなく利活用できるようになりました。

　この本は、家族信託の制度と税金について、令和2年6月に発行した「わかりやすい家族信託の税金のはなし」を基に、一部加除を行い、更に内容を充実させ理解をし易くするため、現在、国立国会図書館に保存されている財務省作成の「平成19年度税制改正の解説」（全774ページ）から関係する箇所を抜粋し原文で登載をしております。

　当時の財務省がどのような考えで（家族）信託に関する税制改正を行ったのかが分かると思います。

　家族信託を支援される税理士、司法書士、行政書士、弁護士等の皆様方には、装いを新たにしたこの本を手にしていただければと願っています。

　資産が凍結される認知症等への対策の一助になれば幸いです。

　令和5年6月

山田　吉隆

目　　次

iii

本文中に記載されている家族信託の名称は、一般社団法人家族信託普及協会の登録商標です。なお、本文中では®などのマークを省略しています。

第 **1** 章

家族信託の制度について

はじめに

　我が国では世界で経験したことのない超高齢化社会が進んでいます。

　内閣府の高齢社会白書では、65歳以上の認知症患者数は2015年で約520万人、2030年には830万人に達し総人口の7％になると予測しています。

　また、平成30年8月26日の日経新聞では、認知症患者が保有する金融資産が2030年には215兆円になるとありました。

　そして、我が国の高齢者の人たちは金融資産だけではなく収益不動産や株式等の有価証券なども多く所有しているといわれています。

　その人たちが認知症になったらどうなるか？

　認知症などの場合、判断能力がないとされ、法により、契約を結ぶことや預金の引出し、解約などあらゆる法律行為に制限がかかりこれまでどおり自由に行うことができなくなります。

　そしてそれは相続が発生するまで、または、あまり現実的ではありませんが認知症状態が回復し正常になるまでの間は資産が凍結されてしまいます。

　凍結されるということは、持っている資産を動かすことができないということであり、いわゆる資産が「絵に描いた餅」状態となることであります。

　もちろん、他人が本人に代わって運用することもできません。

　その期間がどれくらいあるかと言いますと、相続が発生するまでの期間でみると、男性で約9年間、女性で約12年間と報告されています。

　この間は、どうすることもできません。

　このようなことは本人や家族にとっては大変不幸なことであり、資産の所有者からすれば無きに等しい状態となり、また、経済全体から見ても血流を悪化させることにつながります。すべてに対して好ましいことではありません。

　そんな時、救世主となるような制度が誕生しました。

　平成18年12月15日の信託法の改正によって、国の許認可がなくても一般家庭の中で信託制度を活用することができるようになり、認知症等の対策として、資産の凍結を回避させることが可能となる新しい制度が認められました。

　この新たに誕生した制度は「民事信託（家族信託）」といわれています。

　認知症などで判断能力が認められなくなることを案じている人たち及びその

家族の方々にとっては朗報ではないかと思います。

　相続を迎えるまでは使うことのできなかった財産を凍結させることなく活用することができるような仕組みができたわけですから、認知症患者の増加社会の我が国ではまさに救世主ではないかと考えます。

　既存の成年後見制度と併用するなどして資産の凍結を避けることのできる新たな手法を広く伝えていく必要があると考えています。

　また、平成31年1月時点ですでに10年以上取引のない預金を休眠預金として扱う制度が、平成28年の法律（休眠預金等活用法）でスタートしました。

　10年以上取引がなされてない預金は、過去の実績から、毎年1200億円（その後、500億円程度は払い戻しされている。）程度発生しているようですが、認知症になりその状態が長期間続けば休眠預金になる可能性がはるかに高くなります。

　皆さん方もそうだと思いますが、親の預貯金がどこの金融機関にどれくらいあるかご存知の方は、ほとんどおられないのではないかと思います。

　核家族化が進んでいる我が国において、大多数の人たちは親と離れて暮らしており、尚更のことでしょう。

　厚生労働省は平成30年7月20日に、単独世帯を含まない親族世帯の中で18歳未満の児童がいる世帯のうち、核家族世帯は82.7％を占めていると「平成29年の国民生活基礎調査結果」を発表しています。

　そしてこの傾向はまだまだ続くと見ています。

　そのような状況で、親が認知症になれば、永遠に休眠預金とされ、自分たちの手元には戻ってはこないでしょう。

　加えて、家族信託制度は、この認知症対策の他に資産承継、事業承継にも活用することができますし、今話題になっている「空き家問題」「所有者不明土地問題」の解決策の一助にもなるものと考えます。

　この新しくできた家族信託を是非とも広められればと考えていますが、正しく普及させるためには、制度だけの周知ではダメだとも考えています。

　この信託には、受益者課税や受託者課税（法人課税）など通常では目にする

ことのない税に関する内容が潜んでいますので、普及を進めるに当たっては税の専門家である税理士も立ち上がる必要があります。

　税金に関する説明が疎かになれば、例え信託契約の組成ができたとしても、その先には税金の負担が出てきて慌てることになります。

　そうなると、契約書作成支援者に対する苦情又は損害賠償という予想だにしなかった問題が起きてくることも考えられます。

　せっかく円満な資産承継や事業承継ができたと安心したところに起きてくる問題です。

　その時に、委託者が認知症などで記憶が曖昧になっているとすれば、ますます複雑になります。

　家族信託の制度の主担は司法書士・行政書士・弁護士の先生方であるとは思いますが、税の主担は税理士です。

　制度の説明だけで契約に至ったとすれば、のちのち大変なことが起こりますので、家族信託を問題なく普及させるに当たっては、税金のことを切り離して行うわけにはいけないと思います。

　信託法が84年ぶりに大改正され、優れた制度ができたわけですが、運営上の手違いで普及に支障を来たすようなことはあってはなりません。

　家族信託を普及させるには、制度の説明と税のシステムを同時に知らせていくことに努めなければ、この制度は本当に成熟しないのではないかと懸念します。

　士業の専門家がタッグを組んで家族信託を円滑に定着させる必要があるのではないでしょうか。

　さりとて、現状は家族信託の説明を一度や二度聞かれても、高齢者はもちろん、そのお子さん世代の方であってもなかなか理解しにくいといわれています。

　馴染みがない上に、複雑な仕組みや構造で成り立っているからだと思います。

　さらに、委託者の中には「信託財産が自分のものではなくなり、名義が受託者に移転してしまう。」ということに抵抗感を持ち、そのことがブレーキになっているのではないかと言われる方もいます。

　しかし、家族信託は柔軟性のある使い勝手の良い制度ですので、いずれ多く

の方に利用されるのは間違いないと思いますが、認知症等の対策を考えておられる方には時間的余裕がないことも認識しておくことが必要です。

この本では、家族信託の制度の概要と家族信託に関する税金について説明いたします。

1　我が国の人口動向と高齢化の実態

最初に、なぜ今、我が国において家族信託が話題になってきているかといいますと、超高齢化社会の時代を迎え、それに伴って悲しいことではありますが認知症になられる方が増加しているということにあります。

認知症になると、法律行為が難しくなり、自身の財産管理などに支障を来します。

厚生労働省の発表によると、認知症患者数は高齢化とともに年々増加しており、国民の健康でない期間は、男性で約9年間、女性で約12年間となっています。

では最初に、「我が国の人口動向と高齢化の実態」から説明いたします。

⑴　人口減少

終戦直後の昭和20年（1945年）の人口は約7,200万人でした。

その後の昭和22年から24年の3年間（毎年250万人以上の出生）は、第一次ベビーブーム時代（後に「団塊の世代」と命名）といわれ、ピークの昭和24年には1年間で269万6,638人の出生がありました。

我が国の高度成長時代はこの方々が中心となって担ってこられたわけです。

その後、昭和46年から昭和49年の4年間（毎年200万人以上の出生）の第二次ベビーブーム（後に「団塊ジュニア」と命名）を経て、我が国の人口は右肩上がりで増加してきました。

そして、平成20年（2008年）に総人口が12,808万人となりピークに達しましたが、その後は、ご存じのとおり減少に転じており、今後も間違いなく減り続けると予測されています。

総人口については、令和4年10月1日時点で12,494万人（ピーク時よりも

約300万人減少）、令和12年には11,661万人となりピーク時よりも約1,147万人減少するとの発表がされています。

ピーク時から14年後の令和４年に人口が約300万人減少ということは、現在の人口数でいいますと長野県（202万人）と富山県（102万人）が消滅したということになります。凄いことですよ、２つの県が無人状態になるということですから。

出生数を見ますと、79万9,000人（昭和24年の30％）で統計を取りはじめた明治32年（1899年）以降で最も少ない状況になっています。

また、同発表では、同年の死亡数から出生数を差し引いた人口の自然減は73万1,000人で、平成30年に初めて40万人台の減少となってから僅か４年で73万人台の減少に突入しており、とてつもない少子化と人口減少傾向が続いています。（ちなみに福井県の人口は75万人）

このような我が国の状況は、世界のどこの国も経験したことのないことだといわれています。

⑵　高齢化社会

次は高齢化についてでありますが、65歳以上の老年人口が急激に増えている状況にあります。

団塊の世代が高齢者といわれる65歳以上になった平成27年の高齢者数は3,395万人（総人口の26.8％）を占め、さらに、団塊の世代が後期高齢者といわれる75歳以上に達する令和７年には3,657万人になると予測されています。（このことを「2025年問題」といっている。）

その後の予測でも高齢者数はさらに増加を続け、予測上、ピークとなる令和24年には3,878万人に達するようであります。

総人口に占める高齢者数の割合は、平成25年には25.1％（４人に１人）となっていましたが、令和17年には33.4％（３人に１人）になると予測発表されています。

これから12年もすると、３人に１人が65歳以上になるわけです。

高齢になれば、健康上の問題も出てきます。

2　現在の我が国の平均寿命と健康寿命の差

　次は、平均寿命と健康寿命の差を通じて「健康でない期間」の状況を説明します。

　厚生労働省の発表（令和4年7月29日）では、令和3年の平均寿命と健康寿命は次のようになっています。（3年毎の発表）

　　　　　　（平均寿命）　（健康寿命）　（健康でない期間）
（男性）　　81.47歳　　－　72.68歳　　＝　　8.79歳
（女性）　　87.57歳　　－　75.38歳　　＝　12.19歳

　　◇　「健康寿命」とは、健康上の問題で日常生活が制限されることなく生
　　　　活できる期間のこと。
　　◇　「健康でない期間」とは、健康上の問題で日常生活に制限がある期間
　　　　のこと。

　このことからも分かるように、「健康でない期間」が男性で約9年間、女性で約12年間となっています。

　次に、認知症患者数について厚労省資料（平成25年）に基づき説明をします。

　平成24年の65歳以上の認知症患者数は高齢者総数3,079万人のうち462万人、割合で15％であり、65歳以上の高齢者の約7人に1人となっています。

　また、これとは別に認知症予備軍といわれる人が約400万人おり、双方を合わせると約862万人、高齢者総数との割合では28％となっています。

　さらに、令和7年には、認知症患者数は約700万人となり65歳以上の高齢者の約5人に1人と予測されています。（予備軍を含めるとさらに多くなる。）

　そして認知症になると、判断能力がないと認められ、契約を結ぶことや財産を処分するなどの法律行為ができなくなります。

　判断能力が認められなくなれば、平成12年（2000年）に介護保険制度とともに設けられた成年後見制度の活用ということも考えられますが、種々の問題が

提起されており、制度発足から21年経過した令和3年12月末時点の成年後見制度の利用者数は239,933人と認知症高齢者の約2.8％しかなく、その利用の割合は決して多いとはいえません。

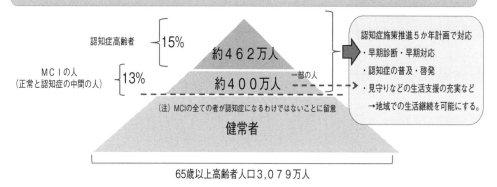

出典：厚生労働省「都市部における認知症有病率と認知症の生活機能障害への対応」（H25.5報告）

3　家計が持っている金融資産残高

　次に、認知症などの方がどれくらいの金融資産を所有しているかについて述べます。

　令和5年3月17日に日銀が発表した内容によると、個人（家計部門）が持つ金融資産の残高は、令和4年12月末時点では2,023兆円、主な資産内容は、現金・預金が1,116兆円、株式等が199兆円、投資信託が89兆円となっており、他は保険や年金、定型保障などとなっています。

　また、平成30年8月の日経新聞では、「認知症患者、金融資産200兆円にマネー凍結リスク」とあり、「平成29年の認知症患者が保有する家計の金融資産は143兆円（全体の7.8％）、これが令和12年には1.5倍の215兆円に達し、家計金融資産全体の1割を突破しそうだ」…とありました。

　資産が凍結されるということは、自身の所有物でありながら自身で使うことができない、「絵にかいた餅」状態になるということであり、生活する上で困窮することになります。大変なことです。

一方で、我が国のGDPの４割に相当するお金が凍結状態（相続が発生するまで）になり、経済に対しても重石が大きく圧し掛かることになります。

いずれにおいても、非常に由々しきことであります。

ちなみに、家計が持っている金融資産のうち、60歳以上の方が保有している割合は約65％（平成26年時点）に達しているといわれています。

当然ですが、認知症の方も多くの金融資産を持っていることになります。

その金融資産が認知症の期間である約10年間、凍結状態になるということは本人にとっても家族にとっても、さらには社会全体にとっても大変由々しきことであるということを再認識しなければなりません。

次からは、認知症等になっても、資産を凍結させることなく管理・処分が可能となる、新しい制度、「家族信託」について説明をしてまいります。

4　家族信託

私自身が家族信託を勉強するに当たって悩んだことは、信託という言葉は知っていましたが仕組みなどの内容までは理解していなかったということです。

そこで、私は、信託を知るためにはその歴史から理解したほうが分かりやすいということに至りましたので、信託の歴史から話を始めます。

(1)　信託の始まりは中世ヨーロッパの十字軍まで遡る

現在、我が国では、信託とは「信じて託すこと」といわれています。

具体的には「自分の財産を信頼できる人に信じて託す」ということです。

法律では、信託法第２条１項において、その趣旨を「**信託とは、特定の者（受託者）が財産を有する者（委託者）から移転された財産（信託財産）につき、信託行為（契約等）に基づき、一定の目的（信託目的）に従い、財産の管理又は処分及びその他の当該目的の達成のために必要な行為を行うことである**」としています。

この仕組みの原点に遡ってみます。

「信託」という考え方は、歴史上、とても古く、諸説あるようですが、そ

の一つを紹介いたしますと、「十字軍」まで遡ります。

　11世紀末（1096年）から約180年間にわたって中世ヨーロッパにおいて、キリスト教徒が約6000キロ離れた聖地エルサレムをイスラム教徒から奪還するために結成された遠征時の兵士が十字軍と呼ばれています。

　その時の兵士は、無事に帰って来ることができるのか分からない状況であり、所有している土地（領地など）を信頼できる友に預け、友自らの責任において適切に管理・処分をさせ、そこから生じた収益を依頼者の家族に渡すことを確約させて出兵したようです。

　その後、この制度はアメリカにわたり、南北戦争時代や西部開拓時の資金調達の方法として活用され、定着し、成熟し、その信託の制度を我が国が採り入れたという流れになっています。

　これが信託の原型であり、我が国の信託の基本となっています。

　「他人に信じて託す」ことであります。

　ということは、そこには信じて託せる人が必ずいるということが基本になります。

　信託の全てはそこにあることを忘れないようにしてください。

(2)　我が国における信託制度の導入

　そして、我が国には明治の後半に信託の考えが導入されましたが、運用面では他人の財産を預かった者が自由に使うなどの横領等の事件が多発したことから、大正11年（1922年）に信託に関する基本法規として（旧）信託法が、信託会社に対する取締法規として（旧）信託業法が作られたという経緯があります。

　そこでは、悪用を防止するため信託業務には免許を必要としたことから、信託銀行や信託会社を中心とした信託専門会社の組織運営となり個人間での利用に制限がかかったわけです。個人間の信託はできなくなりました。

　それ以降、平成18年に改正（施行は19年）が行われるまでの84年の長きにわたって、国民の中では信託は許認可を受けた運営業者が担うものであって、個人間で行うことはできないものであるとの考えが定着してきています。

今回の改正のきっかけは、長い間における社会経済の状況変化に伴い、信託の制度を家族間で行えるようにできれば高齢化社会や認知症患者の増加などの様々な社会変化に伴う財産の管理・処分や承継、また高齢者や障害者等のための生活支援などに活用ができるのではないかというニーズの高まりがあったことから、許認可を受けないでもできる新しい形の信託、いうなれば個人間で行える信託が我が国においてやっと導入されることに至ったわけです。

　新信託法では、「利益を得る目的で反復継続」して受託しない信託の形であれば、受託者に許認可は不要であり、一定のルールに従って行えば例え家族間であっても信託を活用することが可能になりました。

　このような経緯を経て、これまでの信託法の固い扉が開き、新たな制度として民事信託（家族信託）が我が国に誕生したわけであります。

　84年ぶりの法改正によって、時代に合った装い新たな信託ができたということになります。

　その中には、先に触れました認知症患者の方の資産凍結を防ぐことができる手法などこれまでは諦めていたことが可能となる内容もたくさん盛り込まれています。

　新たな効果が期待できるこの家族信託を早く広め、大いに活用したいものであります。

(3)　信託制度の改正、そして「家族信託の誕生」

　84年間続いた旧信託法は、わずか75条の条文からなる法律でしたが、新信託法は、全文で271条にもなる法律となっており、内容も実体経済に沿ったものとなっています。

　法律を改正したという枠をはるかに越えた規模であることから、新法が誕生したといわれている専門家もおられます。

　内容は、これまでの殻を一気に破り、さらに将来を見越したものを取り込んでいますので、馴染みがなかったことも手伝って、今度は理解に苦しむことになるかもしれません。

（例えば、自己信託（信託法3①三）、受益者指定権等を有する定めのある信託（信託法89）、受益者の定めのない信託（信託法258）や後継ぎ遺贈型受益者連続信託（同法91）ほか）。

基本は、信託を行うに当たっては、信託の基本的な仕組みとその本質に違反しない限りは当事者が望むいかなる形態の信託設計が可能になったことを知っておくことが大事だろうと思います。

また、新しい信託法の施行に伴い、現行の信託法、信託業法その他63の関係法律についても所要の規定の整備が行われ、これまでの規制色の強い法律から時代に合った柔軟な制度設計が作り易い法律に生まれ変わりました。

⑷　家族信託制度とは

さて、改めて信託とはどういうものかということを説明します。

信託法第2条第1項で、「信託とは、次条各号に掲げる方法のいずれかにより、特定の者（受託者）が、一定の目的（信託目的）に従い、財産の管理又は処分及びその他の当該目的の達成のために必要な行為をすべきものとすることをいう。」と規定しています。

信託法第2条　（定義）
　この法律において「信託」とは、次条各号に掲げる方法のいずれかにより、特定の者が一定の目的（専らその者の利益を図る目的を除く。同条において同じ。）に従い財産の管理又は処分及びその他の当該目的の達成のために必要な行為をすべきものとすることをいう。

そして、この信託の登場人物（当事者）は基本的には、「委託者」「受託者」「受益者」の3名となっています。

それぞれについて説明します。

「委託者」とは、信託を行う者。（信託法2④）

「受託者」とは、信託行為の定めに従い、信託財産に属する財産の管理又は処分及びその他の信託の目的達成のために必要な行為をすべき義務を負う者。（信託法2⑤）

自然人、法人を問わず、誰でも受託者になれます。

　　　　　　　ただし、未成年者を受託者にすることはできません。

（信託法 7 ）

「受益者」とは、受益権を有する者。（信託法 2 ⑥）

　　　　　　　ただし、信託成立の条件には受益者は必ずしも存在しな
　　　　　　　くても良いとなっています。（信託法258条）
　　　　　　　………（いわゆる目的信託（新設）と言われるもの）
　　　　　　　例えば、「将来の特定の時点における一定の者」という現
　　　　　　　時点ではその条件に具体的に該当しない者、又は「将来生
　　　　　　　まれてくる子」というように今は実在してないが将来存在
　　　　　　　するであろう者でもよいことになっています。

そして、それぞれの役目は、

　　○　委託者の財産は受託者に移転し受託者が信託財産の名義人になる。

　　○　受託者は、信託目的の拘束の下、信託財産の管理・処分等を行う。

　　○　受益者は、受託者から信託の収益配当を受け取る。

ということになります。

　以上のとおり、受託者が信託財産の名義上の所有者になり、実質的な権利
は収益を受ける受益者に全て移ることになります。

　これが、信託の基本であります。

　この仕組みを図で表すと次のようになります。

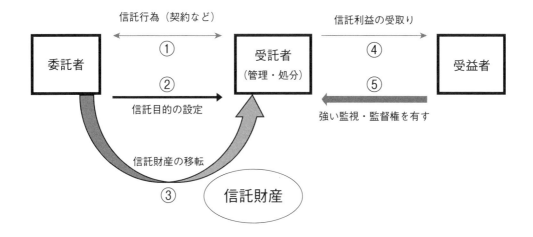

信託法第2条　（定義）

4　この法律において「委託者」とは、次条各号に掲げる方法により信託をする者をいう。

5　この法律において「受託者」とは、信託行為の定めに従い、信託財産に属する財産の管理又は処分及びその他の信託の目的の達成のために必要な行為をすべき義務を負う者をいう。

6　この法律において「受益者」とは、受益権を有する者をいう。

信託法第3条　（信託の方法）

信託は、次に掲げる方法のいずれかによってする。

一　特定の者との間で、当該特定の者に対し財産の譲渡、担保権の設定その他の財産の処分をする旨並びに当該特定の者が一定の目的に従い財産の管理又は処分及びその他の当該目的の達成のために必要な行為をすべき旨の契約（以下「信託契約」という。）を締結する方法

二　特定の者に対し財産の譲渡、担保権の設定その他の財産の処分をする旨並びに当該特定の者が一定の目的に従い財産の管理又は処分及びその他の当該目的の達成のために必要な行為をすべき旨の遺言をする方法

三　特定の者が一定の目的に従い自己の有する一定の財産の管理又は処分及びその他の当該目的の達成のために必要な行為を自らすべき旨の意思表示を公正証書その他の書面又は電磁的記録（電子的方式、磁気的方式その他人の知覚によっては認識することができない方式で作られる記録であって、電子計算機による情報処理の用に供されるものとして法務省令で定めるものをいう。以下同じ。）で当該目的、当該財産の特定に必要な事項その他の法務省令で定める事項を記載し又は記録したものによってする方法

信託法施行規則

第二節　自己信託に係る公正証書等の記載事項等

第三条

法第三条第三号に規定する法務省令で定める事項は、次に掲げるものとする。

一　信託の目的

二　信託をする財産を特定するために必要な事項

三　自己信託をする者の氏名又は名称及び住所

四　受益者の定め（受益者を定める方法の定めを含む。）

五　信託財産に属する財産の管理又は処分の方法

六　信託行為に条件又は期限を付すときは、条件又は期限に関する定め

七　法第百六十三条第九号の事由（当該事由を定めない場合にあっては、その旨）

八　前各号に掲げるもののほか、信託の条項

信託法第7条　（受託者の資格）

信託は、未成年者を受託者としてすることができない。

信託法第258条　（受益者の定めのない信託の要件）

受益者の定め（受益者を定める方法の定めを含む。以下同じ。）のない信託は、第三条第一号又は第二号に掲げる方法によってすることができる。　　⇐　⇐　第3号に

おいては摘要できない。

2　受益者の定めのない信託においては信託の変更によって受益者の定めを設けることはできない。

3　受益者の定めのある信託においては、信託の変更によって受益者の定めを廃止することはできない。

4　第三条第二号に掲げる方法によって受益者の定めのない信託をするときは、信託管理人を指定する定めを設けなければならない。この場合においては、信託管理人の権限のうち第百四十五条第二項各号（第六号を除く。）に掲げるものを行使する権限を制限する定めを設けることはできない。

5　第三条第二号に掲げる方法によってされた受益者の定めのない信託において信託管理人を指定する定めがない場合において、遺言執行者の定めがあるときは、当該遺言執行者は、信託管理人を選任しなければならない。この場合において、当該遺言執行者が信託管理人を選任したときは、当該信託管理人について信託行為に前項前段の定めが設けられたものとみなす。

6　第三条第二号に掲げる方法によってされた受益者の定めのない信託において信託管理人を指定する定めがない場合において、遺言執行者の定めがないとき、又は遺言執行者となるべき者として指定された者が信託管理人の選任をせず、若しくはこれをすることができないときは、裁判所は、利害関係人の申立てにより、信託管理人を選任することができる。この場合において、信託管理人の選任の裁判があったときは、当該信託管理人について信託行為に第四項前段の定めが設けられたものとみなす。

7　省　略

8　第三条第二号に掲げる方法によってされた受益者の定めのない信託において、信託管理人が欠けた場合であって、信託管理人が就任しない状態が一年間継続したときは、当該信託は、終了する。

信託法第259条　（受益者の定めのない信託の存続期間）
　　受益者の定めのない信託の存続期間は、二十年を超えることができない。

⑸　信託行為とは

　　次に、「信託行為」について説明します。

　　信託法では、信託法第2条第2項に信託行為を定め、同法第3条において「信託の方法」を規定しています。

　　平たく言えば、信託を設定する手続きの方法を明らかにしています。

　　そして、その設定方法は次の3通りとされています。

　　　①　委託者と受託者で「信託契約」を締結する方法　（信託法3①一）

　　　②　委託者の「遺言」による方法　（信託法3①二）

　　　③　「信託宣言（自己信託）」による方法　（信託法3①三）

　　どの方法を用いるかにより「信託行為」の内容が異なることになります。

　　　　①の場合は、信託契約書のことを

　　　　②の場合は、遺言書のことを

　　　　③の場合は公正証書等の書面や電磁記録のことを指すことになります。

　このように、信託行為を行う方法は、「契約」と「遺言」と「信託宣言（自己信託）」のいずれかに限定されているということです。

　これに基づかなければ認められないということになります。

　なお、「信託宣言（自己信託）」は、今回の改正において初めて採り入れられたものであります。

　ところで、信託契約の場合は、「契約」であることから民法522条2項の規定から書面でなく口頭による合意でも可能となっていますが、信託は長期に渡ることも多いためトラブル回避のためには契約書の作成がお勧めです。

　更に、契約書は公正証書とすることがお勧めです。

信託契約書を公正証書で作成するメリット

1　高い証明力がある

2　公証役場で保管されるため、改ざんや紛失等のリスクがない

3　信託取引をする第三者に信頼感、安心感を与えることができる

4　将来、紛争が起きた際の事実認定の基となる

　（裁判では公証人の証言が採用されるケースが大と言われている）

信託法第2条　（定義）
2　この法律において「信託行為」とは、次の各号に掲げる信託の区分に応じ、当該各号に定めるものをいう。
　一　次条第一号に掲げる方法による信託　同号の信託契約
　二　次条第二号に掲げる方法による信託　同号の遺言
　三　次条第三号に掲げる方法による信託　同号の書面又は電磁的記録（同号に規定する電磁的記録をいう。）によってする意思表示　　⇐　⇐「信託宣言（自己信託）」と言われている。

信託法第3条　（信託の方法）
　信託は、次に掲げる方法のいずれかによってする。
　一　特定の者との間で、当該特定の者に対し財産の譲渡、担保権の設定その他の財産の処分をする旨並びに当該特定の者が一定の目的に従い財産の管理又は処分及びそ

の他の当該目的の達成のために必要な行為をすべき旨の契約（以下「信託契約」という。）を締結する方法

二　特定の者に対し財産の譲渡、担保権の設定その他の財産の処分をする旨並びに当該特定の者が一定の目的に従い財産の管理又は処分及びその他の当該目的の達成のために必要な行為をすべき旨の遺言をする方法

三　特定の者が一定の目的に従い自己の有する一定の財産の管理又は処分及びその他の当該目的の達成のために必要な行為を自らすべき旨の意思表示を公正証書その他の書面又は電磁的記録（電子的方式、磁気的方式その他人の知覚によっては認識することができない方式で作られる記録であって、電子計算機による情報処理の用に供されるものとして法務省令で定めるものをいう。以下同じ。）で当該目的、当該財産の特定に必要な事項その他の法務省令で定める事項を記載し又は記録したものによってする方法

民法第522条（契約の成立と方式）

契約は、契約の内容を示してその締結を申し入れる意思表示（以下「申込み」という。）に対して相手方が承諾をしたときに成立する。

2　契約の成立には、法令に特別の定めがある場合を除き、<u>書面の作成その他の方式を具</u><u>備することを要しない</u>。

⑹　信託財産になる財産とは

次に、信託財産について説明します。

信託法第2条第3項に、「この法律において信託財産とは、受託者に属する財産であって、信託により管理又は処分をすべき一切の財産をいう。」と定義しています。

ここで一切の財産とされていますので、対象となる財産が動産、不動産、債権、知的財産権等の全ての財産ということになりますが、一身専属的な財産である例えば年金受給権や生活保護費などのようにそれぞれの法により譲り渡し等が禁止されているものについては対象にはなりません。

（厚生年金保険法41条、国民年金法24条、生活保護法59条）

また、信託法第21条第1項第3号では、「信託前に生じた委託者に対する債権であって、当該債権に係る債務を信託財産責任負担債務とする旨の信託行為の定めがあるものは、信託財産責任負担債務の範囲となる。」と規定されています。

これは、信託財産の権利に係る債務は、信託行為で定められていれば信託財産責任負担債務になるということです。

　なお、ローン付の借入れなどは当然のことですが、その金融機関において承諾を得ることが必要となります。

　このことを裏返してみると、信託行為で定めていない債務（消極財産）は信託財産にはならないということになります。

　したがって、単なる債務は信託財産にはなりません。

　このように信託財産は、そもそも委託者が所有している財産の中で信託財産として取り込まれた財産であって、名義が受託者に変更され、受託者の管理・処分対象となった財産のことを指します。

　言い換えると、委託者が所有していた財産が信託財産に組み込まれるとその財産は受託者の所有物になるということです。

　法律上、信託財産は委託者のものではなくなり、所有権は受託者に移転されます。とても大事なところです。

　また、受託者が何かの事情で倒産したとしても受託者が所有する信託財産には債権者の取立てや税務署の差押えはできないことになっています。

　これは後ほど説明しますが、「**倒産隔離機能（信託法23条)**」といわれるこれまでの常識では考えることができない、信託制度ならではのメリットの一つです。

　このように信託財産は、委託者の立場では既に自分の手から離れた財産となります。

　したがって、委託者は信託財産には直接の権利を有しないことになります。

信託法第2条　（定義）
3　この法律において「信託財産」とは、受託者に属する財産であって、信託により管理又は処分をすべき一切の財産をいう。
9　この法律において「信託財産責任負担債務」とは、受託者が信託財産に属する財産をもって履行する責任を負う債務をいう。

信託法第21条　（信託財産責任負担債務の範囲）
　次に掲げる権利に係る債務は、信託財産責任負担債務となる。
　三　信託前に生じた委託者に対する債権であって、当該債権に係る債務を信託財産責任負担債務とする旨の信託行為の定めがあるもの

⑺ 信託の種類

　　信託は、基本的な仕組みと信託の本質に違反しない限りは当事者が望むいかなる形態の信託設計が可能であり、登場人物は前述したように「委託者」「受託者」「受益者」の３名ですが、受益者に関しては、先に説明をしたように今回の改正で〝信託成立の条件には受益者は必ずしも存在しなくても良い〟というこれまでには有り得なかった新しい制度が認められました。

　　信託法第258条に基づくいわゆる目的信託といわれるものです。

信託法258条　（受益者の定めのない信託の要件）

　　受益者の定め（受益者を定める方法の定めを含む。以下同じ。）のない信託は、第三条第一号又は第二号に掲げる方法によってすることができる。

　※　第三項の自己信託には適用されないので注意してください。

2　受益者の定めのない信託においては信託の変更によって受益者の定めを設けることはできない。

3　受益者の定めのある信託においては、信託の変更によって受益者の定めを廃止することはできない。

4　第三条第二号に掲げる方法によって受益者の定めのない信託をするときは、信託管理人を指定する定めを設けなければならない。この場合においては、信託管理人の権限のうち第百四十五条第二項各号（第六号を除く。）に掲げるものを行使する権限を制限する定めを設けることはできない。

5　第三条第二号に掲げる方法によってされた受益者の定めのない信託において信託管理人を指定する定めがない場合において、遺言執行者の定めがあるときは、当該遺言執行者は、信託管理人を選任しなければならない。この場合において、当該遺言執行者が信託管理人を選任したときは、当該信託管理人について信託行為に前項前段の定めが設けられたものとみなす。

6　第三条第二号に掲げる方法によってされた受益者の定めのない信託において信託管理人を指定する定めがない場合において、遺言執行者の定めがないとき、又は遺言執行者となるべき者として指定された者が信託管理人の選任をせず、若しくはこれをすることができないときは、裁判所は、利害関係人の申立てにより、信託管理人を選任することができる。この場合において、信託管理人の選任の裁判があったときは、当該信託管理人について信託行為に第四項前段の定めが設けられたものとみなす。

7　　　省　略

8　第三条第二号に掲げる方法によってされた受益者の定めのない信託において、信託管理人が欠けた場合であって、信託管理人が就任しない状態が一年間継続したときは、当該信託は、終了する。

　　これらを総合的に考えると、信託の種類は次の図のようになります。

		（委託者）	← →	（受託者）	→	（受益者）
①	自益信託	A	信託契約	信頼できる人	収益	A
②	他益信託	A	信託契約	信頼できる人	収益	A以外の者
③	自己信託	A	公正証書等	A	収益	A以外の者
④	目的信託	A	信託契約	信頼できる人	収益	将来生まれる孫など契約成立時には実在しない者

① 「自益信託」は、委託者と受益者が同一人物

　自身が自身自らのために、信頼できる他人に財産の管理・処分を託す契約の方法……認知症対策等のケース

② 「他益信託」は、委託者と受益者が別人の場合

　自身が他の人のために、信頼できる他人に財産の管理・処分を託す契約の方法……障害者等がいる場合（福祉型）のケース

③ 「自己信託」は、「信託宣言」といわれており委託者と受託者が同一人物であり、受益者が別人の場合……浪費癖のある子、配偶者が認知症のケース

④ 「目的信託」は、委託者、受託者、受益者が別人の場合であって、信託成立時に受益者が存在しない場合

　自己信託が分かりにくいので、ここで自己信託について説明いたします。

　自己信託は「信託宣言」ともいわれています。

　信託法第3条第1項第3号に基づく信託の仕方であり、今回の信託法の改正で明文化されたものです。

　「財産を託す人」（委託者）と「託される人」（受託者）が同一人物の場合です。

　他の人のために、自身が持っている財産を自身自らを受託者として託し管理・処分する契約をいいます。委託者が受託者になる信託であります。

　財産の所有権を移転させることなく、同じ人の手元に所有権を置きながら信託行為が行えることになります。

ものの本には、「右手にあった財産を左手に移すことのみで信託財産になります。」と書かれていましたが、手品みたいなことができるようになっています。

　これも大きく変わっている社会経済の中で、信託という制度を幅広く活用できるようにしたものではないかと察しております。

　何がなんだか分かりにくいとは思いますが、結構、重宝される信託になるといわれています。

信託法第3条（信託の方法）
　　信託は、次に掲げる方法のいずれかによってする。
　　三　特定の者が一定の目的に従い自己の有する一定の財産の管理又は処分及びその他の当該目的の達成のために必要な行為を自らすべき旨の意思表示を公正証書その他の書面又は電磁的記録（電子的方式、磁気的方式その他人の知覚によっては認識することができない方式で作られる記録であって、電子計算機による情報処理の用に供されるものとして法務省令で定めるものをいう。以下同じ。）で当該目的、当該財産の特定に必要な事項その他の法務省令で定める事項を記載し又は記録したものによってする方法

(8)　信託の機能について

　これから、信託の機能の中で、主なものについて説明します。

　信託の主な機能には、「財産の分別管理機能」と「倒産隔離機能」及び「財産の転換機能（物権の債権化機能）」があります。

イ　「財産の分別管理機能」について

　分別管理機能は、登場人物3人の中で受託者に関する義務として定められているものです。

　受託者は、信託期間中は、信託により新たに委託者から託された財産と自身が既に持っている固有の財産との双方を所有することになります。

　そこで、信託法第34条において、「受託者は、信託財産に属する財産と固有財産及び他の信託財産に属する財産とを定められた方法に従って分別して管理しなければならない。ただし、分別して管理する方法について、信託行為に別段の定めがあるときは、その定めるところによる。」　と定め

られています。

　　簡単に言いますと、受託者は、自身の財産と信託で移転された財産とを分けて管理をしなければならないと法律で規定しています。

　　当然と言えば当然のことでありますが、敢えて法律で規定されているのにはそれなりの訳があります。

　　まず、信託で託された財産と以前から自身が所有している財産とを混同すれば正しい管理を行うことができなくなります。

　　さらに、受託者が債務者としての立場にいたとして、破産や滞納等で債権者や国税当局から取立てや差押え処分を受ける場合、分別管理をしていなければ信託財産を含めて取立てや差押えの処分を受けることになります。

　　信託財産は受託者個人の財産ではありません。

　　そうならないためにも分別管理は必要なのです。

　　法律もそのことを重視して、信託財産は、他の財産と完全に分別して管理しなければ違反行為であると規定しています。

　　信託は、長い期間、管理・処分を行う行為ですからなおさらのことです。

信託法第34条　（分別管理義務）

　　受託者は、信託財産に属する財産と固有財産及び他の信託の信託財産に属する財産とを、次の各号に掲げる財産の区分に応じ、当該各号に定める方法により、分別して管理しなければならない。

　　ただし、分別して管理する方法について、信託行為に別段の定めがあるときは、その定めるところによる。

　　一　第十四条の信託の登記又は登録をすることができる財産（第三号に掲げるものを除く。）　当該信託の登記又は登録

　　二　第十四条の信託の登記又は登録をすることができない財産（次号に掲げるものを除く。）　次のイ又はロに掲げる財産の区分に応じ、当該イ又はロに定める方法

　　　イ　動産（金銭を除く。）　信託財産に属する財産と固有財産及び他の信託の信託財産に属する財産とを外形上区別することができる状態で保管する方法

　　　ロ　金銭その他のイに掲げる財産以外の財産　その計算を明らかにする方法

　　三　法務省令で定める財産　当該財産を適切に分別して管理する方法として法務省令で定めるもの

2　前項ただし書の規定にかかわらず、同項第一号に掲げる財産について第十四条の信託の登記又は登録をする義務は、これを免除することができない。

信託法第14条　（信託財産に属する財産の対抗要件）
　登記又は登録をしなければ権利の得喪及び変更を第三者に対抗することができない財産については、信託の登記又は登録をしなければ、当該財産が信託財産に属することを第三者に対抗することができない。

□　「倒産隔離機能」について

　これまで説明しましたように、信託財産は委託者、受託者それぞれの財産から独立の形をとっています。

　それに加えて、信託法は前述のとおり第34条で受託者に対し、信託財産を分別管理することも義務付けています。

　このことは非常に重要なことであり、仮に受託者が破産・倒産したとしてもこの倒産隔離機能で信託財産は守られることになっていますが、その前提となるのは分別管理がきちんとされていることです。

　そのことを無視して倒産隔離機能を利用することはできません。

　信託財産の独立性を証明することができない状況では危険があるということになります。

　仮に、独立性が証明できないとなると、法律上は許されていない信託財産への強制執行等が行われてしまうかもしれません。

　分別管理をしっかり行って、信託財産の安全性を保って下さい。

　また、一方の委託者の立場から見ますと、信託に差し出した財産の所有権は自らの手元から離れており受託者名義となっていることから委託者自身には所有権はない状態になっています。

　したがって、委託者が破産しても信託財産を差押えることはできません。

　なお、受託者においては、信託された財産の所有権はありますが、その対応は、信託された財産の管理・処分を行うだけの権限しかないわけですから実質的な所有権は持っていないことになります。

　これが、信託の妙技です。

　信託法第23条と同法第25条の規定で、受託者に対する債権者は信託財産

への強制執行等が制限されており影響は受けないよう定められています。

　信託財産は法で守られているわけです。

　ただ、信託された財産に抵当権が付している場合は、その抵当権に対しての差押え等は当然に可能であります。

　また、信託法第56条第1項第3号により、受託者が破産手続開始の決定を受けた場合には、基本的には自動的に信託終了となりますが、ただし書きにおいて信託行為の中で破産手続開始の決定があっても受託者の任務は終了させない旨の定めがあれば継続させることは可能となっています。

　このように、委託者及び受託者の破産に関しては信託財産は影響を受けることはありませんが、受益者の破産に対しては取立てを免れることはできません。

　なぜならば、受益者には「信託受益権」という債権を財産として保有していますが、法律上の保護はなされていませんので、受益者の債権者はこの信託受益権を差押えすることは可能であります。

　なお、信託法第11条において、多重債務者などが支払困難な状況が顕在化してきた時に、差押え等から財産を免れようとして配偶者など自身以外の者を受益者として信託契約を組成したとしても、その行為が債権者を害する（詐害）意図があった場合には、その信託契約は無効にするという規定もあります。

　このように、計画倒産を試みる悪質な債務者が自己の財産を守ろうとする手段としては信託を活用することはできないことになっています。

信託法第23条　（信託財産に属する財産に対する強制執行等の制限等）
　信託財産責任負担債務に係る債権（信託財産に属する財産について生じた権利を含む。次項において同じ。）に基づく場合を除き、信託財産に属する財産に対しては、強制執行、仮差押え、仮処分若しくは担保権の実行若しくは競売（担保権の実行としてのものを除く。以下同じ。）又は国税滞納処分（その例による処分を含む。以下同じ。）をすることができない。

信託法第25条　（信託財産と受託者の破産手続等との関係等）
　受託者が破産手続開始の決定を受けた場合であっても、信託財産に属する財産は、破

産財団に属しない。

2　前項の場合には、受益債権は、破産債権とならない。信託債権であって受託者が信託財産に属する財産のみをもってその履行の責任を負うものも、同様とする。

3　　省　略

4　受託者が再生手続開始の決定を受けた場合であっても、信託財産に属する財産は、再生債務者財産に属しない。

5　前項の場合には、受益債権は、再生債権とならない。信託債権であって受託者が信託財産に属する財産のみをもってその履行の責任を負うものも、同様とする。

信託法第56条　（受託者の任務の終了事由）

　受託者の任務は、信託の清算が結了した場合のほか、次に掲げる事由によって終了する。ただし、第二号又は第三号に掲げる事由による場合にあっては、信託行為に別段の定めがあるときは、その定めるところによる。

　　　　・・・　（「第二号又は」・・・追加2019.6.11）

一　受託者である個人の死亡

二　受託者である個人が後見開始又は保佐開始の審判を受けたこと。

三　受託者（破産手続開始の決定により解散するものを除く）が破産手続開始の決定を受けたこと。

四　受託者である法人が合併以外の理由により解散したこと。

五　次条の規定による受託者の辞任

六　第五十八条の規定による受託者の解任

七　信託行為において定めた事由

信託法第11条　（詐害信託の取消し等）

　委託者がその債権者を害することを知って信託をした場合には、受託者が債権者を害すべき事実を知っていたか否かにかかわらず、債権者は、受託者を被告として、民法（明治二十九年法律第八十九号）第四百二十四条第一項の規定による取消しを裁判所に請求することができる。ただし、受益者が現に存する場合において、その受益者の全部又は一部が、受益者としての指定（信託行為の定めにより又は第八十九条第一項に規定する受益者指定権等の行使により受益者又は変更後の受益者として指定されることをいう。以下同じ。）を受けたことを知った時又は受益権を譲り受けた時において債権者を害すべき事実を知らなかったときは、この限りでない。

2　前項の規定による請求を認容する判決が確定した場合において、信託財産責任負担債務に係る債権を有する債権者（委託者であるものを除く。）が当該債権を取得した時において債権者を害すべき事実を知らなかったときは、委託者は、当該債権を有する債権者に対し、当該信託財産責任負担債務について弁済の責任を負う。ただし、同項の規定による取消しにより受託者から委託者に移転する財産の価額を限度とする。

3　前項の規定の適用については、第四十九条第一項（第五十三条第二項及び第五十四条第四項において準用する場合を含む。）の規定により受託者が有する権利は、金銭債権とみなす。

4　委託者がその債権者を害することを知って信託をした場合において、受益者が受託者から信託財産に属する財産の給付を受けたときは、債権者は、受益者を被告として、民法第四百二十四条第一項の規定による取消しを裁判所に請求することができる。ただし、

当該受益者が、受益者としての指定を受けたことを知った時又は受益権を譲り受けた時において債権者を害すべき事実を知らなかったときは、この限りでない。

5　委託者がその債権者を害することを知って信託をした場合には、債権者は、受益者を被告として、その受益権を委託者に譲り渡すことを訴えをもって請求することができる。この場合においては、前項ただし書の規定を準用する。

6～8　　省　略

八　「財産の転換機能（物権の債権化機能）」について

　　不動産等の所有権という物権は、信託を設定することにより受益権という債権へ転換される仕組みになっています。

　　信託には、物権を債権に転換する機能があるわけです。

　　そして、信託法第88条で、受益者となるべき者として指定された者は当然に受益権を取得すると規定されており、受益権を所有している者を受益者と呼んでいます。

　　また、同法第93条第1項で、受益者はその受益権を譲り渡すことができるとある一方で、分割された債権のその後のトラブルを回避するため、同法第93条第2項により契約行為において受益権に譲渡禁止特約を付けることも可能になっています。

　　このように信託受益権は、有価証券として一定の流通性を備えています。

　　金融商品取引法上においても有価証券として規制を受ける「みなし有価証券」として扱われています。

　　この信託による物権の債権化が不動産等の相続や売却などにおいて非常に効果的に使うことができることを是非、知っておいてください。

　　事例で考えてみましょう。

　　不動産を信託財産として信託を行っている場合で、受益者の方が死亡した場合、信託財産については受益者の立場で受益権を当然に持っていることになります。

　　その場合で遺産分割において紛糾したらどうするか、遺留分減殺請求があった場合どうするか。

　　通常の相続で分割協議が整わない状況であれば、相続する不動産は相続

人全員の共有とされ、その後、処分などするにしても争続状態であれば印鑑はもらえず、最悪の場合、その不動産は処分することができず凍結されたまま朽ち果ててしまうことになりますが、信託の場合、この不動産が債権化されていますので、受益権が相続財産となり、各相続人がそれぞれ受益権を受け取ることから、金銭が欲しい人は単独で自身の受益権を売却することも可能です。

　受益者それぞれの単独行動が可能であり、それぞれで処分することも問題なく行えますが、これが不動産のままの状態であれば全員の印鑑がないと売却等ができないことになります。

　信託の受益権は、相続による不動産の共有化という事態を避けることができます。

信託法第88条　（受益権の取得）

　信託行為の定めにより受益者となるべき者として指定された者（次条第一項に規定する受益者指定権等の行使により受益者又は変更後の受益者として指定された者を含む。）は、当然に受益権を取得する。ただし、信託行為に別段の定めがあるときは、その定めるところによる。

2　受託者は、前項に規定する受益者となるべき者として指定された者が同項の規定により受益権を取得したことを知らないときは、その者に対し、遅滞なく、その旨を通知しなければならない。ただし、信託行為に別段の定めがあるときは、その定めるところによる。

信託法第93条　（受益権の譲渡性）

　受益者は、その有する受益権を譲り渡すことができる。ただし、その性質がこれを許さないときは、この限りでない。

2　前項の規定は、信託行為に別段の定めがあるときは、適用しない。ただし、その定めは、善意の第三者に対抗することができない。　　⇐　⇐　⇐　譲渡禁止特約を付けることも可能

金融商品取引法第2条（定義）

　この法律において「有価証券」とは、次に掲げるものをいう。
　…詳細略

2　前項第一号から第十五号までに掲げる有価証券、同項第十七号に掲げる有価証券及び同項第十八号に掲げる有価証券に表示されるべき権利並びに同項第十六号に掲げる有価証券、同項第十七号に掲げる有価証券及び同項第十九号から第二十一号までに掲げる有価証券であつて内閣府令で定めるものに表示されるべき権利は、有価証券表示権利について当該権利を表示する当該有価証券が発行されていない場合においても、当該権利を

当該有価証券とみなし、電子記録債権のうち、流通性その他の事情を勘案し、社債券その他の前項各号に掲げる有価証券とみなすことが必要と認められるものとして政令で定めるものは、当該電子記録債権を当該有価証券とみなし、次に掲げる権利は、証券又は証書に表示されるべき権利以外の権利であつても有価証券とみなして、この法律の規定を適用する。
　　一　信託の受益権

民法第898条（共同相続の効力）
　相続人が数人あるときは、相続財産は、その共有に属する。

(9)　受託者の義務

　受託者にはたくさんの義務が課せられています。

　その理由は、信託では、委託者は受託者と信託契約を締結するなどして信託目的を設定し、その信託財産の所有権を受託者へ移転します。

　さらに、信託では、信託法第2条第5項において、財産の管理・処分を行うことも受託者に委ねることになっています。

　このように、所有権とそれを管理・処分する権利を委託者は受託者に委ねるわけですから、この両者には絶対的な信頼関係がなくては成り立ちません。

　まさに、「信じて託す」ことであります。

　そして、この信頼関係を維持するため、信託法では受託者に多くの義務を課しています。

◆　受託者に課せられている信託法上の義務
- 信託事務処理遂行義務（信託法29①）　・善管注意義務（同法29②）
- 忠実義務（同法30）　・利益相反行為の制限（同法31）
- 競合行為の制限（同法32）　・公平義務（同法33）
- 財産の分別管理義務（同法34）
- 信託事務処理の委託における第三者の選任及び監督義務（同法35）
- 信託事務処理の報告、帳簿等の作成、保存義務（同法36、37）
- 損失てん補責任（同法40）

　このように、委託者と受託者の関係は「相互の信頼」と「受託者の義務」で結ばれています。

信託法第2条　（定義）

5　この法律において「受託者」とは、信託行為の定めに従い、信託財産に属する財産の管理又は処分及びその他の信託の目的の達成のために必要な行為をすべき義務を負う者をいう。

信託法第29条　（受託者の注意義務）

受託者は、信託の本旨に従い、信託事務を処理しなければならない。

2　受託者は、信託事務を処理するに当たっては、善良な管理者の注意をもって、これをしなければならない。ただし、信託行為に別段の定めがあるときは、その定めるところによる注意をもって、これをするものとする。

信託法第30条　（忠実義務）

受託者は、受益者のため忠実に信託事務の処理その他の行為をしなければならない。

信託法第31条　（利益相反行為の制限）

受託者は、次に掲げる行為をしてはならない。

一　信託財産に属する財産（当該財産に係る権利を含む。）を固有財産に帰属させ、又は固有財産に属する財産（当該財産に係る権利を含む。）を信託財産に帰属させること。

二　信託財産に属する財産（当該財産に係る権利を含む。）を他の信託の信託財産に帰属させること。

三　第三者との間において信託財産のためにする行為であって、自己が当該第三者の代理人となって行うもの

四　信託財産に属する財産につき固有財産に属する財産のみをもって履行する責任を負う債務に係る債権を被担保債権とする担保権を設定することその他第三者との間において信託財産のためにする行為であって受託者又はその利害関係人と受益者との利益が相反することとなるもの

2　前項の規定にかかわらず、次のいずれかに該当するときは、同項各号に掲げる行為をすることができる。ただし、第二号に掲げる事由にあっては、同号に該当する場合でも当該行為をすることができない旨の信託行為の定めがあるときは、この限りでない。

一　信託行為に当該行為をすることを許容する旨の定めがあるとき。

二　受託者が当該行為について重要な事実を開示して受益者の承認を得たとき。

三　相続その他の包括承継により信託財産に属する財産に係る権利が固有財産に帰属したとき。

四　受託者が当該行為をすることが信託の目的の達成のために合理的に必要と認められる場合であって、受益者の利益を害しないことが明らかであるとき、又は当該行為の信託財産に与える影響、当該行為の目的及び態様、受託者の受益者との実質的な利害関係の状況その他の事情に照らして正当な理由があるとき。

3　受託者は、第一項各号に掲げる行為をしたときは、受益者に対し、当該行為についての重要な事実を通知しなければならない。ただし、信託行為に別段の定めがあるときは、その定めるところによる。

4　第一項及び第二項の規定に違反して第一項第一号又は第二号に掲げる行為がされた場合には、これらの行為は、無効とする。

5 ～ 7 　　省　略

信託法第32条・・・・「競合行為の制限」

　　受託者は、受託者として有する権限に基づいて信託事務の処理としてすることができる行為であってこれをしないことが受益者の利益に反するものについては、これを固有財産又は受託者の利害関係人の計算でしてはならない。

2　前項の規定にかかわらず、次のいずれかに該当するときは、同項に規定する行為を固有財産又は受託者の利害関係人の計算ですることができる。ただし、第二号に掲げる事由にあっては、同号に該当する場合でも当該行為を固有財産又は受託者の利害関係人の計算ですることができない旨の信託行為の定めがあるときは、この限りでない。

　　　一　信託行為に当該行為を固有財産又は受託者の利害関係人の計算ですることを許容する旨の定めがあるとき。
　　　二　受託者が当該行為を固有財産又は受託者の利害関係人の計算ですることについて重要な事実を開示して受益者の承認を得たとき。

3　受託者は、第一項に規定する行為を固有財産又は受託者の利害関係人の計算でした場合には、受益者に対し、当該行為についての重要な事実を通知しなければならない。ただし、信託行為に別段の定めがあるときは、その定めるところによる。

4　第一項及び第二項の規定に違反して受託者が第一項に規定する行為をした場合には、受益者は、当該行為は信託財産のためにされたものとみなすことができる。ただし、第三者の権利を害することはできない。

5　前項の規定による権利は、当該行為の時から一年を経過したときは、消滅する。

信託法第33条　（公平義務）

　　受益者が二人以上ある信託においては、受託者は、受益者のために公平にその職務を行わなければならない。

信託法第34条　（分別管理義務）

　　受託者は、信託財産に属する財産と固有財産及び他の信託の信託財産に属する財産とを、次の各号に掲げる財産の区分に応じ、当該各号に定める方法により、分別して管理しなければならない。ただし、分別して管理する方法について、信託行為に別段の定めがあるときは、その定めるところによる。

　　　一　第十四条の信託の登記又は登録をすることができる財産（第三号に掲げるものを除く。）　当該信託の登記又は登録
　　　二　第十四条の信託の登記又は登録をすることができない財産（次号に掲げるものを除く。）　次のイ又はロに掲げる財産の区分に応じ、当該イ又はロに定める方法
　　　　イ　動産（金銭を除く。）　信託財産に属する財産と固有財産及び他の信託の信託財産に属する財産とを外形上区別することができる状態で保管する方法
　　　　ロ　金銭その他のイに掲げる財産以外の財産　その計算を明らかにする方法
　　　三　法務省令で定める財産　当該財産を適切に分別して管理する方法として法務省令で定めるもの

2　前項ただし書の規定にかかわらず、同項第一号に掲げる財産について第十四条の信託の登記又は登録をする義務は、これを免除することができない。

信託法第35条　（信託事務の処理の委託における第三者の選任及び監督に関する義務）

　　第二十八条の規定により信託事務の処理を第三者に委託するときは、受託者は、信託の目的に照らして適切な者に委託しなければならない。

2　第二十八条の規定により信託事務の処理を第三者に委託したときは、受託者は、当該第三者に対し、信託の目的の達成のために必要かつ適切な監督を行わなければならない。

3　受託者が信託事務の処理を次に掲げる第三者に委託したときは、前二項の規定は、適用しない。ただし、受託者は、当該第三者が不適任若しくは不誠実であること又は当該第三者による事務の処理が不適切であることを知ったときは、その旨の受益者に対する通知、当該第三者への委託の解除その他の必要な措置をとらなければならない。

　　一　信託行為において指名された第三者

　　二　信託行為において受託者が委託者又は受益者の指名に従い信託事務の処理を第三者に委託する旨の定めがある場合において、当該定めに従い指名された第三者

4　前項ただし書の規定にかかわらず、信託行為に別段の定めがあるときは、その定めるところによる。

信託法第第28条　（信託事務の処理の第三者への委託）

　　受託者は、次に掲げる場合には、信託事務の処理を第三者に委託することができる。

　　一　信託行為に信託事務の処理を第三者に委託する旨又は委託することができる旨の定めがあるとき。

　　二　信託行為に信託事務の処理の第三者への委託に関する定めがない場合において、信託事務の処理を第三者に委託することが信託の目的に照らして相当であると認められるとき。

　　三　信託行為に信託事務の処理を第三者に委託してはならない旨の定めがある場合において、信託事務の処理を第三者に委託することにつき信託の目的に照らしてやむを得ない事由があると認められるとき。

信託法第36条　（信託事務の処理の状況についての報告義務）

　　委託者又は受益者は、受託者に対し、信託事務の処理の状況並びに信託財産に属する財産及び信託財産責任負担債務の状況について報告を求めることができる。

信託法第37条　（帳簿等の作成等、報告及び保存の義務）

　　受託者は、信託事務に関する計算並びに信託財産に属する財産及び信託財産責任負担債務の状況を明らかにするため、法務省令で定めるところにより、信託財産に係る帳簿その他の書類又は電磁的記録を作成しなければならない。

2　受託者は、毎年一回、一定の時期に、法務省令で定めるところにより、貸借対照表、損益計算書その他の法務省令で定める書類又は電磁的記録を作成しなければならない。

3　受託者は、前項の書類又は電磁的記録を作成したときは、その内容について受益者（信託管理人が現に存する場合にあっては、信託管理人）に報告しなければならない。ただし、信託行為に別段の定めがあるときは、その定めるところによる。

4　受託者は、第一項の書類又は電磁的記録を作成した場合には、その作成の日から十年間（当該期間内に信託の清算の結了があったときは、その日までの間。次項において同じ。）、当該書類（当該書類に代えて電磁的記録を法務省令で定める方法により作成した場合にあっては、当該電磁的記録）又は電磁的記録（当該電磁的記録に代えて書面を作

成した場合にあっては、当該書面）を保存しなければならない。ただし、受益者（二人以上の受益者が現に存する場合にあってはそのすべての受益者、信託管理人が現に存する場合にあっては信託管理人。第六項ただし書において同じ。）に対し、当該書類若しくはその写しを交付し、又は当該電磁的記録に記録された事項を法務省令で定める方法により提供したときは、この限りでない。

5　受託者は、信託財産に属する財産の処分に係る契約書その他の信託事務の処理に関する書類又は電磁的記録を作成し、又は取得した場合には、その作成又は取得の日から十年間、当該書類（当該書類に代えて電磁的記録を法務省令で定める方法により作成した場合にあっては、当該電磁的記録）又は電磁的記録（当該電磁的記録に代えて書面を作成した場合にあっては、当該書面）を保存しなければならない。この場合においては、前項ただし書の規定を準用する。

6　受託者は、第二項の書類又は電磁的記録を作成した場合には、信託の清算の結了の日までの間、当該書類（当該書類に代えて電磁的記録を法務省令で定める方法により作成した場合にあっては、当該電磁的記録）又は電磁的記録（当該電磁的記録に代えて書面を作成した場合にあっては、当該書面）を保存しなければならない。ただし、その作成の日から十年間を経過した後において、受益者に対し、当該書類若しくはその写しを交付し、又は当該電磁的記録に記録された事項を法務省令で定める方法により提供したときは、この限りでない。

信託法第40条　（受託者の損失てん補責任等）

　受託者がその任務を怠ったことによって次の各号に掲げる場合に該当するに至ったときは、受益者は、当該受託者に対し、当該各号に定める措置を請求することができる。ただし、第二号に定める措置にあっては、原状の回復が著しく困難であるとき、原状の回復をするのに過分の費用を要するとき、その他受託者に原状の回復をさせることを不適当とする特別の事情があるときは、この限りでない。

　一　信託財産に損失が生じた場合　当該損失のてん補
　二　信託財産に変更が生じた場合　原状の回復

2～4　省　略

⑽　受益者の権利等

　受益者には、その権利を守るために信託法においていろいろな定めが設けられています。

　まず、最初に、受益者とはどのようなものなのかを説明いたします。

　信託法第2条第6項で、「**受益者とは、受益権を有する者をいう**」と定められています。

　そして、「受益権」については、同法第2条第7項で次の①と②を総称したものをいうと定めています。

①　信託行為に基づいて受託者が受益者に対し負う債務であって、信託財産に属する財産の引渡しその他の信託財産に係る給付をすべきものに係る債権（受益債権）

②　これを確保するために受託者その他の者に対し一定の行為を求めることができる権利

この受益者は、通常は、信託設定時に委託者が信託行為の中で定めることになりますが、別の方法として、受益者を指定し又はこれを変更する権利を有する者（受益者指定権者）を定めて行うこともできます。（信託法89）

信託法第89条の「受益者指定権等」とは、信用できる者に、①受益者が決まってない信託について後日受益者を決める（指定）権利を付与すること、②すでに決まっている受益者を後日、他の者に変更することのできる権利を付与することです。

すごい権限を信頼できる他の者に付与できるということです。

要するに、信託設定後に受益者を指定、変更することのできる権限のことで、「鶴の一声」で受益者を指定、変更することのできる権限を他の者に与えることができるという規定であります。

これは、委託者自身でも受託者でも第3者でも誰でも良いことになっています。

他人を選ぶときは、当然、もっとも信頼できる人ということになるでしょう。

例えば、会社の跡取りを決めるときに、長男にするか次男にするか決めかねているような場合、仮に長男を選んだとして後に経営能力が乏しいと分かった場合、受益者指定権を付与された者が、次男を社長に替えることのできる権限ということになります。

民法上では、所有権は「所有権絶対の原則」と言われ揺るぎないものとされていますが、信託法上の受益者指定権等の定めは、当事者の同意なくして財産権者を移動させることのできる権限ということになります。（信託ならではの考え）

ところで、指定権者となるべき者の承諾は必要か否かは条文上明示されて

いませんが、実務上では一種の委任契約とも考えられるので、承諾を得ておくことをお勧めします。

　また、受益者には、自らの権利を確実に保護するために信託行為の定めによっても制限することのできない権利を有しており（同法92）、それは、受益者代理人が選任されている場合であっても、その受益者代理人に拘束されることなく受益者自身が自らの判断で行使することができるとても強い権利を有していることになっています。（同法139④）

　なお、受益者が複数人存在するときであったとしても、意思決定は多数決によって行う必要はなく、個々の受益者が単独で行使することができます。

　信託法第92条で定められている26項目の中の主なものは、次のとおりです。
　　⑴受託者の権限違反行為の取消権（同法27）
　　⑵受託者の利益相反行為の取消権（同法31）
　　⑶信託事務の処理の状況に対する報告請求権（同法36）
　　⑷帳簿等の閲覧等請求権（同法38）
　　⑸受託者に対する損失てん補請求権（同法40）
　　⑹受託者の行為の差止請求権（同法44）

　ところで、信託法では、受託者への監督は受益者が行うことが基本になっていますが、受益者が認知症や未成年者などの福祉型信託では、受益者自身が受託者を監督することが困難なケースもありますので、そのような場合には、別途、「受益者代理人」（後述する。）を選任するなどの対応も可能になっています。

　また、受益権は自由に**譲渡や質入れ**することができるかどうかですが、信託行為で譲渡や質入れを禁止することの定めがされていなければ、自由に行うことができることになっています。（信託法93、同法96）

　譲渡禁止行為等の規定については、一般的には、遺言代用信託の場合などで定められることが多いようです。

また、受益権の**放棄**は出来るのか、ということについては、受益者は、受託者に対し、受益権を放棄する旨の意思表示をすることで、簡単に受益権を放棄することが可能になっていますが、ただ、受益者自身が信託行為の当事者である場合は、この限りでないとされています。（同法99①）

　したがって、委託者自身が受益者となる自益信託の場合は放棄することは出来ないということになります。

　なお、放棄する旨の意思表示をしたときは、当初から受益権を有していなかったものとみなされています。（同法99②）

　ところで、受益債権については、「信託財産から生じる収益から配当を受ける権利」ということになりますが、最も重要な権利といえます。

　この「信託財産から生じる収益から配当を受ける権利」とは、例えば、収益不動産を信託財産にした場合、受益者は受託者から不動産を運用して得た収入から諸経費や信託報酬（設定されている場合）を差し引いた収益を受益者は受託者から受け取ることができます。この権利のことをいいます。

　この場合、受託者が収益不動産を運営する上で生じた損失については、信託行為の範囲内での損失であれば、その損失は受託者個人が負担する必要はありません。受益者が負担することになります。

　このことは、信託法第100条で、**「受益債権に係る債務については、受託者は、信託財産に属する財産のみをもってこれを履行する責任を負う」**と定められていることから、受託者は自身の固有財産をもって責任を負うことにはなりません。

　なお、受益債権は信託債権に劣後した扱いとなっています。（同法101）

　委託者、受託者、受益者の三者の関係を表しますと、次の図のようになります。

　信託制度では、受益者が強く守られていることが分かります。

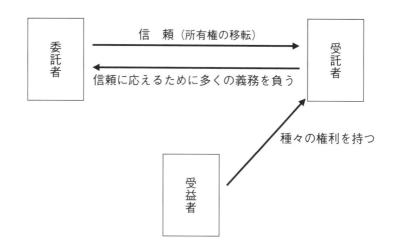

信託法第2条　（定義）

6　この法律において「受益者」とは、受益権を有する者をいう。

7　この法律において「受益権」とは、信託行為に基づいて受託者が受益者に対し負う債務であって信託財産に属する財産の引渡しその他の信託財産に係る給付をすべきものに係る債権（以下「受益債権」という。）及びこれを確保するためにこの法律の規定に基づいて受託者その他の者に対し一定の行為を求めることができる権利をいう。

信託法第89条　（受益者指定権等）

受益者を指定し、又はこれを変更する権利（以下この条において「受益者指定権等」という。）を有する者の定めのある信託においては、受益者指定権等は、受託者に対する意思表示によって行使する。

2　前項の規定にかかわらず、受益者指定権等は、遺言によって行使することができる。

3　前項の規定により遺言によって受益者指定権等が行使された場合において、受託者がこれを知らないときは、これにより受益者となったことをもって当該受託者に対抗することができない。

4　受託者は、受益者を変更する権利が行使されたことにより受益者であった者がその受益権を失ったときは、その者に対し、遅滞なく、その旨を通知しなければならない。ただし、信託行為に別段の定めがあるときは、その定めるところによる。

5　受益者指定権等は、相続によって承継されない。ただし、信託行為に別段の定めがあるときは、その定めるところによる。

6　受益者指定権等を有する者が受託者である場合における第一項の規定の適用については、同項中「受託者」とあるのは、「受益者となるべき者」とする。

信託法第92条　（信託行為の定めによる受益者の権利行使の制限の禁止）

受益者による次に掲げる権利の行使は、信託行為の定めにより制限することができない。

一　この法律の規定による裁判所に対する申立権

二　第五条第一項の規定による催告権

三　第二十三条第五項又は第六項の規定による異議を主張する権利

四　第二十四条第一項の規定による支払の請求権

五　第二十七条第一項又は第二項（これらの規定を第七十五条第四項において準用する場合を含む。）の規定による取消権

六　第三十一条第六項又は第七項の規定による取消権

七　第三十六条の規定による報告を求める権利

八　第三十八条第一項又は第六項の規定による閲覧又は謄写の請求権

九　第四十条の規定による損失のてん補又は原状の回復の請求権

十　第四十一条の規定による損失のてん補又は原状の回復の請求権

十一　第四十四条の規定による差止めの請求権

十二　第四十五条第一項の規定による支払の請求権

十三　第五十九条第五項の規定による差止めの請求権

十四　第六十条第三項又は第五項の規定による差止めの請求権

十五　第六十一条第一項の規定による支払の請求権

十六　第六十二条第二項の規定による催告権

十七　第九十九条第一項の規定による受益権を放棄する権利

十八　第百三条第一項又は第二項の規定による受益権取得請求権

十九　第百三十一条第二項の規定による催告権

二十　第百三十八条第二項の規定による催告権

二十一　第百八十七条第一項の規定による交付又は提供の請求権

二十二　第百九十条第二項の規定による閲覧又は謄写の請求権

二十三　第百九十八条第一項の規定による記載又は記録の請求権

二十四　第二百二十六条第一項の規定による金銭のてん補又は支払の請求権

二十五　第二百二十八条第一項の規定による金銭のてん補又は支払の請求権

二十六　第二百五十四条第一項の規定による損失のてん補の請求権

信託法第93条　（受益権の譲渡性）

　　受益者は、その有する受益権を譲り渡すことができる。ただし、その性質がこれを許さないときは、この限りでない。

2　前項の規定は、信託行為に別段の定めがあるときは、適用しない。ただし、その定めは、善意の第三者に対抗することができない。　　⇐　⇐　⇐　譲渡禁止特約を付けることも可能

信託法第96条　（受益権の質入れ）

　　受益者は、その有する受益権に質権を設定することができる。ただし、その性質がこれを許さないときは、この限りでない。

2　前項の規定は、信託行為に別段の定めがあるときは、適用しない。ただし、その定めは、善意の第三者に対抗することができない。　　⇐　⇐　⇐　質入れ禁止特約を付けることも可能

信託法第99条

　　受益者は、受託者に対し、受益権を放棄する旨の意思表示をすることができる。ただし、受益者が信託行為の当事者である場合は、この限りでない。

2　受益者は、前項の規定による意思表示をしたときは、当初から受益権を有していなかったものとみなす。ただし、第三者の権利を害することはできない。

信託法第100条（受益債権に係る受託者の責任）

受益債権に係る債務については、受託者は、信託財産に属する財産のみをもってこれを履行する責任を負う。

信託法第101条（受益債権と信託債権との関係）

受益債権は、信託債権に後れる。

信託法第139条　（受益者代理人の権限等）

受益者代理人は、その代理する受益者のために当該受益者の権利（第四十二条の規定による責任の免除に係るものを除く。）に関する一切の裁判上又は裁判外の行為をする権限を有する。ただし、信託行為に別段の定めがあるときは、その定めるところによる。

2～3　省　略

4　受益者代理人があるときは、当該受益者代理人に代理される受益者は、第九十二条各号に掲げる権利及び信託行為において定めた権利を除き、その権利を行使することができない。

⑾　相続対策としてのメリット

家族信託のメリットはいろいろありますが、ここでは「相続対策のメリット」について次の3点を説明いたします。

イ　認知症等になった親の財産管理が容易に行える。

例えば、父親が元気なうちに家族信託を使って長男に財産名義を移し、父親が生きている間は、例え認知症になったとしてもその財産は自分（父親）のために使ってもらいたいという時に、父親が委託者兼受益者、長男を受託者といった「信託」を設定すれば、オレオレ詐欺などの被害に合うことが極力なくなるなど、自身の老後の資産管理は安心であり、安全となります。

信託の基本は契約ですから、契約上の違反行為をしない限り、自由に自身の想いを反映させることができます。これが柔軟性です。

（そのメリット）

　　○　父親が認知症等で意思能力をなくした場合であっても、信託の定めに従って長男（受託者）が財産管理に必要な手続等を行う事が

できる。

○　贈与税を負担することなく、自身の財産を管理する権利を長男（受託者）に移転させることができる。

○　信託財産は父親の所有から移転することになるので、高齢者となった父親が詐欺等の被害にあうことはなくなり、安心・安全となる。

○　効力が信託契約締結と同時に発生することから、迅速に対応できる。

□　遺言書の代わりとして使うことができる。

　信託法第2条第2項において、信託行為は遺言で行うことができます。

　そして、その方法については、同法第3条第1項第2号において定められています。

　このことは、遺言は民法上だけの話ではなくて信託法でも作成することができるということです。画期的なことです。

信託法第2条　（定義）
2　この法律において「信託行為」とは、次の各号に掲げる信託の区分に応じ、当該各号に定めるものをいう。
　二　次条第二号に掲げる方法による信託　同号の遺言

信託法第3条　（信託の方法）
　信託は、次に掲げる方法のいずれかによってする。
　二　特定の者に対し財産の譲渡、担保権の設定その他の財産の処分をする旨並びに当該特定の者が一定の目的に従い財産の管理又は処分及びその他の当該目的の達成のために必要な行為をすべき旨の遺言をする方法

信託法第4条　（信託の効力の発生）
　前条第一号に掲げる方法によってされる信託は、委託者となるべき者と受託者となるべき者との間の信託契約の締結によってその効力を生ずる。
2　前条第二号に掲げる方法によってされる信託は、当該遺言の効力の発生によってその効力を生ずる。

民法第960条　（遺言の方式）
　遺言は、この法律に定める方式に従わなければ、することができない。

民法第985条　（遺言の効力の発生時期）
　　遺言は、遺言者の死亡の時からその効力を生ずる。

　● 　遺言は、相手方のいない単独行為である。
　　　遺言は、遺言者の死亡の時からその効力を生ずる（民法第985条１項）。
　　　また、要式行為と言われ、<u>一定の方式に従って行わなければ成立しないか、または無効とされる法律行為</u>となっている。
　　　これは、効力が発したあとにおいては、遺言者の意思を確認することができないことから法によって厳格な方式が定められているということになっているわけです。

　　このように、民法上で遺言書を作成するに当たっては、厳しいルールに基づかなければなりませんが、信託は委託者と受託者の合意のみで契約をもって設定できることから、遺言書を作成するより手続きが簡単といわれています。

　　効力発生については、遺言書の場合は民法第985条で**「死亡の時」**と定められており、信託の場合は信託法第４条第２項で**「遺言の効力の発生によってその効力を生ずる。」**となっていることから、発生時期は同じ扱いです。

　　また、遺言書は最終作成分が有効な制度となっており、しかも自分一人で作成するものであるということを考えるといつでも取り消すことや書き直すことができますが、信託契約については、変更や解除を行う場合には法によりその理由が必要であり、しかも一定の決まりに従って行う必要があることから、一人だけの考えで自由にその内容の変更等を行うことはできないことになっています。

　　なお、遺言書の中で、死亡時点での財産の帰属先とそれに加えてその後の財産の帰属先を定めていたとしてもその後の帰属先については無効とされます。

　　先々のことを書いても効果はありません。

　　なぜならば遺言書の効力は相続発生時点だけにしか及ばないからです。

　　（民法の考え方には「所有権絶対の原則」があるからです。）

　　しかし、信託の場合は「後継ぎ遺贈型受益者連続信託」が認められてお

り、その組み立て方によっては30年先までの帰属を順次指定することが可能となっています。

八　相続における財産承継の順番付けが行える。（後継ぎ遺贈型受益者連続信託）

　生前贈与や遺言書で行った財産は、次の承継者を指定することはできませんが、家族信託では、信託法第91条において、次の者、その次の者と受け継がれ、設定時から30年経過後に受益権の取得が起きると、その取得者が死亡した時点で信託は終了するとの規定がされており、30年の経過する先まで相続の順序を指定することができるようになりました。

　いわゆる上記の期間での財産承継の順番付けが可能になったわけです。

　このことは、信託の方が遺言書より広範囲にまた長期間にわたって利用することできるということになります。

　これを「後継ぎ遺贈型受益者連続信託」といいます。

　この制度も、今回の改正で新たに創設された制度で、目玉の一つです。

　詳しく説明いたしますと、民法上の遺言書は、自分が亡くなった後は一代限りの承継先しか指定できないことになっていますが、改正信託法では、民法では認められていないこの後継ぎ遺贈が可能になりました。

　信託法第91条に　「受益者の死亡により他の者が新たに受益権を取得する旨の定めのある信託の特例」を設け、「受益者の死亡により、当該受益者の有する受益権が消滅し、他の者が新たな受益権を取得する旨の定めのある信託は、当該信託がされた時から30年を経過した時以後に現に存する受益者が当該定めにより受益権を取得した場合であって当該受益者が死亡するまで又は当該受益権が消滅するまでの間、その効力を有する。」と規定しています。

　凄いです。この一つの条文で民法（遺言）の枠を越える新たな制度を作ったわけですから。

　しかし、何度読んでもわかりにくい条文となっていますが、ここで書かれていることは、信託行為の中で受益者が死亡した時、順次他の者が受益

権を取得する旨を定めることができる信託の方法が規定されており、その期間が30年続くと定められています。

　具体的には、受益者の死亡によって、次に指定された者が新たな受益者（第二次受益者、第三次受益者…）として受益権を順番に取得する旨を定めた信託のことを言います。

　この信託の最大の特徴は、信託が持つ「物権の債権化機能」を活用して相続や事業承継の場で広く利用することができるようになったことです。

　例えば、相続に関して、委託者（父）所有の不動産を信託した場合に「当初受益者を父とし、父が死亡した場合の第二受益者を母とし、母が死亡した場合の第三受益者を長男とし、第四受益者を孫とし…」というように、受益者が死亡した場合の受益権の相続先を、順次、指定することができる仕組みが作れるというものであります。

　ただし、期限は30年となっています。

　絶対に遺言書では実現することはできません。

　なぜなら遺言書に書かれている権利は「所有権」であり、所有権には**「所有権絶対の原則」**という性質があることから、「所有権は誰からも侵害・制限されることなく、自由に排他的に使用・収益・処分することができる」ものと考えられています。

　ですから、委託者（父）が死亡し、その不動産（所有権）を母が相続した場合、その先の相続を誰にするかは父ではなく母が決めることになります。

　その先も同じです。

　一方、家族信託において財産を信託した場合には、相続の対象となるのは「所有権」という物権ではなく「信託受益権」という債権になります。

　信託には「所有権」という物権を「信託受益権」という債権に転換する機能があるわけです。

　それにより信託財産（受益権）は所有権絶対の原則から解放され、受益者連続信託のように相続先を何代も先まで指定することができることが可

能になったわけです。すごく画期的なことであります。

　期間についてもう少し詳しく説明すると、信託した時から30年経過した時の受益者が死亡して、その次の受益者が死亡した時に信託は終了する、とされています。

　終了した場合には、受益権という債権は元の所有権という物権に戻ることになります。

　このように「家族信託」は、自分の生存中から死亡後までの長い時間帯の中で資産の管理・処分について柔軟に設定できるメリットがあります。

　先祖代々の財産を自分の血族の中で引き継いでいきたいという委託者自身の想いを実現することができるようになりました。

信託法第91条（受益者の死亡により他の者が新たに受益権を取得する旨の定めのある信託の特例）
　受益者の死亡により、当該受益者の有する受益権が消滅し、他の者が新たな受益権を取得する旨の定め（受益者の死亡により順次他の者が受益権を取得する旨の定めを含む。）のある信託は、当該信託がされた時から三十年を経過した時以後に現に存する受益者が当該定めにより受益権を取得した場合であって当該受益者が死亡するまで又は当該受益権が消滅するまでの間、その効力を有する。

　このことは、「受益者Ａの死亡後はＡの受益権が消滅し、新たな受益権がＢに発生する。Ｂ死亡後はＢの受益権は消滅し、新たな受益権がＣに発生…」というように、30年ルールの制限はありますが、何代も先まで指定することが可能になります。

　この機能は民法では実現できない特徴的なものですので、これから家族信託を組成していく上で時代に適した様々な場面において効果を発揮するのではないかといわれています。

　また、この特性は、現在、社会問題となっている中小事業者の中で、後継者不在等の事業承継の対策としても活用できますが、ただ、現在ある令和９年12月31日までの時限立法として作られた「事業承継税制」との併用

はできないことになっていますので、いずれを選択するかは十分に検討した上で判断してください。

　このように信託は、自分の生存中から死亡後まで、自身の想いを反映させながら資産管理や処分について柔軟に設定できるメリットがあります。

⑿　不動産を信託した時の登記簿の表示

　まず、説明しなければいけないのは、信託を行うに当たっては受託者に多くの義務が課されているということです。

　これまで説明をしましたように、信託は受託者が信託財産の名義人となって管理・処分を行うものであり、受託者に対する信頼が前提となっています。

　そして、信託法の中で、受託者にさまざまな義務を課しています。

　その義務の一つに、同法第34条の分別管理義務があります。

　受託者は、信託財産に属する財産と自身の固有財産とを分別して管理しなければならないと定めています。

　その中で、登記・登録を要する信託財産は、登記・登録をしなければ信託法第14条で第三者に対抗することができないとされています。

信託法第14条　（信託財産に属する財産の対抗要件）
　登記又は登録をしなければ権利の得喪及び変更を第三者に対抗することができない財産については、信託の登記又は登録をしなければ、当該財産が信託財産に属することを第三者に対抗することができない。

信託法第34条　（分別管理義務）
　受託者は、信託財産に属する財産と固有財産及び他の信託の信託財産に属する財産とを、次の各号に掲げる財産の区分に応じ、当該各号に定める方法により、分別して管理しなければならない。ただし、分別して管理する方法について、信託行為に別段の定めがあるときは、その定めるところによる。
　　一　第十四条の信託の登記又は登録をすることができる財産（第美号に掲げる者を除く。）　当該信託の登記又は登録
　　二　第十四条の信託の登記又は登録をすることができない財産（次号に掲げるものを除く。）　次のイ又はロに掲げる財産の区分に応じ、当該イ又はロに定める方法
　　　イ　動産（金銭を除く。）　信託財産に属する財産と固有財産及び他の信託の信託財産に属する財産とを外形上区別することができる状態で保管する方法
　　　ロ　金銭その他のイに掲げる財産以外の財産　その計算を明らかにする方法
　　三　法務省令で定める財産　当該財産を適切に分別して管理する方法として法務省令

で定めるもの
2　前項ただし書の規定にかかわらず、同項第一号に掲げる財産について第十四条の信託の登記又は登録をする義務は、これを免除することができない。

　簡単に言いますと、受託者は、信託財産と固有財産（受託者の個人財産）は分別して管理してください。

　そうしないのであれば、第三者との関係で保証はできませんよ、さらに、信託法第40条により、損失のてん補責任や原状回復の責任等を負わされることになりますと定められています。

　また、受託者が信託財産を横領した場合、別途、刑事罰（刑法252条）を受けることになります。

信託法第40条　（受託者の損失てん補責任等）

　受託者がその任務を怠ったことによって次の各号に掲げる場合に該当するに至ったときは、受益者は、当該受託者に対し、当該各号に定める措置を請求することができる。ただし、第二号に定める措置にあっては、原状の回復が著しく困難であるとき、原状の回復をするのに過分の費用を要するとき、その他受託者に原状の回復をさせることを不適当とする特別の事情があるときは、この限りでない。
　　一　信託財産に損失が生じた場合　当該損失のてん補
　　二　信託財産に変更が生じた場合　原状の回復
2 ～ 4　省　略

刑法第252条　（横領）

　自己の占有する他人の物を横領した者は、五年以下の懲役に処する。
2　自己の物であっても、公務所から保管を命ぜられた場合において、これを横領した者も、前項と同様とする。

　ここで忘れていけないことは、分別管理の方法については信託法第34条のただし書きで、信託行為で別段の定めを設けることが許容されていますが、同法第34条第2項において、「前項ただし書の規定にかかわらず、同項第一号に掲げる財産について第十四条の信託の登記又は登録をする義務は、これを免除することができない。」と定められています。

　登記・登録しなければならない信託財産は、手抜きは認められません。

　したがって、不動産については、信託の登記は必ず行わなければなりません。

登記する上での手続きは、登記原因を『信託』と明示して行うことになります。

また、信託目録を付けなければいけないなど、信託行為の内容を詳細に記載することが求められるようですが、そのことについては法務局又は専門家に相談してください。

もちろん、登記するに当たっては、手続上の税金がかかりますが、信託に関する登記については特例で割安になっています。（税金関係は後述する。）

⒀　預貯金口座を信託した時の口座名の表示

預貯金についての分割管理も重要です。

預貯金であっても、信託されたものは分別管理をしなければなりません。

信託法第34条では、**「金銭を除く動産については、信託財産に属する財産と固有財産及び他の信託の信託財産に属する財産とを外形上区別することができる状態で保管すること。」**と定められており、受託者自身の預貯金と分別して管理しなければなりません。

おそらく、金銭が信託対象であったとしても、その管理は現実的には信託財産を管理する専用の預金口座で管理することになると思います。

その預金口座は、**信託口口座**といわれていますが、信託で所有している預貯金であるという証しとなる口座の表現になります。

一般的には、例えば「委託者○○受託者××信託口」というイメージです。

口座の開設に当たっては、信託契約書等で記載されている口座名と一致させないと効果はありませんので注意してください。

ただ、残念なことに、現時点で信託口口座に対応する金融機関がまだまだ少ないのが現実です。

家族信託は新しい制度です。

金融機関の理解が進まず信託口口座の開設に消極的であるということもやむを得ないと思えるところもあります。

しかし、いろいろな方たちは、近い将来、間違いなく金融機関もこの信託口口座の開設に積極的に取り組んできますよと言っています。

私もそう思います。

　家族信託が世の中に広まる中で、取り組みの遅い金融機関があるとすれば、その金融機関の預貯金は信託口口座の開設できる金融機関に流出してしまう恐れがあるからです。

　最近、親の相続によって地方にあった親の預貯金が都会に住む子供たちの金融機関に流れてしまい、地方の金融機関の預金量が減少していることに非常に危機感を持っているとのマスコミ報道がありました。

　まさに同じ現象を見ることになるのではないかと思っています。

　次に、受託者の立場として、預貯金管理を行うメリットがあります。

　信託財産については、その状況について必ず年に１回以上その財産の状況や収支について帳簿を作り受益者に報告しなければなりません。

　この帳簿等の作成と報告に関しても信託法に定められた受託者の義務であり、免れることはできません。

　その中で、金銭以外の財産は、その計算を明らかにする方法をもって分別管理をすることになっています。

　預貯金通帳を活用する場合には、入出金の金額の横にその内訳を記載していれば認められるといわれていますので、わざわざ、別の帳簿を作成する必要がなくなりますので手間を省くことができます。

　なお、預貯金についても、分別管理をしてないと倒産隔離機能で保護されないことになりますので、注意が必要です。

　さらに、信託期間中に受託者が死亡することもあります。

　その時に、信託財産を分別管理していないと、受託者自身の相続財産として扱われてしまう可能性があります。

信託法第34条　（分別管理義務）
　受託者は、信託財産に属する財産と固有財産及び他の信託の信託財産に属する財産とを、次の各号に掲げる財産の区分に応じ、当該各号に定める方法により、分別して管理しなければならない。
　ただし、分別して管理する方法について、信託行為に別段の定めがあるときは、その定めるところによる。

　　一　第十四条の信託の登記又は登録をすることができる財産（第三号に掲げるものを除く。）　当該信託の登記又は登録

　　二　第十四条の信託の登記又は登録をすることができない財産（次号に掲げるものを除く。）　次のイ又はロに掲げる財産の区分に応じ、当該イ又はロに定める方法

　　　イ　動産（金銭を除く。）　信託財産に属する財産と固有財産及び他の信託の信託財産に属する財産とを外形上区別することができる状態で保管する方法

　　　ロ　金銭その他のイに掲げる財産以外の財産　その計算を明らかにする方法

　　三　省　略

2　前項ただし書の規定にかかわらず、同項第一号に掲げる財産について第十四条の信託の登記又は登録をする義務は、これを免除することができない。

信託法第14条　（信託財産に属する財産の対抗要件）

　　登記又は登録をしなければ権利の得喪及び変更を第三者に対抗することができない財産については、信託の登記又は登録をしなければ、当該財産が信託財産に属することを第三者に対抗することができない。

⑭　相続上の遺留分の取り扱い

　　実は、家族信託を運用することにおいて、最大の課題はこの遺留分の問題といわれています。

　　信託であっても遺言と同じように、遺留分減殺請求の影響は当然にありますが、改正された信託法で、新しく誕生した後継ぎ遺贈型受益者連続信託を使った場合の遺留分の取り扱いが残念ながら、現時点では答えが定まっていません。

　　改正された信託法には遺留分に関する規定はありませんので、遺留分の定めは法律上は民法に関わる規定となります。

　　したがって、遺留分については民法解釈に委ねられることになります。

　　加えて、信託法が改正されてから歴史が浅いこともこの不明確な状況を作っているものと思われます。

　　このような中で、いろいろな方からいろいろな解釈が出ていますが、このようなケースでは、やはり、最終の結論は判例待ちということが我が国の慣例になっているようです。

　　そんな中、平成30年9月12日に東京地裁で信託と遺留分に関連する判決がありました。

　　信託に関わっている人達には大変な関心を集められたものでしたが、この

判決内容は「信託契約は公序良俗に反したものであり無効にする」という趣旨のものであり、遺留分に関することは触れられていませんでした。

したがって、この懸案とされている問題は持ち越しとされています。

諸説ある中の一部の考えを説明いたします。

後継ぎ遺贈型受益者連続信託は信託法第91条で定められており、受益者の死亡により受益権が消滅して、他の者が新たな受益権を取得するとなっています。

この規定から見ますと、受益権は相続により移動するのではなく、一度消滅して新たに受益権が発生するので、遺留分減殺請求の対象にはならないという説です。

元々の受益者が持っていた受益権は死亡と同時に消滅しており、新たな受益者の固有の財産として受益権を取得するという考え方です。

これは平成16年10月29日の最高裁でなされた生命保険金の扱いで、「生命保険金の請求権が被相続人から承継されるのではなく、生命保険受取人の固有の権利として取得するから相続財産に当たらない。」と判決された内容と同じ考え方に基づいています。

このように生命保険と同じ考え方をするならば、受益権は新たな固有の権利として取得しているから、被相続人の相続財産ではないとも考えられます。

ところで、このような考え方は、国税の中においてもされており、信託法でいう後継ぎ遺贈型受益者連続信託については、相続税法では同法第9条の2第2項で「みなし相続税」扱いとしています。

あくまでも「みなし規定」の考えで課税を行うことにしています。

信託法第91条 （受益者の死亡により他の者が新たに受益権を取得する旨の定めのある信託の特例）

　　受益者の死亡により、当該受益者の有する受益権が消滅し、他の者が新たな受益権を取得する旨の定め（受益者の死亡により順次他の者が受益権を取得する旨の定めを含む。）のある信託は、当該信託がされた時から三十年を経過した時以後に現に存する受益者が当該定めにより受益権を取得した場合であって当該受益者が死亡するまで又は当該受益権が消滅するまでの間、その効力を有する。

相続税法第9条の2　（贈与又は遺贈により取得したものとみなす信託に関する権利）

2　受益者等の存する信託について、適正な対価を負担せずに新たに当該信託の受益者等が存するに至つた場合（第四項の規定の適用がある場合を除く。）には、当該受益者等が存するに至つた時において、当該信託の受益者等となる者は、当該信託に関する権利を当該信託の受益者等であつた者から贈与（当該受益者等であつた者の死亡に基因して受益者等が存するに至つた場合には、遺贈）により取得したものとみなす。

　　ここでの争点は、後継ぎ遺贈型受益者連続信託において、第2次以降の受益者は、①先順位の受益者からその受益権を承継取得するのではなく、委託者から直接に受益権を取得すると考えるか、②先順位の受益者から直接その受益権を承継取得するのか、という点であろうかと思います。

　　現時点では、最終結論には至っていませんので、このところに関する信託契約を考えている方は、注意して信託行為に臨むべきと考えます。

　　そして、当面は安全を期して、信託も遺言と同じように、遺留分減殺請求の影響を受けるのではないかと考え、信託で決めたとおりに財産を確実に承継させるためには、他の相続人に遺留分を確保できるよう他に財産を残すなどの手当てをしておくことが必要かもしれません。

　　いずれにしても、判例が出るのを待つしか解決の方法はないようです。

⒂　信託の開始

　　信託は、信託契約又は遺言等による"信託行為"により始まります。

　　そして、その効力発生は、契約による信託であれば「信託契約締結時」、遺言による信託であれば「遺言効力の発生時＝委託者である遺言者の死亡時」となります。

イ　契約の場合

　　委託者と受託者とで信託契約を締結する方法です。

　　そして、信託契約締結終了時からその効力は開始します。

　　信託契約の仕方には、信託法上、特段、決まった方式や要件はありません。

　　民法と同様、申込と承諾の意思表示が合致すれば成立しますし、契約書

がなくても成立します。口頭でも問題はないとされています。

　ただ、信託契約は、財産の管理・処分の権限が移転するという重要な契約で、しかもその効果が長い期間にわたって継続される性質のものであり、さらに、委託者が認知症等になる可能性があることも考えると契約書なしで行うには将来的に不安定なものとなりますので、必ず契約書の書類でもって行うことが重要なことではないかと思います。

　そして、本人が間違いなく自分の意思で契約したことの証として、その契約書は公正証書にしておくことが安心です。

　公正証書の原本は公証人法施行規則で20年間保存されます。

　なお、特別の事由により保存の必要があるときは、その事由のある間は保存しなければならないと定めていますので安心です。

信託契約書を公正証書で作成するメリット

1　高い証明力がある

2　公証役場で保管されるため、改ざんや紛失等のリスクがない

3　信託取引をする第三者に信頼感、安心感を与えることができる

4　将来、紛争が起きた際の事実認定の基となる

　（裁判では公証人の証言が採用されるケースが大と言われている）

公証人法施行規則第27条
　公証人は、書類及び帳簿を、次の各号に掲げる区分に応じ、それぞれ当該各号に掲げる期間保存しなければならない。ただし、履行につき確定期限のある債務又は存続期間の定めのある権利義務に関する法律行為につき作成した証書の原本については、その期限の到来又はその期間の満了の翌年から十年を経過したときは、この限りでない。
　一　証書の原本、証書原簿、公証人の保存する私署証書及び定款、認証簿（第三号に掲げるものを除く。）、信託表示簿　二十年
2　省略
3　第一項の書類は、保存期間の満了した後でも特別の事由により保存の必要があるときは、その事由のある間保存しなければならない。

　□　遺言の場合

　委託者が遺言をもって受託者を指定し、信託を開始する方法です。

　　そして、開始に当たっては、利害関係人は、受託者となるべき者として指定された者に対し、相当の期間を定めて、その期間内に信託の引受けをするかどうかを確答すべき旨を催告することになります。（信託法5①）

　　指定された受託者が承諾することが要件となっています。

　　信託契約と違い、遺言での信託設計では、委託者（遺言者）の一方的な意思で信託行為が行われることから、委託者（遺言者）死亡時において、受託者は自らが受託者に指名されていることを知らなかったり、また、信託を承諾しない選択をされることもあります。

　　とても不安定な信託型の遺言になってしまいます。

　　仮に、受託者が信託を承諾しない場合は、成立はしませんのでその信託は無効であり開始しません。

　　ただし、利害関係人の申立てにより裁判所において受託者を選任することができます。（信託法6①）

信託法第3条　（信託の方法）
　信託は、次に掲げる方法のいずれかによってする。
　一　特定の者との間で、当該特定の者に対し財産の譲渡、担保権の設定その他の財産の処分をする旨並びに当該特定の者が一定の目的に従い財産の管理又は処分及びその他の当該目的の達成のために必要な行為をすべき旨の契約（以下「信託契約」という。）を締結する方法
　二　特定の者に対し財産の譲渡、担保権の設定その他の財産の処分をする旨並びに当該特定の者が一定の目的に従い財産の管理又は処分及びその他の当該目的の達成のために必要な行為をすべき旨の遺言をする方法
　三　特定の者が一定の目的に従い自己の有する一定の財産の管理又は処分及びその他の当該目的の達成のために必要な行為を自らすべき旨の意思表示を公正証書その他の書面又は電磁的記録（電子的方式、磁気的方式その他人の知覚によっては認識することができない方式で作られる記録であって、電子計算機による情報処理の用に供されるものとして法務省令で定めるものをいう。以下同じ。）で当該目的、当該財産の特定に必要な事項その他の法務省令で定める事項を記載し又は記録したものによってする方法

信託法第4条　（信託の効力の発生）
　前条第一号に掲げる方法によってされる信託は、委託者となるべき者と受託者となるべき者との間の信託契約の締結によってその効力を生ずる。
2　前条第二号に掲げる方法によってされる信託は、当該遺言の効力の発生によってその効力を生ずる。

3　前条第三号に掲げる方法によってされる信託は、次の各号に掲げる場合の区分に応じ、当該各号に定めるものによってその効力を生ずる。
- 一　公正証書又は公証人の認証を受けた書面若しくは電磁的記録（以下この号及び次号において「公正証書等」と総称する。）によってされる場合　・・・　当該公正証書等の作成
- 二　公正証書等以外の書面又は電磁的記録によってされる場合　・・・　受益者となるべき者として指定された第三者（当該第三者が二人以上ある場合にあっては、その一人）に対する確定日付のある証書による当該信託がされた旨及びその内容の通知

  ※　確定日付のある証書…その日にその証書（文書）が存在していたことを証明するものであり、内容までチェックされているものではない。手数料は700円／件）

4　前三項の規定にかかわらず、信託は、信託行為に停止条件又は始期が付されているときは、当該停止条件の成就又は当該始期の到来によってその効力を生ずる。

信託法第5条　（遺言信託における信託の引受けの催告）

　　第三条第二号に掲げる方法によって信託がされた場合において、当該遺言に受託者となるべき者を指定する定めがあるときは、利害関係人は、受託者となるべき者として指定された者に対し、相当の期間を定めて、その期間内に信託の引受けをするかどうかを確答すべき旨を催告することができる。ただし、当該定めに停止条件又は始期が付されているときは、当該停止条件が成就し、又は当該始期が到来した後に限る。

2　前項の規定による催告があった場合において、受託者となるべき者として指定された者は、同項の期間内に委託者の相続人に対し確答をしないときは、信託の引受けをしなかったものとみなす。

3　委託者の相続人が現に存しない場合における前項の規定の適用については、同項中「委託者の相続人」とあるのは、「受益者（二人以上の受益者が現に存する場合にあってはその一人、信託管理人が現に存する場合にあっては信託管理人）」とする。

信託法第6条　（遺言信託における裁判所による受託者の選任）

　　第三条第二号に掲げる方法によって信託がされた場合において、当該遺言に受託者の指定に関する定めがないとき、又は受託者となるべき者として指定された者が信託の引受けをせず、若しくはこれをすることができないときは、裁判所は、利害関係人の申立てにより、受託者を選任することができる。

2　前項の申立てについての裁判には、理由を付さなければならない。

3　～　4　省略

⒃　信託の変更

　　次に、「信託の変更」について説明します。

　　「信託の変更」については、信託法上でどのような取り決めがされているのかについての説明です。

　　「信託の変更」とは、当初の信託行為に定めた信託の目的や信託財産の管

理方法、受益者に対する信託財産の給付内容その他の事項を、事後的に変更することをいいます。

　信託法第149条と同法第150条に信託の変更について定められていますが、大別すると、関係当事者の合意等に基づく場合と裁判所への申立てによる場合とがあります。

　詳細は次のようになっています。

イ　関係当事者の合意等に基づく場合

(イ)　委託者、受託者及び受益者の合意がある場合（信託法149①）

　委託者、受託者及び受益者の合意がある場合には、信託を変更することができます。

　この場合、変更後の信託行為の内容を明らかにしなければなりません。

(ロ)　信託の目的に反しないことが明らかであるとき（信託法149②）

①　信託の目的に反しないことが明らかであるときは、受託者及び受益者の合意により信託を変更することができます。

　この場合、受託者は委託者に対し、遅滞なく変更後の信託行為の内容を通知する必要があります。

②　信託の目的に反しないこと及び受益者の利益に適合することが明らかであるときは、受託者の書面等によってする意思表示により信託を変更することができます。

　この場合、受託者は委託者及び受益者に対し、遅滞なく変更後の信託行為の内容を通知する必要があります。

(ハ)　受託者の利益を害しないこと等が明らかであるとき（信託法149③）

①　受託者の利益を害しないことが明らかであるときは、委託者及び受益者が受託者に対する意思表示を行うことによって、信託を変更することができます。

②　信託の目的に反しないこと及び受託者の利益を害しないことが明ら

かであるときは、受益者が受託者に対する意思表示を行うことによって、信託を変更することができます。

　この場合、受益者から意思表示を受けた受託者は委託者に対し、遅滞なく変更後の信託行為の内容を通知する必要があります。

㈡　信託行為に別段の定めがある場合（信託法149④）

　信託行為に別段の定めがある場合には、当該定めに従って、信託を変更することができます。

㈤　委託者が現に存在しない場合（信託法149⑤）

　委託者が現に存在しない場合に、上記の中で、「㈠委託者、受託者及び受益者の合意がある場合」と「㈢①受託者の利益を害しないことが明らかであるとき」の規定は適用されません。

　委託者が現に存在してないのですから、当然のことです。

　ところで、遺言代用信託の場合、信託の効力発生時には「㈤委託者が現に存在しない」ことになりますので、受託者及び受益者の合意があったとしても、それだけの理由では信託を変更することはできません。

　しかし、委託者の死亡前の時点では、信託法90条に基づき委託者は受益者を変更する権利を有します。（信託法90）

信託法第149条　（関係当事者の合意等）
　信託の変更は、委託者、受託者及び受益者の合意によってすることができる。この場合においては、変更後の信託行為の内容を明らかにしてしなければならない。
2　前項の規定にかかわらず、信託の変更は、次の各号に掲げる場合には、当該各号に定めるものによりすることができる。この場合において、受託者は、第一号に掲げるときは委託者に対し、第二号に掲げるときは委託者及び受益者に対し、遅滞なく、変更後の信託行為の内容を通知しなければならない。
　　一　信託の目的に反しないことが明らかであるとき　受託者及び受益者の合意
　　二　信託の目的に反しないこと及び受益者の利益に適合することが明らかであるとき　受託者の書面又は電磁的記録によってする意思表示
3　前二項の規定にかかわらず、信託の変更は、次の各号に掲げる場合には、当該各号に定める者による受託者に対する意思表示によってすることができる。この場合において、

　第二号に掲げるときは、受託者は、委託者に対し、遅滞なく、変更後の信託行為の内容を通知しなければならない。
　　一　受託者の利益を害しないことが明らかであるとき　委託者及び受益者
　　二　信託の目的に反しないこと及び受託者の利益を害しないことが明らかであるとき　受益者
4　前三項の規定にかかわらず、信託行為に別段の定めがあるときは、その定めるところによる。
5　委託者が現に存しない場合においては、第一項及び第三項第一号の規定は適用せず、第二項中「第一号に掲げるときは委託者に対し、第二号に掲げるときは委託者及び受益者に対し」とあるのは、「第二号に掲げるときは、受益者に対し」とする。

信託法第90条（委託者の死亡の時に受益権を取得する旨の定めのある信託等の特例）
　次の各号に掲げる信託においては、当該各号の委託者は、受益者を変更する権利を有する。ただし、信託行為に別段の定めがあるときは、その定めるところによる。
　　一　委託者の死亡の時に受益者となるべき者として指定された者が受益権を取得する旨の定めのある信託
　　二　委託者の死亡の時以後に受益者が信託財産に係る給付を受ける旨の定めのある信託
2　前項第二号の受益者は、同号の委託者が死亡するまでは、受益者としての権利を有しない。ただし、信託行為に別段の定めがあるときは、その定めるところによる。

　　ロ　裁判所への申立てによる信託の変更を命ずる裁判に基づく場合

　　　信託行為の当時に、予見することのできなかった特別の事情により、信託事務の処理の方法に係る信託行為の定めが信託の目的及び信託財産の状況その他の事情に照らして受益者の利益に適合しなくなるに至ったときは、委託者、受託者又は受益者は裁判所に信託の変更を申立てることができます。（信託法150）

信託法第150条　（特別の事情による信託の変更を命ずる裁判）
　信託行為の当時予見することのできなかった特別の事情により、信託事務の処理の方法に係る信託行為の定めが信託の目的及び信託財産の状況その他の事情に照らして受益者の利益に適合しなくなるに至ったときは、裁判所は、委託者、受託者又は受益者の申立てにより、信託の変更を命ずることができる。
2　前項の申立ては、当該申立てに係る変更後の信託行為の定めを明らかにしてしなければならない。
3　省　略
4　第一項の申立てについての裁判には、理由の要旨を付さなければならない。
5 ～ 6　　省　略

⒄ 信託の終了

　家族信託がいつどのような場合に終了するのかは信託法に規定されています。

　まず、信託法第163条に９通りの方法が示されています。

　例示します。

　　① 信託の目的を達成した時

　　② 信託の目的を達成することができなくなった時

　　③ 受託者が受益権の全部を固有財産で有する状態が１年間継続した時

　　　※ この場合、受託者Ａ＝受益者Ｂの時は終了となるが、受益者が複数人の時、例えば、受託者Ａ＝受益者ＢとＣの二人の場合などは終了にはなりません。なぜなら、第２号でいう「受益権の全部を固有財産で有する状態」になっていないからです。

　　④ 受託者が欠けて、１年間、新たな受託者が就任しない時

　　⑤ 信託行為の中で定められた事由が生じた時

　　⑥ 信託財産についての破産手続開始の決定があった時

　また、信託法第164条第１項で、信託行為に別段の定めがなければ**「委託者と受益者は、いつでもその合意により終了することができる。」**と定められています。

　ただし、同法第164条第４項で、委託者が現に存しない場合にはできないとされています。

　信託は、あくまでも委託者の想いで行われるものですから、委託者なしで勝手に信託を終了させることはできないものと考えます。

　これらのことから、信託の終了は、信託法第163条の条件が整った時と同法第164条第１項に基づいて「委託者と受益者の合意」で行うことができるということになります。

　また、同法第165条の定めで、特別の事情による信託の終了を命ずる裁判があった場合も終了となります。

　信託を終了させるためには、以上の条件が整った時となります。

　このような信託の終了を定めることは大事なことです。

　信託行為に終了の定めがない場合には、とても不安定な信託になります。

　信託を組成するときには、必ず「信託の終了事由」の条項を設けてください。

　簡単な例では、親の認知症対策であれば、親が亡くなった時点で信託を終了させるなどです。

　人はそれぞれ立場がちがいますので、家族信託をいつ終了させるのかはそれぞれです。

　どのような理由で信託を使うのか、どのような家族構成なのか、どの財産を信託財産の対象とするのか等、いろいろな事情を総合的に考慮した上で決定する必要があります。

　また、信託法第52条において、受託者が有している信託財産の運営等で「信託財産が費用等の償還等に不足している場合」であって、その補充に委託者又は受益者が応じない場合にも受託者は終了させることができることになっています。

　受託者は信託の目的に従って信託財産の管理・処分を行いますが、その費用を受託者が立て替えた場合、信託財産からその立て替え分を返してもらうことができますが、この時に信託財産が不足して、受託者が立て替えた費用を返済することができない場合には、受託者は一定の手続きを行った上で信託を終了させることができます。

　いわゆる、信託財産が負の財産になったようなときで、受益者がその支払いを行うことができないような場合には、受託者自らが終了させても良いことになっています。（信託法第52条）

　加えて、信託が上記の事由等により終了した場合であっても、信託財産の清算が結了するまで存続するものとみなされ、終了以後の受託者には、清算受託者としての職務と権限等が定められています。（信託法第177条）

信託法第163条　（信託の終了事由）
　信託は、次条の規定によるほか、次に掲げる場合に終了する。
　一　信託の目的を達成したとき、又は信託の目的を達成することができなくなったとき。

二　受託者が受益権の全部を固有財産で有する状態が一年間継続したとき。

三　受託者が欠けた場合であって、新受託者が就任しない状態が一年間継続したとき。

四　受託者が第五十二条（第五十三条第二項及び第五十四条第四項において準用する場合を含む。）の規定により信託を終了させたとき。

五　信託の併合がされたとき。

六　第百六十五条又は第百六十六条の規定により信託の終了を命ずる裁判があったとき。

七　信託財産についての破産手続開始の決定があったとき。

八　委託者が破産手続開始の決定、再生手続開始の決定又は更生手続開始の決定を受けた場合において、破産法第五十三条第一項、民事再生法第四十九条第一項又は会社更生法第六十一条第一項（金融機関等の更生手続の特例等に関する法律第四十一条第一項及び第二百六条第一項において準用する場合を含む。）の規定による信託契約の解除がされたとき。

九　信託行為において定めた事由が生じたとき。

（例：「信託開始から○年」、「委託者の父の死亡」、「受益者の死亡」等）

信託法第164条　（委託者及び受益者の合意等による信託の終了）

委託者及び受益者は、いつでも、その合意により、信託を終了することができる。

2　委託者及び受益者が受託者に不利な時期に信託を終了したときは、委託者及び受益者は、受託者の損害を賠償しなければならない。ただし、やむを得ない事由があったときは、この限りでない。

3　前二項の規定にかかわらず、信託行為に別段の定めがあるときは、その定めるところによる。

4　委託者が現に存しない場合には、第一項及び第二項の規定は、適用しない。

信託法第165条　（特別の事情による信託の終了を命ずる裁判）

信託行為の当時予見することのできなかった特別の事情により、信託を終了することが信託の目的及び信託財産の状況その他の事情に照らして受益者の利益に適合するに至ったことが明らかであるときは、裁判所は、委託者、受託者又は受益者の申立てにより、信託の終了を命ずることができる。

信託法第52条　（信託財産が費用等の償還等に不足している場合の措置）

受託者は、第四十八条第一項又は第二項の規定により信託財産から費用等の償還又は費用の前払を受けるのに信託財産（第四十九条第二項の規定により処分することができないものを除く。第一号及び第四項において同じ。）が不足している場合において、委託者及び受益者に対し次に掲げる事項を通知し、第二号の相当の期間を経過しても委託者又は受益者から費用等の償還又は費用の前払を受けなかったときは、信託を終了させることができる。

一　信託財産が不足しているため費用等の償還又は費用の前払を受けることができない旨

二　受託者の定める相当の期間内に委託者又は受益者から費用等の償還又は費用の前払を受けないときは、信託を終了させる旨

信託法第177条　（清算受託者の職務）
　信託が終了した時以後の受託者（以下「清算受託者」という。）は、次に掲げる職務を行う。
　一　現務の結了
　二　信託財産に属する債権の取立て及び信託債権に係る債務の弁済
　三　受益債権（残余財産の給付を内容とするものを除く。）に係る債務の弁済
　四　残余財産の給付

　※　清算受託者は、まず、第2号の「信託財産に属する債権の取立て及び信託債権に係る債務の弁済」を行い、次に、第3号の「受益債権に係る債務の弁済」を行い、これらが終わった後に第4号の「残余財産の給付」を行うことになります。

　次は、信託が終了した後はどうするかということを説明します。

⒅　信託の清算

　信託が上記の理由で、終了したとしても直ちに終わるわけではありません。

　信託が終了すれば、当然、後始末を行わなければなりません。

　まず、信託法第175条で、信託が終了した場合には清算をしなければならないと定められています。

　そして、信託が終了した場合においても、同法第176条で清算が結了するまでは信託はなお存続するものとみなされています。

　信託を清算した場合に財産が残っていれば、一定のルールに従って分配をすることになります。

　会社が倒産した場合を考えていただければ理解しやすいと思います。

　会社が倒産した場合には清算という後始末が求められています。

　それと、同じイメージを持ってください。

　信託においても同じような作業が必要とされています。

　信託では、清算受託者は信託財産に属する債権があれば取り立てを、信託財産に属する債務があれば弁済するなどして、最終的には、残余の信託財産を残余財産受益者又は帰属権利者に給付しなければなりません。（同法181）

　清算受託者には、受託者がそのまま継続することになります。（同法177）

　信託の仕組みや財産状況が一番分かっている人ですから当然です。

信託の本当の終わりは、そこまでの仕事をしなければなりません。

では、清算受託人は何をしなければいけないかということになります。

信託法第178条で、信託の清算のために必要な一切の行為をする権限を有する強い権限が与えられ、同法第177条にその職務が定められています。

このような職務を果たした清算受託者は、遅滞なく信託事務に関する最終の計算を行い、信託が終了した時における受益者及び帰属権利者のすべてに対し、その承認を求める必要があります。（同法184①）

受益者等が計算を承認した場合には、受益者等に対する清算受託者の責任は、免除されたものとみなされます。（同法184②）

この時、受益者等が清算受託者から計算の承認を求められた時から１ケ月以内に異議を述べなかった場合には、受益者等は、計算を承認したものとみなされます。（同法184③）

信託法第175条　（清算の開始原因）

信託は、当該信託が終了した場合（第百六十三条第五号に掲げる事由によって終了した場合及び信託財産についての破産手続開始の決定により終了した場合であって当該破産手続が終了していない場合を除く。）には、この節の定めるところにより、清算をしなければならない。

信託法第176条　（信託の存続の擬制）

信託は、当該信託が終了した場合においても、清算が結了するまではなお存続するものとみなす。

信託法第177条　（清算受託者の職務）

信託が終了した時以後の受託者（以下「清算受託者」という。）は、次に掲げる職務を行う。

　一　現務の結了
　二　信託財産に属する債権の取立て及び信託債権に係る債務の弁済
　三　受益債権（残余財産の給付を内容とするものを除く。）に係る債務の弁済
　四　残余財産の給付

　※　清算受託者は、まず、第２号の「信託財産に属する債権の取立て及び信託債権に係る債務の弁済」を行い、次に、第３号の「受益債権に係る債務の弁済」を行い、これらが終わった後に第４号の「残余財産の給付」を行うことになります。

信託法第178条　（清算受託者の権限等）

清算受託者は、信託の清算のために必要な一切の行為をする権限を有する。ただし、信託行為に別段の定めがあるときは、その定めるところによる。

2　清算受託者は、次に掲げる場合には、信託財産に属する財産を競売に付することができる。

　　一　受益者又は第百八十二条第一項第二号に規定する帰属権利者（以下この条において「受益者等」と総称する。）が信託財産に属する財産を受領することを拒み、又はこれを受領することができない場合において、相当の期間を定めてその受領の催告をしたとき。

　　二　受益者等の所在が不明である場合

3　前項第一号の規定により信託財産に属する財産を競売に付したときは、遅滞なく、受益者等に対しその旨の通知を発しなければならない。

4　損傷その他の事由による価格の低落のおそれがある物は、第二項第一号の催告をしないで競売に付することができる。

信託法第181条　（債務の弁済前における残余財産の給付の制限）

　　清算受託者は、第百七十七条第二号及び第三号の債務を弁済した後でなければ、信託財産に属する財産を次条第二項に規定する残余財産受益者等に給付することができない。ただし、当該債務についてその弁済をするために必要と認められる財産を留保した場合は、この限りでない。

信託法第182条　（残余財産の帰属）

　　残余財産は、次に掲げる者に帰属する。

　　一　信託行為において残余財産の給付を内容とする受益債権に係る受益者（次項において「残余財産受益者」という。）となるべき者として指定された者

　　二　信託行為において残余財産の帰属すべき者（以下この節において「帰属権利者」という。）となるべき者として指定された者

2　信託行為に残余財産受益者若しくは帰属権利者（以下この項において「残余財産受益者等」と総称する。）の指定に関する定めがない場合又は信託行為の定めにより残余財産受益者等として指定を受けた者のすべてがその権利を放棄した場合には、信託行為に委託者又はその相続人その他の一般承継人を帰属権利者として指定する旨の定めがあったものとみなす。

3　前二項の規定により残余財産の帰属が定まらないときは、残余財産は、清算受託者に帰属する。

信託法第184条　（清算受託者の職務の終了等）

　　清算受託者は、その職務を終了したときは、遅滞なく、信託事務に関する最終の計算を行い、信託が終了した時における受益者（信託管理人が現に存する場合にあっては、信託管理人）及び帰属権利者（以下この条において「受益者等」と総称する。）のすべてに対し、その承認を求めなければならない。

2　受益者等が前項の計算を承認した場合には、当該受益者等に対する清算受託者の責任は、免除されたものとみなす。ただし、清算受託者の職務の執行に不正の行為があったときは、この限りでない。

3　受益者等が清算受託者から第一項の計算の承認を求められた時から一箇月以内に異議を述べなかった場合には、当該受益者等は、同項の計算を承認したものとみなす。

⒆ 残余財産の帰属

　では、信託が終了した後の残余財産は誰に渡すのかということです。

　信託が終了し、清算後の残余財産の帰属については、信託法第182条に規定がされています。

　まずは、信託行為（信託契約等）で指定された「残余財産受益者」又は「帰属権利者」に財産が帰属することになります。

　信託の基本は、委託者Ａが所有している物件の所有権を受託者Ｂに移転させ、受託者において信託財産を管理、処分することです。

　その時の財産の所有者は受託者ですから、通常であれば財産の帰属先はあくまでも所有権を有している受託者になります。

　しかし、信託は特殊な組み立てで成り立っていますから、その取扱いは信託法で異なる扱いにしています。

　信託では、その財産は名義上は受託者になっていますが、実質的には受益者が所有しているものとして取り扱うことになっています。

　信託法第182条は、まず、第１項で帰属先を「残余財産受益者」・「帰属権利者」と規定しています。

　ここで注意をしなければならないことは、双方ともに **「信託行為において・・指定された者」** となっています。重要です。

　この「指定された者」ということは、委託者が信託目的を定めて信託行為を行なう時に、残余財産の帰属先として指定がされていなければ「残余財産受益者」、「帰属権利者」には帰属されないということになります。

　そして、この定めがされていない場合にはどう扱うことになるかといいますと、同条第２項で、**「信託行為に…指定する旨の定めがあったものとみなす」** と不思議な規定が置かれています。

　これは、帰属先の定めが信託行為でなされていない場合には、法律でもって帰属先を決めてあげますよということになります。

　そして、法律で認定する残余財産の帰属先は、「委託者又はその相続人その他の一般承継人」となっています。

　ここで、委託者側に帰属させることになりますが、考えてみると信託財産

はもともと委託者が拠出した財産ですから、残余財産の帰属先の定めがない場合は、委託者に戻すということは当然のことだと思います。

　また、「信託行為の定めにより残余財産受益者等として指定を受けた者の全てがその権利を放棄した場合」についても同様の取り扱いになっています。

　さらに、これによっても帰属先が定まらない場合には、同条第3項により清算受託者に帰属するものとされています。

　受託者が、信託財産の帰属先になるということには不思議さも感じますが、信託財産の帰属先が決まらないままに放置されることは所有者のいない財産を作り出すことになることから最後の砦として清算受託者にそのまま帰属させることにすると定められたものと考えます。

　残余財産とは、信託契約が終了又は解除された時点において、その信託財産に関する債権の取立て及び債務の弁済を行い、その清算作業が終了した後に残った信託財産のことをいいます。

　そして、その残余財産は、信託法第182条で定められた者（残余財産受益者又は帰属権利者等）の固有の財産になります。

　なお、残余財産受益者又は帰属権利者が、信託契約が終了あるいは解除された時点で既に亡くなっている場合やその権利を放棄した場合は、委託者が帰属権利者になります。

　もし、委託者も亡くなっていた場合には、その委託者の相続人が帰属権利者となります。（信託法182②）

　その委託者の相続人等も帰属権利者にならなかった場合には、清算をした受託者が帰属権利者となります。（信託法182③）

　信託行為（信託契約等）の中で帰属権利者の定めがない場合にも、委託者等が帰属権利者となります。（信託法182②）

　また、この仕組みを利用して遺言と同じような効果を持たせることが可能になります。

　残余財産を渡したい人を信託行為により残余財産を帰属させる者として指

定しておけば、信託終了後の残余財産はその者に渡せることになることになり、遺言と同じ効果を発揮させることができます。

　ところで、ここでいう残余財産受益者や帰属権利者は、複数人決めておくことも可能となっています。

　残余財産の帰属をさせる順序は、信託法第182条で次のとおりになっています。

　　第1順位…信託行為で指定した者（残余財産受益者又は帰属権利者）

　　第2順位…委託者・その相続人等

　　第3順位…清算受託者

　この場合、注意をしなければならないことは、<u>財産を無償で取得すれば当然に贈与税か相続税が課税されることになる</u>ということです。（税はしっかり付いて回ります。）

信託法第182条　（残余財産の帰属）

　残余財産は、次に掲げる者に帰属する。

　　一　信託行為において残余財産の給付を内容とする受益債権に係る受益者（次項において「残余財産受益者」という。）となるべき者として<u>指定された者</u>

　　二　信託行為において残余財産の帰属すべき者（以下この節において「帰属権利者」という。）となるべき者として<u>指定された者</u>

2　信託行為に残余財産受益者若しくは帰属権利者（以下この項において「残余財産受益者等」と総称する。）の指定に関する定めがない場合又は信託行為の定めにより残余財産受益者等として指定を受けた者のすべてがその権利を放棄した場合には、信託行為に委託者又はその相続人その他の一般承継人を<u>帰属権利者として指定する旨の定めがあったものとみなす。</u>

3　前二項の規定により<u>残余財産の帰属が定まらないときは</u>、残余財産は、<u>清算受託者に帰属する。</u>

信託法第183条　（帰属権利者）

　信託行為の定めにより帰属権利者となるべき者として指定された者は、当然に残余財産の給付をすべき債務に係る債権を取得する。ただし、信託行為に別段の定めがあるときは、その定めるところによる。

2　第八十八条第二項の規定は、前項に規定する帰属権利者となるべき者として指定された者について準用する。

3　信託行為の定めにより帰属権利者となった者は、受託者に対し、その権利を放棄する旨の意思表示をすることができる。ただし、信託行為の定めにより帰属権利者となった

者が信託行為の当事者である場合は、この限りでない。

4　前項本文に規定する帰属権利者となった者は、同項の規定による意思表示をしたときは、当初から帰属権利者としての権利を取得していなかったものとみなす。ただし、第三者の権利を害することはできない。

5　第百条及び第百二条の規定は、帰属権利者が有する債権で残余財産の給付をすべき債務に係るものについて準用する。

6　帰属権利者は、信託の清算中は、受益者とみなす。

⒇　その他の登場人物

　これまでは、登場人物は「委託者」「受託者」「受益者」の３名として説明をしてまいりましたが、実は、わき役として登場する人物もいます。

　わき役ではありますが、その任務は大変重要です。

　その人たちを紹介いたします。

　「信託監督人」「信託管理人」「受益者代理人」です。

【信託監督人】

　最初に、「信託監督人」について説明します。

　「信託監督人」とは、受益者が現に存する場合に、受益者のために自己の名をもって受益者の権利に関する一切の裁判上または裁判外の行為をする権限を有する者です。

　ポイントは、受益者が現に「存する」場合に選任される者です。

　現に存する受益者が年少者・高齢者又は知的障がい者等の場合には、受益者自身だけでは受託者の信託事務を監督することは困難です。

　したがって、そのような場合に、受益者に代わって受託者を監督する人として信託監督人は選任されます。

　信託監督人は信託行為において指定することができ、その指定された者が承諾した場合に、信託監督人として就任することになります。

　また、信託行為に信託監督人の定めがない場合や、信託監督人に指定された者がその就任を承諾しない場合などには、利害関係人の申立てにより裁判所で信託監督人を選任することもできます。（信託法第131条4項）

　信託監督人を設置するかどうかの判断は、受託者の能力や信用度、信託財産

の内容や管理・処分の複雑さ、また、受益者に法定後見人が選任されているのかどうか（後述する。）、受益者代理人だけで十分なのかどうかなどを総合的に検討した上で判断すべきことだと思います。

　なお、信託監督人は、受益者の権限行使を補完する存在であることから、信託監督人が選任されたとしても、受益者は自らの権利を行使することができます。

　次に、どのような人が、信託監督人になれるかについて説明します。

　次の者を除き、特に資格に制限はないとされています。

　　① 　未成年者、　② 　当該信託の受託者

　②は、受託者を監督するために設置されるのですから当然に信託監督人にはなることはできません。

信託法第131条 　（信託監督人の選任）
　　信託行為においては、受益者が現に存する場合に信託監督人となるべき者を指定する定めを設けることができる。
2 　信託行為に信託監督人となるべき者を指定する定めがあるときは、利害関係人は、信託監督人となるべき者として指定された者に対し、相当の期間を定めて、その期間内に就任の承諾をするかどうかを確答すべき旨を催告することができる。ただし、当該定めに停止条件又は始期が付されているときは、当該停止条件が成就し、又は当該始期が到来した後に限る。
3 　前項の規定による催告があった場合において、信託監督人となるべき者として指定された者は、同項の期間内に委託者（委託者が現に存しない場合にあっては、受託者）に対し確答をしないときは、就任の承諾をしなかったものとみなす。
4 　受益者が受託者の監督を適切に行うことができない特別の事情がある場合において、信託行為に信託監督人に関する定めがないとき、又は信託行為の定めにより信託監督人となるべき者として指定された者が就任の承諾をせず、若しくはこれをすることができないときは、裁判所は、利害関係人の申立てにより、信託監督人を選任することができる。
5 ～ 8 　省 　略

信託法第137条 　（信託管理人に関する規定の準用）
　　第百二十四条及び第百二十七条の規定は、信託監督人について準用する。この場合において、同条第六項中「第百二十三条第四項」とあるのは、「第百三十一条第四項」と読み替えるものとする

信託法第124条 　（信託管理人の資格）
　　次に掲げる者は、信託管理人となることができない。

　　一　**未成年者**（それまでにあった「成年被後見人若しくは被保佐人」は2019.6.11付で
　　　削除されている。）
　　二　**当該信託の受託者である者**

　　次に、信託監督人には、どのような権限が与えられているのかについてです
が、受託者を監督するための権限として、信託法第132条で同法第92条の権利
を行使する強い権限が与えられています。

　　ただし、同法第92条の全てではなく、次の①～④の権利は受益者自身が自己
の権利を確保するための権利とされていることから信託監督人はこれらを行使
することはできないとされています。

　　①　受益権を放棄する権利（17号）

　　②　受益権取得請求権（18号）

　　③　受益権原簿記載事項を記載した書面の交付請求権（21号）

　　④　受益権原簿記載事項の記載等請求権（23号）

　　このように、強い権限が与えられている信託監督人ですが、信託法第133条
で①善管注意義務、②公平義務が課されています。

信託法第132条　（信託監督人の権限）
　　信託監督人は、受益者のために自己の名をもって第九十二条各号（第十七号、第十八
　号、第二十一号及び第二十三号を除く。）に掲げる権利に関する一切の裁判上又は裁判
　外の行為をする権限を有する。ただし、信託行為に別段の定めがあるときは、その定め
　るところによる。
2　二人以上の信託監督人があるときは、これらの者が共同してその権限に属する行為を
　しなければならない。ただし、信託行為に別段の定めがあるときは、その定めるところ
　による。

信託法第133条　（信託監督人の義務）
　　信託監督人は、善良な管理者の注意をもって、前条第一項の権限を行使しなければな
　らない。
2　信託監督人は、受益者のために、誠実かつ公平に前条第一項の権限を行使しなければ
　ならない。

信託法第92条　（信託行為の定めによる受益者の権利行使の制限の禁止）
　　受益者による次に掲げる権利の行使は、信託行為の定めにより制限することができな
　い。

一　この法律の規定による裁判所に対する申立権

二　第五条第一項の規定による催告権

三　第二十三条第五項又は第六項の規定による異議を主張する権利

四　第二十四条第一項の規定による支払の請求権

五　第二十七条第一項又は第二項（これらの規定を第七十五条第四項において準用する場合を含む。）の規定による取消権

六　第三十一条第六項又は第七項の規定による取消権

七　第三十六条の規定による報告を求める権利

八　第三十八条第一項又は第六項の規定による閲覧又は謄写の請求権

九　第四十条の規定による損失のてん補又は原状の回復の請求権

十　第四十一条の規定による損失のてん補又は原状の回復の請求権

十一　第四十四条の規定による差止めの請求権

十二　第四十五条第一項の規定による支払の請求権

十三　第五十九条第五項の規定による差止めの請求権

十四　第六十条第三項又は第五項の規定による差止めの請求権

十五　第六十一条第一項の規定による支払の請求権

十六　第六十二条第二項の規定による催告権

十七　第九十九条第一項の規定による受益権を放棄する権利

十八　第百三条第一項又は第二項の規定による受益権取得請求権

十九　第百三十一条第二項の規定による催告権

二十　第百三十八条第二項の規定による催告権

二十一　第百八十七条第一項の規定による交付又は提供の請求権

二十二　第百九十条第二項の規定による閲覧又は謄写の請求権

二十三　第百九十八条第一項の規定による記載又は記録の請求権

二十四　第二百二十六条第一項の規定による金銭のてん補又は支払の請求権

二十五　第二百二十八条第一項の規定による金銭のてん補又は支払の請求権

二十六　第二百五十四条第一項の規定による損失のてん補の請求権

　次は、信託監督人の任務の終了について説明します。

　信託監督人の任務は、信託監督人の死亡、辞任、解任等で終了するほか、次の事由によって終了します。

①　信託の清算の結了

②　委託者と受益者の合意

③　信託行為において定めた事由の発生

　なお、②に関しては、信託行為で別段の定めをすることができるとなっています。

　最後に、信託監督人は、あくまでも受益者が現に「存する」場合に選任されるということを忘れないでください。

信託法第136条　（信託監督人による事務の処理の終了等）

　　信託監督人による事務の処理は、信託の清算の結了のほか、次に掲げる事由により終了する。ただし、第一号に掲げる事由による場合にあっては、信託行為に別段の定めがあるときは、その定めるところによる。

　　一　委託者及び受益者が信託監督人による事務の処理を終了する旨の合意をしたこと。

　　二　信託行為において定めた事由

2　前項の規定により信託監督人による事務の処理が終了した場合には、信託監督人であった者は、遅滞なく、受益者に対しその事務の経過及び結果を報告しなければならない。

3　委託者が現に存しない場合には、第一項第一号の規定は、適用しない。

【信託管理人】

　次は、信託管理人について説明します。

　信託監督人は受益者が「現に存する場合」に選任される者でしたが、信託管理人は、受益者が「現に存しない場合」に選任される者です。

　受益者のために自己の名をもって受益者の権利に関する一切の裁判上又は裁判外の行為をする権限を有する者です。

　一般的には、現時点では、このようなケースはあまり実例がないように思えます。

　おそらく、世の中がさらに変化し、これまでは考え付かなかったようなことが起きてきたとき、そして、家族信託が広く普及してきたときには、受益者が「現に存しない信託」も必要になってくるのではないかと思います。

　したがって、今の段階では、「家族信託ではこんなこともできるんだ」という知識として持ち合わせていただければ良いのではないかと考えます。

　仮に、受益者が「現に存しない信託」が組成されたとしたら、通常においては受益者に認められている権利を行使する者がいないことになるので、受益者が存するに至るまでの間、受益者に代わって受託者の監督を行い、信託に関する意思決定を行う者が必要になります。

　そのような場合を想定して、新信託法で「信託管理人」という地位を作り、将来の受益者を保護する規定を置いています。

　受益者が「現に存しない」ということは、例えば、生まれたばかりの赤ん坊でもあったとしても、受益者が存在しているわけですから、存しないことには該当しません。

したがって、信託管理人を置くことはできないことになります。

　では、どのようなケースが考えられるかといいますと、今は存在していないがこれから生まれてくるであろう子に自分の財産を渡したいと考え、信託行為で受益者に指定しておきたいと考える人も出てくるかもしれません。

　また、孫が、将来、医師になった場合には資金が必要だろうからということで医師になることを条件に受益者となるべき者に指定するなどの場合も考えられます。

　このように、信託は信託行為の際に必ず受益者が存在していなければならないということではなく、将来的に存在することを想定して設定することもできる制度として作られています。

　信託を組成する段階では、受益者は存在しなくても問題はありません。

　受益者となれる人の幅を広くした制度といえます。

　贈与契約は双務契約であり、必ず相手が存在することが必要ですが、信託は、受益者という相手が実在していなくても成立するということになります。

　将来を見越してのことなのか、改正された信託法の中に、信託において受益者は不特定でも未存在でも構わないという規定が新たに設けられました。

　信託法第258条（受益者の定めのない信託の要件）で規定されており、「目的信託」といわれています。

　注意をしなければならないことは、信託法第258条第１項で、信託法第３条第１項第３号に規定されている自己信託（信託宣言）には認められていなということです。

　これは当然ですよ。自己信託は委託者と受託者が同一人物です。

　そこに受益者が存しないという信託の組成を認めるとしたら、委託者はやりたい放題なことができることになりますから、これは至極当然なことです。

　加えて、信託法第259条で、受益者の定めのない信託の存続期間は20年を超えることができないとなっています。

信託法第258条　（受益者の定めのない信託の要件）
　　受益者の定め（受益者を定める方法の定めを含む。以下同じ。）のない信託は、第三条第一号又は第二号に掲げる方法によってすることができる。

2　受益者の定めのない信託においては、信託の変更によって受益者の定めを設けることはできない。

3　受益者の定めのある信託においては、信託の変更によって受益者の定めを廃止することはできない。

4　第三条第二号に掲げる方法によって受益者の定めのない信託をするときは、信託管理人を指定する定めを設けなければならない。この場合においては、信託管理人の権限のうち第百四十五条第二項各号（第六号を除く。）に掲げるものを行使する権限を制限する定めを設けることはできない。

5 ～ 7　　省　略

8　第三条第二号に掲げる方法によってされた受益者の定めのない信託において、信託管理人が欠けた場合であって、信託管理人が就任しない状態が一年間継続したときは、当該信託は、終了する。

信託法第3条　（信託の方法）

信託は、次に掲げる方法のいずれかによってする。

一　特定の者との間で、当該特定の者に対し財産の譲渡、担保権の設定その他の財産の処分をする旨並びに当該特定の者が一定の目的に従い財産の管理又は処分及びその他の当該目的の達成のために必要な行為をすべき旨の契約（以下「信託契約」という。）を締結する方法

二　特定の者に対し財産の譲渡、担保権の設定その他の財産の処分をする旨並びに当該特定の者が一定の目的に従い財産の管理又は処分及びその他の当該目的の達成のために必要な行為をすべき旨の遺言をする方法

三　特定の者が一定の目的に従い自己の有する一定の財産の管理又は処分及びその他の当該目的の達成のために必要な行為を自らすべき旨の意思表示を公正証書その他の書面又は電磁的記録（電子的方式、磁気的方式その他人の知覚によっては認識することができない方式で作られる記録であって、電子計算機による情報処理の用に供されるものとして法務省令で定めるものをいう。以下同じ。）で当該目的、当該財産の特定に必要な事項その他の法務省令で定める事項を記載し又は記録したものによってする方法

信託法第259条　（受益者の定めのない信託の存続期間）

受益者の定めのない信託の存続期間は、二十年を超えることができない。

　説明を続けます。信託管理人の選任についてであります。

　信託法第123条第1項で、「信託行為においては、受益者が現に存しない場合に信託管理人となるべき者を指定する定めを設けることができる。」と定められており、さらに、信託法第258条第4項で、「遺言をする方法によって受益者の定めのない信託をするときは、信託管理人を指定する定めを設けなければならない。」とあります。

遺言による方法で受益者の定めのない信託を組成するときには、信託行為の中で必ず信託管理人を定めなければならないことになっています。

　そして、これらによって指定された者が承諾した場合にはじめて信託管理人として就任することになります。

　もし、受益者が現に存しない場合において信託行為で信託管理人を定めていない場合や信託管理人として指定された者がその就任を承諾しない場合には、利害関係人の申立てにより裁判所が信託管理人を選任することになります。（信託法123条4項）

　これは、信託監督人の場合と同じです。

信託法第123条　（信託管理人の選任）
　　信託行為においては、受益者が現に存しない場合に信託管理人となるべき者を指定する定めを設けることができる。
2　信託行為に信託管理人となるべき者を指定する定めがあるときは、利害関係人は、信託管理人となるべき者として指定された者に対し、相当の期間を定めて、その期間内に就任の承諾をするかどうかを確答すべき旨を催告することができる。ただし、当該定めに停止条件又は始期が付されているときは、当該停止条件が成就し、又は当該始期が到来した後に限る。
3　前項の規定による催告があった場合において、信託管理人となるべき者として指定された者は、同項の期間内に委託者（委託者が現に存しない場合にあっては、受託者）に対し確答をしないときは、就任の承諾をしなかったものとみなす。
4　受益者が現に存しない場合において、信託行為に信託管理人に関する定めがないとき、又は信託行為の定めにより信託管理人となるべき者として指定された者が就任の承諾をせず、若しくはこれをすることができないときは、裁判所は、利害関係人の申立てにより、信託管理人を選任することができる。
5　前項の規定による信託管理人の選任の裁判があったときは、当該信託管理人について信託行為に第一項の定めが設けられたものとみなす。
6～8　省　略

　次に、信託管理人の資格について説明します。

　条件は、信託監督人と同じです。

　次の者を除き、特に資格に制限はないとされています。

　　①　未成年者　②　当該信託の受託者

　注意しなければならないことは、信託管理人は、まだ存在しない受益者のために自己の名をもって受益者の権利に関する一切の行為をする者なので、一定

の財産管理能力が必要であるとともに受託者を監督する"力"のある人物が相応しいことは当然です。誰でもよいわけではありません。

信託法第124条　（信託管理人の資格）
　　次に掲げる者は、信託管理人となることができない。
　　一　未成年者（それまでにあった「成年被後見人若しくは被保佐人」は2019.6.11付で削除されている。)
　　二　当該信託の受託者である者

　信託管理人の権限としては、信託法第125条で、信託行為に別段の定めがある場合を除き、受益者のために自己の名をもって受益者の権利に関する一切の裁判上または裁判外の行為をする権限を有しています。

信託法第125条　（信託管理人の権限）
　　信託管理人は、受益者のために自己の名をもって受益者の権利に関する一切の裁判上又は裁判外の行為をする権限を有する。ただし、信託行為に別段の定めがあるときは、その定めるところによる。
2　二人以上の信託管理人があるときは、これらの者が共同してその権限に属する行為をしなければならない。ただし、信託行為に別段の定めがあるときは、その定めるところによる。
3　この法律の規定により受益者に対してすべき通知は、信託管理人があるときは、信託管理人に対してしなければならない。

　信託管理人の義務としては、信託法第126条で、信託管理人は善良な管理者の注意をもってその権限を行使しなければならないということと、受益者のために誠実かつ公平にその権限を行使しなければならないと定められています。（善管注意義務と公平義務です。）

信託法第126条　（信託管理人の義務）
　　信託管理人は、善良な管理者の注意をもって、前条第一項の権限を行使しなければならない。
2　信託管理人は、受益者のために、誠実かつ公平に前条第一項の権限を行使しなければならない。

　次に、信託管理人の事務処理の終了について説明します。
　信託管理人の事務処理は、次の事由で終了します。

① 受益者が存するに至ったこと

② 委託者が信託管理人に対し事務の処理を終了する旨の意思表示をした
こと

③ 信託行為において定めた事由が発生したこと

　最後に、信託管理人は、受益者が現に「存しない」場合に選任される者であ
ることを覚えておいてください。

信託法第130条　（信託管理人による事務の処理の終了等）
　　信託管理人による事務の処理は、次に掲げる事由により終了する。ただし、第二号に
　掲げる事由による場合にあっては、信託行為に別段の定めがあるときは、その定めると
　ころによる。
　　一　受益者が存するに至ったこと。
　　二　委託者が信託管理人に対し事務の処理を終了する旨の意思表示をしたこと。
　　三　信託行為において定めた事由
2　前項の規定により信託管理人による事務の処理が終了した場合には、信託管理人であ
　った者は、遅滞なく、受益者に対しその事務の経過及び結果を報告しなければならない。
　ただし、受益者が存するに至った後においてその受益者となった者を知った場合に限る。

【受益者代理人】

　次は受益者代理人について説明します。

　受益者代理人とは、その代理する受益者の代わりに信託に関する一切の裁判
上又は裁判外の行為をする権利を行使する者のことをいいます。

　また、この受益者代理人制度の目的としては、大きくは受益者保護と信託事
務の円滑化にあります。

　そして、受益者代理人は「代理」という言葉を使っていることからも分かる
ように、受益者が実在していることが前提となっています。

　受益者代理人は、条文に「その代理する受益者を定めて」となっていること
から、その代理する受益者のための制度、言い換えれば、特定の受益者の代理
をする制度となっています。

　これとは対象に、信託管理人や信託監督人は、全ての受益者のための制度と
なっています。この違いを認識してください。

　そして、この受益者代理人では、複数の受益者に1人の受益者代理人を指定することも可能ですし、1人の受益者に複数の受益者代理人を指定することもできるとされています。

　また、種類が異なる受益権があれば、異なる受益権ごとに受益者代理人を指定することも可能になっています。

信託法第138条　（受益者代理人の選任）
　　信託行為においては、<u>その代理する受益者を定めて</u>、受益者代理人となるべき者を指定する定めを設けることができる。
2　　信託行為に受益者代理人となるべき者を指定する定めがあるときは、利害関係人は、受益者代理人となるべき者として指定された者に対し、相当の期間を定めて、その期間内に就任の承諾をするかどうかを確答すべき旨を催告することができる。ただし、当該定めに停止条件又は始期が付されているときは、当該停止条件が成就し、又は当該始期が到来した後に限る。
3　　前項の規定による催告があった場合において、受益者代理人となるべき者として指定された者は、同項の期間内に委託者（委託者が現に存しない場合にあっては、受託者）に対し確答をしないときは、就任の承諾をしなかったものとみなす。

　受益者代理人を選任する場合には、条文からも分かるように、信託行為において委託者の意思に基づき定める必要があります。

　そこでは「信託行為においては、その代理する受益者を定めて、…」となっていることから、信託が開始した後に「受益者代理人が必要になった」と思っても選任することはできません。

　信託管理人や信託監督人に関しては、信託法第123条4項、同131条4項の定めで、信託が開始した後においても利害関係人が裁判所に申し立てることにより選任する方法が示されていますが、受益者代理人については、信託法第138条を見ても分かるように第4項の規定はなく裁判所に関することも定められていません。

　これは、受益者代理人については、信託行為において定められていなければ、後日において定めることはできないということです。

　唯一の例外としては、信託法第142条で、前任の受益者代理人の任務が終了した場合で、その後、新受益者代理人を選定する必要性が生じた時には、利害関係人からの申立てで裁判所が選任することは認められていますが、これはあ

くまでも当初の信託行為で受益者代理人が定められていることが前提条件になっています。

信託法第142条　（新受益者代理人の選任等）
　　第六十二条の規定は、前条第一項において準用する第五十六条第一項各号の規定により受益者代理人の任務が終了した場合における新たな受益者代理人（次項において「新受益者代理人」という。）の選任について準用する。この場合において、第六十二条第二項及び第四項中「利害関係人」とあるのは、「委託者又は受益者代理人に代理される受益者」と読み替えるものとする。
2　新受益者代理人が就任した場合には、受益者代理人であった者は、遅滞なく、その代理する受益者に対しその事務の経過及び結果を報告し、新受益者代理人がその事務の処理を行うのに必要な事務の引継ぎをしなければならない。
※　第六十二条の規定……（　新受託者の選任　）
　　前条（第141条）第一項……（　受益者代理人の任務の終了　）
　　第五十六条……（　受託者の任務の終了事由　）

　次に、なぜ、信託に受益者代理人の制度が必要なのかという視点から考えてみます。

　受益者には、判断能力に異常のない人だけが指定されるものではありません。

　どちらかというと、その逆であって、信託は、認知症や知的障害、精神疾患等がある人や、未成年者や高齢者のような判断能力が低下した人などの生活を支えるために組成されることも多くあるのではないかと考えます。

　そして、そのような受益者では、適切な意思決定ができないとか、受託者をしっかり監督することができないとか、受益者が複数人いてその意思決定を行うことができないなどの問題が発生することもあり、スムーズな信託運営に支障をきたすことも起こり得ます。

　また、信託では、受託者への給付請求や信託内容の変更など、受益者の意思表示が必要な場面も多く発生するものと考えます。

　このような場合に、受益者代理人を定めておけば、たとえ受益者が意思表示をすることが困難な状態であったとしても、受益者代理人が受益者の代わりに信託目的を達成するための行動をすることができ、スムーズな運営を行うことができることになります。

例えば、障がいのある人や幼い子供を受益者に指定した場合を考えると、受益者自身では受益者としての権利を行使することなどは不可能に近い状態になってしまい、また、受託者に対して指示・監督することもできない状況になります。

さらに、信託事務の積極的かつ円滑な意思決定もできなくなります。

加えて、受益者が多人数いる場合には、受益者の権利行使や考えをまとめることができにくい状態になります。

このような中で、受託者がいくら信託事務をスムーズに行おうとしても支障を来たし、うまく運営をすることはできません。

そのための解決策として、受益者代理人に代理としての権限を与え、信託行為が円満に問題なくできるようにしたものです。

場合によっては、各受益者の権利行使を1人の受益者代理人に集中させて行うことも可能となっています。

とにかく、受益者代理人は信託行為のスタート段階で指定しておく必要があるということを忘れないでください。

（受益者代理人は、信託が開始した後は選任することができないということです。）

次に、受益者代理人の権限について説明します。

受益者代理人は、その代理する受益者のために当該受益者の権利に関する一切の裁判上又は裁判外の行為をする権限を有することになりますが、その反面、受益者代理人が選任された場合、受益者本人は、信託法第92条各号に定める行為しか行うことができないと定められています。

受益者の行動が狭まることになりますが、同法第92条の各号に定める行為については、受益者代理人であっても、受益者本人であっても行使することが可能な権利ということになります。（信託法第139条4項）

信託法第139条　（受益者代理人の権限等）
　受益者代理人は、その代理する受益者のために当該受益者の権利（第四十二条の規定による責任の免除に係るものを除く。）に関する一切の裁判上又は裁判外の行為をする権限を有する。ただし、信託行為に別段の定めがあるときは、その定めるところによる。

2　受益者代理人がその代理する受益者のために裁判上又は裁判外の行為をするときは、その代理する受益者の範囲を示せば足りる。

3　一人の受益者につき二人以上の受益者代理人があるときは、これらの者が共同してその権限に属する行為をしなければならない。ただし、信託行為に別段の定めがあるときは、その定めるところによる。

4　受益者代理人があるときは、当該受益者代理人に代理される受益者は、第九十二条各号に掲げる権利及び信託行為において定めた権利を除き、その権利を行使することができない。

信託法第92条　（信託行為の定めによる受益者の権利行使の制限の禁止）

　　受益者による次に掲げる権利の行使は、信託行為の定めにより制限することができない。

　　一　この法律の規定による裁判所に対する申立権
　　二　第五条第一項の規定による催告権
　　三　第二十三条第五項又は第六項の規定による異議を主張する権利
　　四　第二十四条第一項の規定による支払の請求権
　　五　第二十七条第一項又は第二項（これらの規定を第七十五条第四項において準用する場合を含む。）の規定による取消権
　　六　第三十一条第六項又は第七項の規定による取消権
　　七　第三十六条の規定による報告を求める権利
　　八　第三十八条第一項又は第六項の規定による閲覧又は謄写の請求権
　　九　第四十条の規定による損失のてん補又は原状の回復の請求権
　　十　第四十一条の規定による損失のてん補又は原状の回復の請求権
　　十一　第四十四条の規定による差止めの請求権
　　十二　第四十五条第一項の規定による支払の請求権
　　十三　第五十九条第五項の規定による差止めの請求権
　　十四　第六十条第三項又は第五項の規定による差止めの請求権
　　十五　第六十一条第一項の規定による支払の請求権
　　十六　第六十二条第二項の規定による催告権
　　十七　第九十九条第一項の規定による受益権を放棄する権利
　　十八　第百三条第一項又は第二項の規定による受益権取得請求権
　　十九　第百三十一条第二項の規定による催告権
　　二十　第百三十八条第二項の規定による催告権
　　二十一　第百八十七条第一項の規定による交付又は提供の請求権
　　二十二　第百九十条第二項の規定による閲覧又は謄写の請求権
　　二十三　第百九十八条第一項の規定による記載又は記録の請求権
　　二十四　第二百二十六条第一項の規定による金銭のてん補又は支払の請求権
　　二十五　第二百二十八条第一項の規定による金銭のてん補又は支払の請求権
　　二十六　第二百五十四条第一項の規定による損失のてん補の請求権

　　次に、受益者代理人の資格について説明します。

　　条件は、信託監督人、信託管理人と同じです。

次の者を除き、特に資格に制限はないとされています。

　①　未成年者　②　当該信託の受託者

信託法第144条　（信託管理人に関する規定の準用）
　第百二十四条及び第百二十七条第一項から第五項までの規定は、受益者代理人について準用する。

信託法第124条　（信託管理人の資格）
　次に掲げる者は、信託管理人となることができない。
　一　未成年者（それまでにあった「成年被後見人若しくは被保佐人」は2019.6.11付で削除されている。）
　二　当該信託の受託者である者

次に、受益者代理人の義務について説明します。

受益者代理人は、善良な管理者の注意をもって誠実かつ公平に権限を行使しなければならないと定められています。

信託法第140条　（受益者代理人の義務）
　受益者代理人は、善良な管理者の注意をもって、前条第一項の権限を行使しなければならない。
2　受益者代理人は、その代理する受益者のために、誠実かつ公平に前条第一項の権限を行使しなければならない。

最後は、受益者代理人の任務の終了について説明します。

受益者代理人の任務は、信託の清算が結了した場合のほか、次の事由等によって終了します。

　イ　受益者代理人である個人の死亡

　ロ　受益者代理人である個人が後見開始または保佐開始の審判を受けたこと

　ハ　受益者代理人（破産手続開始の決定により解散するものを除く。）が破産手続開始の決定を受けたこと

　ニ　受益者代理人である法人が合併以外の理由により解散したこと

　ホ　受益者代理人の辞任

　ヘ　受益者代理人の解任

ト　信託行為において定めた事由

信託法第141条　（受益者代理人の任務の終了）

　　第五十六条の規定は、受益者代理人の任務の終了について準用する。この場合におい
　て、同条第一項第五号中「次条」とあるのは「第百四十一条第二項において準用する次
　条」と、同項第六号中「第五十八条」とあるのは「第百四十一条第二項において準用す
　る第五十八条」と読み替えるものとする。
2　第五十七条の規定は受益者代理人の辞任について、第五十八条の規定は受益者代理人
　の解任について、それぞれ準用する。

信託法第56条　（受託者の任務の終了事由）

　　受託者の任務は、信託の清算が結了した場合のほか、次に掲げる事由によって終了す
　る。ただし、第二号又は第三号に掲げる事由による場合にあっては、信託行為に別段の
　定めがあるときは、その定めるところによる。
　　　　　　　　（「第二号又は」・・・追加2019.6.11）
　　一　受託者である個人の死亡
　　二　受託者である個人が後見開始又は保佐開始の審判を受けたこと。
　　三　受託者（破産手続開始の決定により解散するものを除く。）が破産手続開始の決
　　　定を受けたこと。
　　四　受託者である法人が合併以外の理由により解散したこと。
　　五　次条の規定による受託者の辞任
　　六　第五十八条の規定による受託者の解任
　　七　信託行為において定めた事由
2　受託者である法人が合併をした場合における合併後存続する法人又は合併により設立
　する法人は、受託者の任務を引き継ぐものとする。受託者である法人が分割をした場合
　における分割により受託者としての権利義務を承継する法人も、同様とする。
3　前項の規定にかかわらず、信託行為に別段の定めがあるときは、その定めるところに
　よる。
4　第一項第三号に掲げる事由が生じた場合において、同項ただし書の定めにより受託者
　の任務が終了しないときは、受託者の職務は、破産者が行う。
5　受託者の任務は、受託者が再生手続開始の決定を受けたことによっては、終了しない。
　ただし、信託行為に別段の定めがあるときは、その定めるところによる。
6　前項本文に規定する場合において、管財人があるときは、受託者の職務の遂行並びに
　信託財産に属する財産の管理及び処分をする権利は、管財人に専属する。保全管理人が
　あるときも、同様とする。
7　前二項の規定は、受託者が更生手続開始の決定を受けた場合について準用する。この
　場合において、前項中「管財人があるとき」とあるのは、「管財人があるとき（会社更
　生法第七十四条第二項（金融機関等の更生手続の特例等に関する法律第四十七条及び第
　二百十三条において準用する場合を含む。）の期間を除く。）」と読み替えるものとする。

信託法第57条　（受託者の辞任）

　　受託者は、委託者及び受益者の同意を得て、辞任することができる。ただし、信託行

為に別段の定めがあるときは、その定めるところによる。
2　受託者は、やむを得ない事由があるときは、裁判所の許可を得て、辞任することができる。
3　受託者は、前項の許可の申立てをする場合には、その原因となる事実を疎明しなければならない。
4　第二項の許可の申立てを却下する裁判には、理由を付さなければならない。
5　第二項の規定による辞任の許可の裁判に対しては、不服を申し立てることができない。
6　委託者が現に存しない場合には、第一項本文の規定は、適用しない。

信託法第58条　（受託者の解任）
委託者及び受益者は、いつでも、その合意により、受託者を解任することができる。
2　委託者及び受益者が受託者に不利な時期に受託者を解任したときは、委託者及び受益者は、受託者の損害を賠償しなければならない。ただし、やむを得ない事由があったときは、この限りでない。
3　前二項の規定にかかわらず、信託行為に別段の定めがあるときは、その定めるところによる。
4　受託者がその任務に違反して信託財産に著しい損害を与えたことその他重要な事由があるときは、裁判所は、委託者又は受益者の申立てにより、受託者を解任することができる。
5　裁判所は、前項の規定により受託者を解任する場合には、受託者の陳述を聴かなければならない。
6　第四項の申立てについての裁判には、理由を付さなければならない。
7　第四項の規定による解任の裁判に対しては、委託者、受託者又は受益者に限り、即時抗告をすることができる。
8　委託者が現に存しない場合には、第一項及び第二項の規定は、適用しない。

㉑　契約書作成上のポイント

信託を契約書で行う場合に記載すべき項目の主なものは次のとおりです。

○　信託目的　○　受託者の権限と義務

○　信託財産の移転、保全、管理方法　○　資産運用のガイドライン

○　受益者の範囲、承継受益者　○　受益の条件、信託給付の内容と時期

○　信託の変更の権限　○　後継受託者　○　終了事由

ただし、信託法第３条第３項に定められている自己信託に関しては、同法施行規則第３条により次の項目を記載することが求められています。

一　信託の目的

二　信託をする財産を特定するために必要な事項

三　自己信託をする者の氏名又は名称及び住所

四　受益者の定め（受益者を定める方法の定めを含む。）

五　信託財産に属する財産の管理又は処分の方法

六　信託行為に条件又は期限を付すときは、条件又は期限に関する定め

七　法第百六十三条第九号の事由（当該事由を定めない場合にあっては、その旨）

八　前各号に掲げるもののほか、信託の条項

信託法第3条　（信託の方法）

3　特定の者が一定の目的に従い自己の有する一定の財産の管理又は処分及びその他の当該目的の達成のために必要な行為を自らすべき旨の意思表示を公正証書その他の書面又は電磁的記録（電子的方式、磁気的方式その他人の知覚によっては認識することができない方式で作られる記録であって、電子計算機による情報処理の用に供されるものとして法務省令で定めるものをいう。以下同じ。）で当該目的、当該財産の特定に必要な事項その他の法務省令で定める事項を記載し又は記録したものによってする方法

信託法施行規則第3条　（自己信託に係る公正証書等の記載事項等）

法第三条第三号に規定する法務省令で定める事項は、次に掲げるものとする。
一　信託の目的
二　信託をする財産を特定するために必要な事項
三　自己信託をする者の氏名又は名称及び住所
四　受益者の定め（受益者を定める方法の定めを含む。）
五　信託財産に属する財産の管理又は処分の方法
六　信託行為に条件又は期限を付すときは、条件又は期限に関する定め
七　法第百六十三条第九号の事由（当該事由を定めない場合にあっては、その旨）
八　前各号に掲げるもののほか、信託の条項

信託法第163条　（信託の終了事由）

信託は、次条の規定によるほか、次に掲げる場合に終了する。
九　信託行為において定めた事由が生じたとき。

以上で、家族信託に関する制度の説明を終わります。

次からは、「家族信託の税金」について、説明をいたします。

第2章

家族信託の税金について

【所得税制の考え】

この改訂版では当時の財務省の考え方を「平成19年度税制改正の解説」から引用し、随所に取入れながら説明を行ってまいります。

まずは、所得税制について説明をいたします。(資産税制は後述)

所得税制においては、財務省は平成19年度の税制改正に関してはその概要で「信託税制については、信託法の改正による新たな類型の信託等に対応した税制を整備するとともに、租税回避防止の観点から、受託者段階での法人課税を行う等、課税の中立・公平を確保するための措置を講じることとされました。」と記載しています。

「受託者段階での法人課税を行う」というところが目につきますが、まずは、財務省は改正された信託法の中でどこをポイントとしているかというと、次のとおりです。(本文中の下線は著者が付しています。以下同じ)

「平成19年度税制改正の解説」(72頁)

第二 新信託法の特色及び概要(所得税制に関連する部分)

(1) **新信託法の特色**

① 当事者の私的自治を基本的に尊重する観点から、受託者の義務の内容を適切な要件の下で合理化しています。

具体的には、信託事務の処理の第三者への委託(新信託法第28条)、受託者の忠実義務(新信託法第30条)等が挙げられます。

② 受益者のための財産管理制度としての信頼性を確保する観点から、受益者の権利行使の実効性・機動性を高めるための規定や制度を整備しています。

具体的には、帳簿等の作成等、報告及保存の義務の整備(新信託法第37条)、2人以上の受益者による意思決定の方法の特例の導入(新信託法第4章第3節)、信託管理人及び受益者代理人の制度の創設(新信託法第4章第4節)等が挙げられます。

③ 多様な信託の利用ニーズに対応するため、新たな類型の信託の制度を創設しています。

具体的には、自己信託(新信託法第3条第3項)、受益証券発行信託(新信託法第8章)、限定責任信託(新信託法第9章)、受益者の定めのない信託(新信託法第10章)等のほか、いわゆる事業型信託を可能とする環境整備が挙げられます。

(2) **新信託法における実質的な改正事項等のうち、所得税に関連する主なものとして次の事項が挙げられます。**

① 「信託」とは、次に掲げる方法のいずれかにより、特定の者が一定の目的(専

らその者の利益を図る目的を除きます。）に従い財産の管理又は処分及びその他のその目的の達成のために必要な行為をすべきものとすることをいいます（新信託法2①、3）。

- イ　信託契約を締結する方法
- ロ　信託遺言をする方法
- ハ　自己信託の設定証書を作成する方法

　　　なお、上記ハの方法は、新信託法において新たな信託の方法として認められた「自己信託」です。

② 「信託行為」とは、上記①イからハまでの区分に応じ次のものをいいます（新信託法2②）。

- イ　上記①イの信託契約を締結する方法　当該信託契約
- ロ　上記①ロの信託遺言をする方法　当該遺言
- ハ　上記①ハの自己信託の設定証書を作成する方法　当該設定証書によってする意思表示

③ 信託法において次の用語の定義が設けられています（新信託法2）。

- イ　「信託財産」とは、受託者に属する財産であって、信託により管理又は処分をすべき一切の財産をいい、「固有財産」とは、受託者に属する財産であって、信託財産に属する財産でない一切の財産をいいます。
- ロ　「委託者」とは、上記①イからハまでの方法により信託をする者をいいます。
- ハ　「受託者」とは、信託行為の定めに従い、信託財産に属する財産の管理又は処分及びその他の信託の目的の達成のために必要な行為をすべき義務を負う者をいいます。
- ニ　「受益者」とは、受益権を有する者をいい、「受益権」とは、信託行為に基づいて受託者が受益者に対して負う債務であって信託財産に属する財産の引渡しその他の信託財産に係る給付をすべきものに係る債権（以下「受益債権」といいます。）及びこれを確保するためにこの法律の規定に基づいて受託者その他の者に対し一定の行為を求めることができる権利をいいます。

④ 信託の効力の発生時期につき、信託契約による場合には信託契約の締結によってその効力が生ずることとされています（新信託法4①）。

　　また、自己信託の効力の発生時期は、公正証書又は公証人の認証を受けた書面等によってされる場合にはこれらの作成の時から、公正証書等以外の書面等によってされる場合には受益者となるべき者として指定された第三者に対する確定日付のある証書による通知がされた時から生ずることとされています（新信託法4③）。

⑤ 信託行為の定めにより受益者となるべき者として指定された者は、原則として受益の意思を表示することなく受益権を取得し（新信託法88①）、受益者を指定し、又はこれを変更する権利（以下「受益者指定権等」といいます。）を有する者の定めのある信託においては、受益者指定権等は、受託者に対する意思表示によって行使することとされています（新信託法89①）。

⑥ 受益者に関して次のような定めが設けられています。

- イ　受益者は、原則として、その有する受益権を譲り渡すことができ（新信託法93）、また、受益者は、受託者に対し、受益権を放棄する旨の意思表示をすることができます（新信託法99）。
- ロ　重要な信託の変更がされる場合には、これにより損害を受けるおそれのある受益者は、受託者に対し、自己の有する受益権を公正な価格で取得するこ

とを　請求することができます。

　　なお、重要な信託の変更が信託の目的の変更や受益権の譲渡の制限に関するものである場合には、これにより損害を受けるおそれのあることは要しません（新信託法103）。

　ハ　受益者が2以上ある信託における受益者の意思決定は、原則として、すべての受益者の一致によってこれを決する。

　　ただし、信託行為に別段の定めがある場合にはその定めるところによることができ、受益者集会における多数決による旨の定めがある場合の受益者集会に関する規定も整備されています（新信託法4章3節）。

　　なお、この受益者集会制度は、受益者が2以上ある信託であれば利用可能であることから、下記⑫の受益証券発行信託における受益者の意思決定は、原則として受益者集会による多数決によるものとされています（新信託法214）。

⑦　委託者に関して次のような定めが設けられています。

　イ　信託行為において、委託者が信託に関する権利の全部又は一部を有しない旨を定めることができます（新信託法145）。

　　ただし、信託の変更、併合及び分割は、委託者、受益者及び受益者の合意によってすることできるとされ、原則として、委託者の合意を要することとされています（新信託法149他）。

　ロ　委託者の地位は、受託者及び受益者の同意を得て、又は信託行為において定めた方法に従い、第三者に移転することができます（新信託法146）。

　ハ　遺言信託をする方法により信託がされた場合には、原則として、委託者の相続人は、委託者の地位を相続により承継しないこととされています（新信託法147）。

　　この結果、遺言信託により設定された信託の場合、原則として、信託設定後において委託者が存しないことになります。

⑧　信託の変更とは、信託行為に定められた信託の目的、信託財産の管理方法、受益者への財産の給付内容その他の事項について、事後的に変更を行うことをいいますが、この信託の変更は、原則として、委託者、受託者及び受益者の合意を要することとされています。

　　ただし、信託の目的に反しないことが明らかである場合には受託者及び受益者の合意により信託の変更を行うことができることとされています（新信託法149）。

⑨　信託の併合は、……（略）

⑩　信託は、信託の目的が達成したときなど一定の場合に終了することとされています（新信託法163）。

　　また、委託者及び受益者は、いつでも、その合意により、信託を終了することができることとされています（新信託法164）。

⑪　残余財産は、次の者に帰属することとされています（新信託法182）。

　イ　信託行為において残余財産受益者（残余財産の給付を内容とする受益債権に係る受益者をいいます。）となるべき者として指定された者

　ロ　信託行為において帰属権利者（残余財産の帰属すべき者をいいます。）となるべき者として指定された者

　　この帰属権利者は、当然に残余財産の給付をすべき債務に係る債権を取得するとともに、信託の清算中は受益者とみなされます（新信託法183）。

⑫　受益証券発行信託の特例が……（略）

⑬　受益者の定めのない信託（目的信託）の特例が設けられています（新信託法

11章)。

　　ロ　受益者の定めのない信託（目的信託）とは、信託財産の給付を受ける「受益者」の存在を予定しない信託をいい、この信託の信託財産は、設定された信託目的の達成のために使用されることになります。

　　ロ　受益者の定めのない信託は、上記①イ及びロの方法によってすることができるとされていることから、自己信託の方法（上記①ハの方法）によってすることはできません。

　　ハ　受益者の定めのない信託の存続期間は、20年を超えることはできないこととされています。

　また、財務省は説明の中で、「上記のような新信託法の改正の中でも、特に前記第二(1)③の多様な信託の利用ニーズに対応するための新たな類型の信託制度の創設（例えば、委託者が自ら受託者となる信託（自己信託）や受益者の定めのない信託（目的信託）などが認められるようになりました。）や従来と異なる信託の利用形態に対応した制度整備（例えば、会社が行う事業の一部を信託することができるようになりました。）により、今後、信託の利用機会を大幅に拡大すると見込まれることから、これらに対する税制上の対応として、課税の公平・中立を確保するとともに、新たに創設される多様な信託の類型に対する適切な対応、あわせて、信託を利用した租税回避を防止するといったことが求められました。」とも触れています。

　では、要点について説明をいたします。

1　はじめに

　信託法が平成18年12月15日に、大正、昭和、平成を通じて84年ぶりに改正されました。

　激変のあった84年間のブランクをこの改正で一気に行ったことになり、現在の時代に合った、さらには将来の社会的ニーズを見越した幅広な改正がされたと言われています。

　条文数から見てもそのように感じることができます。

　改正前の信託法は75条で構成されていましたが、改正後は271条となっています。

　これは法律が改正されたというよりも、新たな法律ができたと考えても良い

状況ではないかと思えるほどです。

　そして、このような信託法の大改正を受け、翌年の平成19年度の税制改正では信託税制に関する改正がこれまでには見られなかった規模で行われました。

　新たに組成が可能となった多様な信託に対応できるよう、税制においてもその整備がきっちりと行われたわけです。

信託の税制は、次のところがポイントです。
① 　委託者、受託者、受益者という三者が登場し、財産を有する者と受益をする者が異なることなどから、課税関係が複雑
② 　信託の特質を利用した租税回避が行われることのないようその防止策が必要

　ここで税制上の歴史的な流れを少し紹介します。

　信託法が我が国に初めて導入された後の大正11年（1922年）の税制では、所得税法が改正され、同法第3条の2において、「信託財産につき生ずる所得に関してはその所得を信託の利益として享受すべき受益者が信託財産を有する者とみなして所得税を賦課する。前項の規定の適用については受益者が不特定なるとき又は未だ存在せざるときは受託者をもって受益者とみなす。」とされていました。

　このように、当時の信託税制は、基本は受益者に課税するが、受益者不特定なるとき又は未だ存在せざるときは受託者に課税すると定めていました。

　しかし、受託者は、信託財産を管理・処分するだけの権限しかなく、そこから生じる利益を得られるわけではありませんので、受益者不特定等の場合に受託者課税を行うことには反発があったようです。

　一方で、受益者が不特定又は未存在の場合に受託者課税として扱われることを利用して、高額所得者の中で自身が委託者となり、信託の利益を自己の所得から切り離し委託者自身に係る累進税率（所得が増えると税率が高くなる制度）を免れようとする者が出てくるなど信託を租税回避に利用するような者も出てきたようです。

　このようなことがあって、税務当局としては、委託者の租税回避策を設ける必要が出てきました。

そして、昭和15年（1940年：初めて法人税法が創設された年）の改正時において、受益者が不特定又は未存在のときは委託者に課税を行うという納税義務者の変更を行いました。

いわゆる「委託者課税」と言われるものです。

そして、平成18年（2006年）に、信託法が84年間のブランクを埋める大改正が行われ、これまでにない新たな類型の信託が認められるなど幅広で画期的な改正が行われたことから、その直後の平成19年度（2007年度）の税制改正においては信託税制の大幅な見直しが行われました。

その時、信託課税を行う方法については、信託の種類及びその内容により信託を３つのグループに分ける一方で、受益者の定義についても見直しを行い「みなし受益者」の概念を取り入れ、さらに受益者等の存しない信託については受託者に法人税課税を行うという考えを採用しました。

受益者等の存しない信託については、再度、大正時代の受託者課税に戻ったことになりますが、その内容は大きく異なっています。

では、３つのグループからその概要を説明します。

その３つのグループとは「受益者等課税信託」「集団投資信託等」「法人課税信託」のことです。

【区分１】　・・・　受益者等課税信託

信託の課税の基本は、所得税法第13条第１項及び法人税法第12条第１項で、受益者等課税信託としています。

その中で、税法上でいう受益者は、信託法上の受益者の中の「受益者としての権利を現に有する者に限る。」と限定しました。

言い換えると、信託法上の受益者の中で「受益者としての権利を現に有していない者」は、税法上の受益者には該当しないということになったわけです。

また、上記のそれぞれの税法の第２項では、信託法上においては受益者以外

の者であっても、「信託の変更する権限を現に有し、かつ、当該信託の信託財産の給付を受けることとされている者」は税法上の受益者とみなすこととし、受益者の範囲を広げています。《「みなし受益者」の概念を取り入れました。》

　課税は、そのような受益者等に対し、発生時に行うと定められました。

【区分２】　・・・　集団投資信託等

　集団投資信託、退職年金等信託及び特定公益信託等であり、課税は受益者に対し、受領時に行うとして取り扱うことにしました。

【区分３】　・・・　法人課税信託

　この法人課税信託には、「受益証券発行信託」「受益者等が存しない信託」「法人が委託者となる信託で一定のもの」「投資信託」「特定目的信託」の５つが該当することとし、課税は受託者に対し、信託段階で法人課税を行うことにしました。（法人税法２条の29の２、同法４条の２）

　家族信託での課税は、受益者等課税信託方式が基本ですが、注意しなければならないことは、改正前の受益者が存在しない場合（未存在）又は特定していない場合（不特定）の課税が委託者課税であったものが、改正後では「受益者等が存しない信託」として受託者に法人課税を行う扱いになったというところです。

　信託法上で受益者が存在しない場合又は特定していない場合は、税法上では「受益者等が存しない信託」として整理をし、受託者に法人課税信託として課税することにしたわけです。

　平成19年度税制改正の解説では、次のように説明がされています。

「平成19年度税制改正の解説」（84頁）
四　信託財産に係る収入及び支出の帰属の改正 　２　改正の内容 　　(4)　法人課税信託 　　　「法人課税信託」とは、法人税法第２条第29号の２に規定する法人課税信託

をいいます（所法2①八の三）。

　この法人課税信託は、受益者等課税信託に対する課税の取扱いは適用されないことから、法人課税信託の信託財産に帰せられる収益及び費用はその受益者の収益及び費用とはみなされないことになります（所法13①但書）。

　その上で、法人課税信託の信託財産に帰せられる収益及び費用については、その法人課税信託の受託者に対して、法人税が課税されることになります（法法4）。

　また、法人課税信託の受託法人につき内国法人に該当するか外国法人に該当するかに応じて、その法人課税信託の受託者に対して所得税が課税されることになります（所法5）。

法人税法第4条

　内国法人は、この法律により、法人税を納める義務がある。ただし、公益法人等又は人格のない社団等については、収益事業を行う場合、法人課税信託の引受けを行う場合又は第八十四条第一項（退職年金等積立金の額の計算）に規定する退職年金業務等を行う場合に限る。

4　個人は、法人課税信託の引受けを行うときは、この法律により、法人税を納める義務がある。

　このような整理が行われたことにより、国税関係では、主に所得税法、法人税法、相続税法の見直しが行われています。

　信託税制の改正が行われたのは、大きく様変わりした信託内容が課税逃れに使われることのないようきめ細かな改正を行う必要があったからだといえます。

　租税回避対策として、また課税の公平を維持するために税制改正が行われたことになります。

　では、信託税制はどのように変わったのでしょうか。

　ここで頭の中において置かないといけないことは、信託法の改正が行われたから税制においても改正をしなければならなかったということです。

　何が言いたいのかといいますと、税制の改正内容を理解するには、信託法の改正を理解していなければ、できないということです。

　信託法の改正が理解できてないのに、直ちに税制の改正を理解しようとしてもそれは不可能に近いです。

　理解することはとても難しいことだと思います。

　信託税制の改正内容を理解するためには、信託法の改正から勉強を始めることをお勧めいたします。

　これからは、改正信託法の内容が理解できているものとして信託税制の話を進めてまいります。

　まずは、所得課税について、税法の考え方を申しますと、税法は実質所得者課税が大原則になっています。

　そのことは、所得税法では第12条に、法人税法では第11条に定められています。

所得税法第12条（実質所得者課税の原則）
　資産又は事業から生ずる収益の法律上帰属するとみられる者が単なる名義人であつて、その収益を享受せず、その者以外の者がその収益を享受する場合には、その収益は、これを享受する者に帰属するものとして、この法律の規定を適用する。
（法人税法第11条と同じ）

　もちろん、信託に関しても実質所得者課税の考え方は変わることはなく、法形式よりも経済的実質に着目して課税を行うこととし、信託財産に関する所得や利益は、形式上や名目上の所有者である受託者ではなく、経済的な実質上の所有者である受益者に帰属することとされています。

　そして、信託法が改正された後においても、税制の考え方は変わらず経済的・実質的所有者である受益者にその所得や利益が帰属するものとみなして課税関係を行うことにしています。

　条文上では、所得税法第13条第1項と法人税法第12条第1項に定められています。

　この規定によって、信託については、所得税法、法人税法ともに「みなし規定」の考え方を取り入れて課税を行うということになっています。

所得税法第13条第1項（信託財産に属する資産及び負債並びに信託財産に帰せられる収益及び費用の帰属）
　信託の受益者（受益者としての権利を現に有するものに限る。）は当該信託の信託財産に属する資産及び負債を有するものとみなし、かつ、当該信託財産に帰せられる収益

及び費用は当該受益者の収益及び費用とみなして、この法律の規定を適用する。ただし、集団投資信託、退職年金等信託、特定公益信託等又は法人課税信託の信託財産に属する資産及び負債並びに当該信託財産に帰せられる収益及び費用については、この限りでない。

（法人税法第12条第1項と同じ）

　ところで、旧信託法は84年もの間、世の中が大きく変化しているにもかかわらず改正されないまま置かれていたことから、法の規定と実態とにおいて大きなズレが生じていた現実があります。

　その間はどのように対応をしてきたかといいますと、信託法の解釈の仕方を法に抵触しない程度に広げるなどして運用上で実態に合わせながら行ってこられたようです。

　そのような現実とかけ離れた旧信託法が、今回の改正では、将来までをも見据えた多様な形態の信託を一気に取り入れたことから、信託法の内容では旧と新との間のギャップが大変大きなものになっています。

　もちろん、その間の税法も当然に旧信託法に合わせたものになっていました。

　そこに、今回、84年ぶりに信託法が改正されました。

　当然、税制面においてもこれまでのような課税関係では律しきれませんので、信託法に追随して税制も大きく変える必要が生じてきたわけです。

　その内容としては、改正前までの税制では、受益者が特定している場合には受益者が信託財産を有するものとして課税され、受益者が特定していない場合等の信託では委託者が信託財産を有するものとして課税されてきました。

　しかし、信託法が改正され、新たに「受益者の定めのない信託（目的信託）」（信託法第258条）などの組成が可能になったこともあり、これまでどおりに委託者課税を行って良いものかどうかという議論があったようです。

信託法第258条（受益者の定めのない信託の要件）
　　受益者の定め（受益者を定める方法の定めを含む。以下同じ。）のない信託は、第三条第一号又は第二号に掲げる方法によってすることができる。
２～８　省　略

「受益者の定めのない信託（目的信託）」は他益信託です。

他益信託は、委託者以外の者が所得や利益を享受する制度です。

委託者は所得や利益を享受しません。その委託者に課税を行うということには無理があり道理に合いません。

そこで考え付いたのが、「みなし受益者」という概念です。

改正後の所得税法、法人税法においては、受益者のほかに受益者と同等の地位を有する者を「みなし受益者」と位置づけて、税法上の受益者の範疇に取り入れ、新たに「受益者等」の概念を作り、その「受益者等」に対し信託財産に属する資産及び負債を有するものとみなすこととし、かつ、信託財産に帰せられる収益及び費用は当該受益者等（受益者とみなし受益者を含む表現）の収益及び費用とみなして課税を行うと定められました。

これで、委託者課税を脱し、受益者を中心とする受益者等課税信託に移行することになったわけです。

所得税法第13条第2項（法人税法第12条第2項と同じ）に定められました。

※　この「みなし受益者」については、後述します。
※　別途、相続税法においては、所得税法・法人税法上の「みなし受益者」の考えに代わるものとしては「特定委託者」の概念を取り入れ、整理をしています。（資産課税のところで説明します。）

所得税法第13条（信託財産に属する資産及び負債並びに信託財産に帰せられる収益及び費用の帰属）
2　信託の変更をする権限（軽微な変更をする権限として政令で定めるものを除く。）を現に有し、かつ、当該信託の信託財産の給付を受けることとされている者（受益者を除く。）は、前項に規定する受益者とみなして同項の規定を適用する。
（法人税法第12条第2項と同じ）

加えて、受益者等が存しない信託等については、法人課税信託という制度が導入され、受託者に法人税が課されることになりました。

この法人課税信託では、受託者がたとえ個人であったとしても、その個人を会社（法人）と見立てて、法人課税を行うということに定められました。（法人税法4条の3）

法人税法第4条の3（受託法人等に関するこの法律の適用）

　受託法人（法人課税信託の受託者である法人（その受託者が個人である場合にあつては、当該受託者である個人）について、前条の規定により、当該法人課税信託に係る信託資産等が帰属する者としてこの法律の規定を適用する場合における当該受託者である法人をいう。以下この条において同じ。）又は法人課税信託の受益者についてこの法律の規定を適用する場合には、次に定めるところによる。

　三　受託法人（会社でないものに限る。）は、会社とみなす。

　そして、受益者等が存しない信託においては、受託者に対し受贈益について法人税等が課税されるとともに、一定の場合（受益者が親族であった場合）には、贈与税（相続税）が課税（課税された法人税額等は控除）されるなど、様々な改正が行われています。（法人税法22条2項、相続税法9の4）

　税制の改正は、このように信託法の改正に伴って行われており、所得税、法人税、相続税、贈与税などの各種の税目を横断的に、かつ、一体的なものとして整備がされています。

　ところで、信託法が改正されたことにより、新たに組成することが可能になったものの中にこれから説明をしていきます「家族信託（正式には民事信託）」と言われるものがありますが、制度が誕生して15年が過ぎ、認知症患者が増加するにつれ徐々に知られるようになってきています。

　しかし、残念なことに家族信託に関する税金のことが知られてないという現実が残っています。

　家族信託の円滑な普及には、制度の理解とその税金の理解が不可欠であると考えています。（制度と税金の理解は車の両輪関係にあるものです。）

──（筆者の気持ち）──

　気になるのは、信託の制度だけが独り歩きをして契約書を作り上げ、これで終わったとして安心されている方がいるとして、その方に、後日、税務署から税の負担を指摘されたとしたら、想定外のことに当人は信託を組成したことを後悔することになり、また、契約書の作成を支援した人などの責任が問われる問題が起きてくるのではないかということです。

> 　税金は事が起きた後から追っかけてくるものです。事が起きる前の課税
> はありません。そのことを忘れないようにしなければ後に大変な後悔をす
> ることになります。
>
> 　家族信託制度は今の我が国においては大変良い制度であると考えていま
> す。
>
> 　その制度が正しく普及するためには評判の良くない噂が出ることのない
> ようしなければなりません。
>
> 　信託の制度とそれに関する税金の両輪が形を揃えて一体となって普及す
> ることが望ましいことと考えます。

　税法では、信託に関する取り扱いについては、信託ならではの特殊な「みな
し課税」「みなし受益者」「特定委託者」という馴染みの薄い考え方が取り入れ
られており複雑なものとなっていることから、税の理解が不十分な状態のまま
で信託の組成を行ってしまうと、その内容によっては、後々、税務署から申告
漏れ等の指摘を受けるケースが出てくるのではないかということです。

　新しい信託法では、大きく変化している社会経済に対応するために、幅広い
信託の仕組みが可能になり、これにより信託の利用機会が大幅に拡大され、ま
た、多様な類型の信託を作り出すことが可能になりました。

　悪いことではありません。

　しかし、一方で、信託は、その所有権分散機能により、所得隠しや財産隠し
などに利用されることも懸念されています。

　その複雑な仕組みを利用した課税逃れを考える者が出てくるかもしれません。

　税務当局においては、複雑な信託に対応する税制改正を信託法の改正直後の
平成19年度に行い、信託を利用して課税逃れを考える者に対し、そのことがで
きないよう穴に蓋をしつつ、一方では、信託の利用の有無によって納税者に課
税上の損得が生じないような改正を行っています。

　信託への馴染みが薄い環境下で、信託法が大きく改正され、それに追随して
隙間がないように税法が改正されていますから、税についてはその分だけ複雑
になり理解に苦しむところとなっています。

平成19年度の税制改正においては、所得税法や法人税法をはじめとする関連税法の整備が行われ、中でも、相続税法においては抜本的な改正が行われました。

　当時の主税局の担当者は、「今回の新信託法の制定に際しても、原則として、実質上の所有者である受益者にその所得や利益が帰属するものとみなして課税関係を構築するという考えに変更はないが、長く続いた旧信託法の時代に信託の形態が多様化し大きく形を変えていることから、税制の改正では単純にこれまで通り受益者に課税関係を帰属させるということでは課税関係を律しきれない信託が現出してきているということもあり、立法においてはあらゆる信託の形態に対応できるようにする必要が生じてきた。そのため、所得税、法人税、相続税などの各種の税目を横断的に、かつ、一体的なものとして整備を行ったところである。」という説明をされています。

　そして、理解を苦しめる一つに、信託の課税には、信託導管論という考え方が採用されていることです。
　信託では、信託行為により委託者と受託者の間で財産権が移転するが、そこに存在する受託者はあくまでも導管（パイプ）に過ぎないとする考え方であります。
　「パス・スルー課税」とも言われており、この考え方を「導管論」と言っています。
　この考え方により、信託では所有権を有している受託者への課税ではなく、実際に利益を得ている受益者へ課税することを導いています。
　そして、信託に対し、この考え方を採り入れることにより、大原則である実質所得者課税を維持することができるわけです。

　それでは、家族信託に関するものを中心とした信託課税の話から進めてまいります。
　何度も言うように、平成18年に改正された新信託法により、多様な類型の信

託を作ることが可能になりました。

　その主なものは次の参考のとおりです。

　（参考）　新信託法において新たな信託の類型として誕生した主なもの
　　　　・　自己信託（委託者が自ら受託者となる信託）（信3①三）
　　　　・　受益者指定権等を有する定めのある信託（信89）
　　　　・　遺言代用信託（遺言の代用として利用できる信託）（信90）
　　　　・　後継ぎ遺贈型受益者連続信託（信91）
　　　　・　受益者の定めのない信託（目的信託）（信258）
　　　　➣　これらの信託は「家族信託」の一類型である。

2　税制上の信託の分類

　一口に信託といっても、その種類は数多く存在します。

　そこで、課税を行うに当たっては、平成19年度税制改正において、この数多い信託をそれぞれの性質に応じて、先に説明したように3つのグループに区分しました。

　3つのグループとは、「受益者等課税信託」「集団投資信託等」「法人課税信託」のことです。

　そして、グループごとに、それに見合った課税方法を定めました。

　なお、この中の「受益者等課税信託」は、他の信託区分に該当しないものはすべてここに含めると定めています。（所13①、法12①）

　他の2つのグループに該当しない信託があるとしたら、それは税法上では「受益者等課税信託」として取り扱うことになります。

【グループ別の信託課税の概要】

受益者等課税信託	信託物件の対象を不動産や動産などにした場合はこれに該当します。 　受益者が、信託財産に属する資産、負債を直接有するものとみなし、かつ、その資産、負債から生ずる収益、費用も**受益者に帰属**するとみなし、受益者が個人であれば所得税、法人であれば法人税が課税されます。 　これは、信託を導管と見立てて課税する「いわゆるパス・スルー課税」です。 （下記のグループに該当しない信託は、全てここに含めると定めています。）
集団投資信託等 ・集団投資信託 ・退職年金等信託 ・特定公益信託等	この信託は、受益者が非常に多く存在することから技術的に発生時課税が困難であるためやむなく収益の受領時に受益者に対し課税することにしている信託です。 　得られた収益を受託者から**受益者に分配する時点**において**受益者の所得の発生**と捉え、所得税又は法人税が課税されます。
法人課税信託	公益信託などのように受益者等が存在しない信託は、受益者がいないわけですから課税できません。 　このような信託を放置すると租税回避に利用されることから、その対策として**受託者を納税義務者として法人税課税を行うことにした信託**です。 　受託者がたとえ個人であっても、受益者等が存しない信託ではその個人を法人と見立てて法人税課税を行うことにしています。

　家族信託の課税は、原則、受益者等課税信託になりますが、「受益者等が存しない信託」の場合は、例外として法人課税信託として扱われることになります。（法人課税信託・・・法人税法第2条第29の2）

　そして、受益者等課税信託での納税義務者は、その名のとおり受益者等ですが、法人課税信託の場合の納税義務者は法人税法第4条の2の定めにより受託者となりますので注意してください。

法人税法第2条第29の2
　法人課税信託　次に掲げる信託（集団投資信託並びに第十二条第四項第一号（信託財産に属する資産及び負債並びに信託財産に帰せられる収益及び費用の帰属）に規定する退職年金等信託及び同項第二号に規定する特定公益信託等を除く。）をいう。
　　イ　受益権を表示する証券を発行する旨の定めのある信託
　　ロ　第十二条第一項に規定する受益者（同条第二項の規定により同条第一項に規定する受益者とみなされる者を含む。）が存しない信託
　　ハ　法人（公共法人及び公益法人等を除く。）が委託者となる信託（信託財産に属する資産のみを信託するものを除く。）で、次に掲げる要件のいずれかに該当するもの

　　　　　　⑴～⑵　省　略
　　　二　投資信託及び投資法人に関する法律第二条第三項に規定する投資信託
　　　ホ　資産の流動化に関する法律第二条第十三項に規定する特定目的信託

第二章の三　法人課税信託
法人税法第４条の２　（法人課税信託の受託者に関するこの法律の適用）

　　法人課税信託の受託者は、各法人課税信託の信託資産等（信託財産に属する資産及び
　負債並びに当該信託財産に帰せられる収益及び費用をいう。以下この章において同じ。）
　及び固有資産等（法人課税信託の信託資産等以外の資産及び負債並びに収益及び費用を
　いう。次項において同じ。）ごとに、それぞれ別の者とみなして、この法律（第二条第
　二十九号の二（定義）、第四条（納税義務者）及び第十二条（信託財産に属する資産及
　び負債並びに信託財産に帰せられる収益及び費用の帰属）並びに第六章（納税地）並び
　に第五編（罰則）を除く。以下この章において同じ。）の規定を適用する。
２　前項の場合において、各法人課税信託の信託資産等及び固有資産等は、同項の規定に
　よりみなされた各別の者にそれぞれ帰属するものとする。

法人税法第４条の３　（受託法人等に関するこの法律の適用）

　　受託法人（法人課税信託の受託者である法人（その受託者が個人である場合にあつて
　は、当該受託者である個人）について、前条の規定により、当該法人課税信託に係る信
　託資産等が帰属する者としてこの法律の規定を適用する場合における当該受託者である
　法人をいう。以下この条において同じ。）又は法人課税信託の受益者についてこの法律
　の規定を適用する場合には、次に定めるところによる。
　　一　法人課税信託の信託された営業所、事務所その他これらに準ずるもの（次号にお
　　　いて「営業所」という。）が国内にある場合には、当該法人課税信託に係る受託法
　　　人は、内国法人とする。
　　二　法人課税信託の信託された営業所が国内にない場合には、当該法人課税信託に係
　　　る受託法人は、外国法人とする。
　　三　受託法人（会社でないものに限る。）は、会社とみなす。
　　四　～　十一　省　略

法人税法第12条（信託財産に属する資産及び負債並びに信託財産に帰せられる収益及び費用の帰属）

　　信託の受益者（受益者としての権利を現に有するものに限る。）は当該信託の信託財
　産に属する資産及び負債を有するものとみなし、かつ、当該信託財産に帰せられる収益
　及び費用は当該受益者の収益及び費用とみなして、この法律の規定を適用する。ただし、
　集団投資信託、退職年金等信託、特定公益信託等又は法人課税信託の信託財産に属する
　資産及び負債並びに当該信託財産に帰せられる収益及び費用については、この限りでな
　い。
２　信託の変更をする権限（軽微な変更をする権限として政令で定めるものを除く。）を
　現に有し、かつ、当該信託の信託財産の給付を受けることとされている者（受益者を除
　く。）は、前項に規定する受益者とみなして、同項の規定を適用する。
３　～　５　省　略
　（所得税法第13条と同じ）

このように、家族信託では、組成の仕方によっては納税義務者が異なるので、すべて受益者等に対して課税されるという先入観はあやまちになります。

3　信託の課税のタイミング及び課税対象者

　次に、3つのグループに分類された信託は、どのタイミングで誰に課税を行うのかといいますと、平成19年度税制改正で次のように定めました。

　　①　「受益者等課税信託」・・・受益者等に対し収益発生時に課税
　　②　「集団投資信託等」・・・・受益者に対し受領時に課税
　　③　「法人課税信託」・・・・・受託者に対し信託段階で法人税を課税

　このことをまとめると次のようになります。

【税務上の信託区分・・・信託の種類と信託課税の仕組み】

信託の区分		具体例		課税の呼び名 （課税区分）	納税義務者	課税時期
受益者等課税信託		以下に示す信託以外の全ての信託	原則	受益者段階課税	受益者等	信託収益が発生した時 （発生時課税）
集団投資信託等	集団投資信託	証券投資信託、合同運用信託、公社債投資信託ほか	例外	受益者段階課税	受益者	信託収益を現実に受領した時 （受領時課税）
	退職年金等信託	厚生年金基金信託、確定給付企業年金信託ほか				
	特定公益信託等	法人税法で規定されている信託で特定公益信託、加入者保護信託ほか				
法人課税信託		受益者等が存しない信託、特定目的信託ほか		受託者段階法人課税	受託者	信託段階で、受託者を納税義務者として法人税を課税 （信託時法人課税）

※　家族信託は基本的には「受益者等課税信託」、例外として「法人課税信託」に該当します。

これからは信託の区分ごとに説明をいたします。

「受益者等課税信託」「集団投資信託等」「法人課税信託」です。

4　受益者等課税信託の課税について

　まず、財務省の「平成19年度改正税法の解説」から見てみましょう。

　この「受益者等課税信託」に関しては、所得税関係と法人税関係とに次のように説明がされています。

「平成19年度税制改正の解説」（83頁）

【所得税関係】
(1)　**受益者等課税信託**
　①　受益者等課税信託とは、集団投資信託、退職年金等信託及び法人課税信託以外の信託をいいます。
　　　この受益者等課税信託については、信託の受益者（受益者としての権利を現に有するものに限られます。）がその信託の信託財産に属する資産及び負債を有するものとみなし、かつ、その信託財産に帰せられる収益及び費用はその受益者の収益及び費用とみなして、所得税法の規定を適用することとされます（所法13①）。
　　　受益者等課税信託とは、集団投資信託、退職年金等信託又は法人課税信託以外の信託をいいますので、上記の課税の取扱いは、集団投資信託、退職年金等信託又は法人課税信託の信託財産に属する資産及び負債並びにその信託財産に帰せられる収益及び費用については、適用されません（所法13①但書）。
　　　「受益者等課税信託」については、その信託の受益者が信託財産に属する資産及び負債を有するものとみなされることとされています。
　　　この点は、改正前の規定が同様の信託の信託財産に帰せられる収入及び支出についてのみ規定されていたことと比べると、課税の取扱いが明確になりました。
　②　信託の変更をする権限（軽微な変更をする一定の権限を除きます。）を現に有し、かつ、その信託の信託財産の給付を受けることとされている者（受益者を除きます。）は、上記①の受益者とみなされます（所法13②）。
　　　したがって、この②の者（①の受益者とみなされる者）は、他に①の受益者が存在するしないにかかわらず、受益者等課税信託の信託財産に帰せられる収益及び費用について、その者の収益及び費用として課税が行われることになります。
　　　（注）　受益者が2以上ある場合の上記①の課税の取扱いについては、下記④を参照のこと。
　③　また、上記②の信託の変更をする権限から除かれる「軽微な変更をする一定の権限」は、信託の目的に反しないことが明らかである場合に限り信託の変更をす

ることができる権限とすることとされ、また、信託の変更をする権限には、他の者との合意により信託の変更をすることができる権限を含むものとされています（所令52①②）。

　さらに、停止条件が付された信託財産の給付を受ける権利を有する者は、上記②の信託財産の給付を受けることとされている者に該当するものとされています（所令51③）。

④　受益者等課税信託につき、信託の受益者（上記②により信託の受益者とみなされる者を含みます。以下同じです。）が2以上ある場合における上記①の課税の取扱いについては、次のようになります（所令51④）。

　イ　その受益者等課税信託の信託財産に属する資産及び負債の全部をそれぞれの受益者がその有する権利の内容に応じて有するものとされます。

　ロ　その受益者等課税信託の信託財産に帰せられる収益及び費用の全部がそれぞれの受益者にその有する権利の内容に応じて帰せられるものとされます。

「平成19年度税制改正の解説」（293頁）

【法人税関係】

(2)　受益者等課税信託

　受益者等課税信託の受益者（受益者としての権利を現に有するものに限ります。）は当該信託の信託財産に属する資産及び負債を有するものとみなし、かつ、当該信託財産に帰せられる収益及び費用は当該受益者の収益及び費用とみなして、法人税法の規定を適用することとされました。

　また、信託の変更をする権限を現に有し、かつ、当該信託の信託財産の給付を受けることとされている者（受益者を除きます。）は、受益者とみなすこととされました（法法12①②）。

　この改正により以下のように取扱いの明確化や変更が図られています。

　第1に、信託財産に属する資産及び負債並びに信託財産に帰せられる収益及び費用が帰属するものとみなされる者は、従来は形式基準により受益者が存する場合には受益者と、受益者が不特定又は不存在の場合には委託者とされていましたが、実質基準を導入し、受益者と同等の地位を有する者をみなし受益者として取り扱うこととされました。

　みなし受益者は、その者に信託財産に帰せられる所得が帰属するとみなして課税することが適当な状態にある者のことですが、このメルクマールについて、新信託法における受益者の概念（注1）を参考にしつつ、信託の変更をする権限（信託をコントロールする権利の具現化）を有するか否か及び信託財産の給付を受けることとされているか否かによって判断することとされました。

　なお、新信託法においては、委託者は信託行為に別段の定めがない限り信託の変更をする権限を有することとされ、残余財産受益者又は帰属権利者の定めがなければ委託者を帰属権利者として指定する旨の定めがあったものとみなすこととされていますので、このような場合には委託者がみなし受益者に該当することになります。

(注)1　新信託法においては、受益者は受益権を有する者とされ、受益権とは信託行為に基づいて受託者が受益者に対し負う債務であって信託財産に属する財産の引渡しその他信託財産に係る給付をすべきものに係る債権及びこれを確保するために信託法に基づいて受託者に対し一定の行為を求める権利をいう（新信託法2⑥⑦）ことと

105

されています。

　　　2　新信託法第183条の帰属権利者や同法第90条 第１項第２号の受益者など、一定の事由が発生しない限り、受益者とならず、又は受益者としての権利を有することとならない者は、その事由が発生するまでは、ここでいう受益者には該当しないことになります。また、未だ存在しない受益者も、ここでいう受益者に該当しないこととなります。

　　　3　受益者等が存しない信託は、法人課税信託に該当することになります。

　第２に、上記の見直しの結果として、受益者又は委託者以外の者もみなし受益者になり得ること及び受益者が存する場合にも委託者がみなし受益者になり得ることの２点が、従前の取扱いと異なっています。

　第３に、改正前の法人税法では、信託財産に帰せられる収入及び支出については、受益者又は委託者が信託財産を有するものとみなして法人税法の規定を適用することとされていたところ、法人税法の規定の適用全般にわたって受益者又は委託者が信託財産を有するものとみなされていたかどうかは必ずしも明確ではないという指摘もありましたが、法人税法の規定の適用全般にわたって受益者等が信託財産に属する資産及び負債を有するものとみなされることが明確化されました。

　これにより、単独自益信託において金銭以外の資産を信託した場合に譲渡損益等が計上されないことも明らかとなります。

（注）　受益者等が複数ある場合には、原則として他の受益者等が有することとなる部分について譲渡損益が計上されるものと考えられます。

　また、上記の「信託の変更をする権限」及び「信託財産の給付を受けることとされている者」については、次のとおりとされています（法令15①②③）。

①　「信託の変更をする権限」からは、信託の目的に反しないことが明らかである場合に限り信託の変更をすることができる権限を除く。

　　新信託法では、信託行為に別段の定めがない限り、信託の目的に反しないことが明らかな場合には委託者の合意なくして信託の変更ができることとされています（新信託法149②③）が、このような信託の変更は軽微なものにすぎず、実質的に変更しないものと同様であると考えられるため、税法上信託をコントロールすることができる者に該当するか否かを判定する上での信託の変更には含めないこととしたものです。

②　「信託の変更をする権限」には、他の者との合意により信託の変更をすることができる権限を含む。

　　信託の変更は、新信託法上信託行為に別段の定めがない場合には委託者、受益者及び受託者の合意によって行うこととされている（新信託法149①）ように、信託行為において受益者とされた者であっても単独で信託の変更をすることはできないことから、みなし受益者となるか否かを判定する場合における信託の変更の権限についてもこれと同様、他の者との合意により信託の変更をすることができる権限を含むこととされたものです。

③　停止条件が付された信託財産の給付を受ける権利を有する者は、「信託財産の給付を受けることとされている者」に該当する。

　　一定の条件に該当する場合に委託者に元本又は残余財産が給付されることとなる信託（退職給付信託など）が現在存在しますが、このように停止条件が付された信託財産の給付を受ける権利を有する者も、ここでいう「信託財産の給付を受けることとされている者」に該当することとなります。

　　なお、受益者としての権利を現に有する者（受益者とみなされる者を含みます。

以下「受益者等」といいます。）が2以上ある場合には、受益者等課税信託の信託財産に属する資産及び負債の全部をそれぞれの受益者がその有する権利の内容に応じて有するものとし、当該信託財産に帰せられる収益及び費用の全部がそれぞれの受益者にその有する権利の内容に応じて帰せられるものとされています（法令15④）。

　すなわち、例えば信託に関する権利の一部が現に存しない者に帰属することとされている場合などにおいても、資産及び負債並びに収益及び費用は、受益者としての権利を現に有する受益者等にすべてが帰属することとされています。

　また、各受益者等に質的に均等に帰属することまでを定めたものではなく、例えばある受益者は信託財産に属する土地の底地権を有し、他の受益者は当該土地の借地権を有するものとみなされる場合もあるといったように、信託行為の実態に応じて、帰属を判定するものと考えられます。

　この判定については、仮に信託がないものとした場合に同様の権利関係を作り出そうとすればどのような権利関係となるかが参考になると考えられます。

（注）　以上の定義を形式的に当てはめたところ受益者等に該当する者であっても、権利の内容によってはその者に帰属させるべき資産及び負債並びに収益及び費用が限りなくゼロに近い場合もあると考えられ、この場合には、その者を受益者等として取り扱わないことも考えられます。

　また、公益信託については、公益信託（特定公益信託を除きます。）の委託者又はその相続人その他の一般承継人（以下「委託者等」といいます。）は当該公益信託の信託財産に属する資産及び負債を有するものとみなし、かつ、当該信託財産に帰せられる収益及び費用は当該委託者等の収益及び費用とみなして、法人税法の規定を適用するものとされるとともに、公益信託は、法人課税信託である受益者等が存しない信託に該当しないものとされています（法法附則19の2）。

　これは、「公益信託制度については、公益法人と社会的に同様の機能を営むものであることにかんがみ、先行して行われた公益法人制度改革の趣旨を踏まえつつ、公益法人制度と整合性のとれた制度とする観点から、遅滞なく、所要の見直しを行うこと。」（信託法案及び信託法の施行に伴う関係法律の整備等に関する法律案附帯決議・五（衆議院・参議院））とされていることから、法人税法の附則において、当面の間の措置として、従前と同様の取扱いとなるよう規定が設けられたものです。

　今後、公益信託制度の見直しに伴って、法人税法における公益信託の取扱いについても見直しが行われるものと考えられます。

以下、要点について説明をいたします。

まず、受益者等課税信託に該当する信託は、「収益発生時課税として受益者段階課税」として取り扱われることになります。

収益発生時に、受益者に対して課税を行うということです。

内容は、不動産や動産の管理などの一般的な信託が該当することになる場合が多いのではないかと思います。

　信託導管論の考えでもって、信託財産から発生する所得を信託の所有者である受託者に帰属させるのではなく、直接受益者に帰属させるという「パス・スルー課税」の考え方を採用しています。

　そして、それは、所得税法第13条第1項（法人税法第12条第1項と同じ）で規定されています。

　この条文で注意をしなければならないことは、信託法上の受益者がそのまま税法上の受益者になるのではなく、税法上の受益者は組成された信託契約等の中で「受益者としての権利を現に有するものに限る。」と範囲を狭めています。

所得税法第13条（信託財産に属する資産及び負債並びに信託財産に帰せられる収益及び費用の帰属）

　　信託の受益者（受益者としての権利を現に有するものに限る。）は当該信託の信託財産に属する資産及び負債を有するものとみなし、かつ、当該信託財産に帰せられる収益及び費用は当該受益者の収益及び費用とみなして、この法律の規定を適用する。ただし、集団投資信託、退職年金等信託又は法人課税信託の信託財産に属する資産及び負債並びに当該信託財産に帰せられる収益及び費用については、この限りでない。

２　～　４　省　略

（法人税法第12条第1項と同じ）

　また、同条第2項では、信託法上の受益者には該当しないが、「信託の変更をする権限を現に有し、かつ、当該信託の信託財産の給付を受けることとされている者（受益者を除く。）」がいれば、その者は税法上では受益者とみなす（これを「みなし受益者」という。）と定めており、税法上でいう受益者は信託法上でいう受益者よりもその範囲を広げています。

所得税法第13条（信託財産に属する資産及び負債並びに信託財産に帰せられる収益及び費用の帰属）

１　省　略

２　信託の変更をする権限（軽微な変更をする権限として政令で定めるものを除く。）を現に有し、かつ、当該信託の信託財産の給付を受けることとされている者（受益者を除く。）は、前項に規定する受益者とみなして、同項の規定を適用する。

３　～　４　省　略

（法人税法第12条第2項と同じ）

　このような「みなし受益者」の考えは、相続税法上でも同じ取り扱いがされ

ていますが、相続税法上では「みなし受益者」とは言わずに「特定委託者」と
いう表現をしています。

相続税法第9条の2 （贈与又は遺贈により取得したものとみなす信託に関する権利）
　　信託（退職年金の支給を目的とする信託その他の信託で政令で定めるものを除く。以
　下同じ。）の効力が生じた場合において、適正な対価を負担せずに当該信託の受益者等
　（受益者としての権利を現に有する者及び特定委託者をいう。以下この節において同じ。）
　となる者があるときは、当該信託の効力が生じた時において、当該信託の受益者等とな
　る者は、当該信託に関する権利を当該信託の委託者から贈与（当該委託者の死亡に基因
　して当該信託の効力が生じた場合には、遺贈）により取得したものとみなす。
２ ～ ４　　略
５　第一項の「特定委託者」とは、信託の変更をする権限（軽微な変更をする権限として
　政令で定めるものを除く。）を現に有し、かつ、当該信託の信託財産の給付を受けるこ
　ととされている者（受益者を除く。）をいう。

　税法上では、内容は同一で変わりませんが、課税対象が異なることから「所
得課税ではみなし受益者」、「資産課税では特定委託者」と使い分けています。
　これらのことをまとめると、税法上の課税対象者は、信託法上でいう受益者
のうちで「受益者としての権利を現に有する者」と税法上で新たに定められた
「みなし受益者」及び「特定委託者（相続税法上の表現）」ということになりま
す。
　平成19年度の税制改正の特徴の一つです。

　ということは、家族信託の税制上のメインとなる受益者等課税信託について
は、この「受益者等の考え」を知らずして理解することは困難といえます。
　受益者等課税信託では、受益者等が財産を所有しているとみなして、その受
益者等に税を課すことになるからです。

　余談ですが、改正前の旧税法では、受益者を受益者の存在又は特定の有無で
判断をしていましたが、改正された後は「受益者としての権利を現に有する」、
「信託の変更をする権限を現に有し」と権利や権限を有しているか否かによっ
て受益者を判断することになりました。
　改正では、このように受益者の捉え方を変更していますので注意してくださ

い。

　では、税法に沿って改正後の信託課税について説明します。

⑴　所得税法第13条第1項の 「みなし規定」 について

所得税法第13条（信託財産に属する資産及び負債並びに信託財産に帰せられる収益及び費用の帰属）

　信託の受益者（受益者としての権利を現に有するものに限る。）は当該信託の信託財産に属する資産及び負債を有するものとみなし、かつ、当該信託財産に帰せられる収益及び費用は当該受益者の収益及び費用とみなして、この法律の規定を適用する。ただし、集団投資信託、退職年金等信託又は法人課税信託の信託財産に属する資産及び負債並びに当該信託財産に帰せられる収益及び費用については、この限りでない。

（法人税法第12条第1項と同じ）

　受益者等課税信託の課税については、所得税法第13条第1項又は法人税法第12条第1項に規定されており、受益者が信託財産を有するものとみなされ、その受益者に対し課税が行われることになっています。

　受益者が信託財産に属する資産、負債を直接有するものとみなし、かつ、その資産・負債から生ずる収益・費用も受益者に帰属するとみなし、受益者が個人であれば所得税、法人であれば法人税が適用されます。

　各々の条文の最後に「…この法律の規定を適用する。」との文言があり、所得税法（法人税法）に基づき税金計算を行うことになっています。

　なお、所得税法（法人税法）の考え方は、権利発生主義の立場ですから、信託課税の発生時課税と結びつくことになります。

　権利発生主義では、信託財産から生じる所得があれば、たとえ受託者から受益者にその所得が渡って（支払われて）なくても、権利が発生した時点で受益者の所得として課税されることになります。

　このような取り決めが定められたことにより、信託を利用しての課税の繰り延べや課税そのものが宙に浮いてしまうことを防止することができることになります。

イ 「受益者としての権利を現に有するものに限る。」 について

所得税法第13条第1項（法人税法第12条第1項）で、信託の受益者は、「受益者としての権利を現に有するものに限る。」となっています。

このことについて説明をします。

信託法の改正により、いろいろな類型の信託を組成することができるようになりました。

そして、その数ある信託の中には、信託法上、受益者と扱われていても「受益者としての権利を現に有するもの」とそうでない「受益者としての権利を現に有していないもの」とが出てくるケースもあるようになりました。

「平成19年度税制改正の解説」（293頁／注2）

2　新信託法第183条の帰属権利者や同法第90条 第1項第2号の受益者など、一定の事由が発生しない限り、受益者とならず、又は受益者としての権利を有することとならない者は、その事由が発生するまでは、ここでいう受益者には該当しないことになります。また、未だ存在しない受益者も、ここでいう受益者に該当しないこととなります。

そこに着目して、税法改正において、税法上の受益者には「受益者としての権利を現に有していないもの」は対象外とし、「受益者としての権利を現に有するもの」を「受益者」として取り扱うと定め、受益者の範囲を狭めています。

このことは、「受益者としての権利を現に有してないもの」は税法では受益者として扱わないと決めたわけです。

ということは、信託法上でいう受益者はそのまま税法上の受益者にはならないことになります。注意が必要です。

では、税法上で受益者とされる「受益者としての権利を現に有するもの」とはどのようなものを指すのかということになりますが、所得税基本通達13－7（法人税基本通達14－4－7と同じ。）でそのことを定めてい

ます。

　この基本通達によれば、「受益者としての権利を現に有するもの」には、信託法上の、

　　　○　「残余財産受益者」　は含まれるが、

　　　×　「帰属権利者（その信託の終了前の期間に限る）」、

　　　　「委託者の死亡の時に受益者となるべき者として指定された者（委託者の死亡前の期間に限る）」、

　　　　「委託者の死亡の時以後に信託財産に係る給付を受ける受益者（委託者の死亡前の期間に限る）」

　　　は含まれないと定められています。

所得税基本通達13－7　（受益者等課税信託に係る受益者の範囲）

　法第13条第1項に規定する「信託の受益者（受益者としての権利を現に有するものに限る。）」には、原則として、例えば、信託法第182条第1項第1号《残余財産の帰属》に規定する残余財産受益者は含まれるが、次に掲げる者は含まれないことに留意する。（平19課個2－11、課資3－1、課法9－5、課審4－26追加）

(1)　同項第2号に規定する帰属権利者（以下13－8において「帰属権利者」という。）（その信託の終了前の期間に限る。）

(2)　委託者の死亡の時に受益権を取得する同法第90条第1項第1号《委託者の死亡の時に受益権を取得する旨の定めのある信託等の特例》に掲げる受益者となるべき者として指定された者（委託者の死亡前の期間に限る。）

(3)　委託者の死亡の時以後に信託財産に係る給付を受ける同項第2号に掲げる受益者（委託者の死亡前の期間に限る。）

（法人税基本通達14－4－7と同じ）

　次に、「残余財産受益者」、「帰属権利者」について説明をします。

　信託法第182条では、信託が終了し、その清算が終わった後の残余財産の帰属について定めており、それによると残余財産は「残余財産受益者」又は「帰属権利者」に帰属するとなっています。

　では、そもそも信託財産について清算が行われた後の残余財産は、一体、誰のものなのかを考えてみる必要があります。

　委託者の資産の管理・処分を目的とする信託において、自益信託の場合（委託者＝受益者）を考えると、委託者も受益者も同一人であることから、

信託終了後の残余財産は委託者（＝受益者）に帰ってくるものと考えてしまいます。

　でも、果たしてそうでしょうか？

　よく考えれば、信託のスタートは、委託者の所有する財産を受託者に権利を移転することから始まっており、スタート時から既に信託財産は受託者に移転しています。

　このことを忘れてはなりません。

　受託者は受益者のために信託財産を管理・処分するだけであるとしても、法律的には財産の帰属先であり、所有権はあくまでも受託者が有しているわけです。

　したがって、委託者の想いを遂げるためには、清算後の残余財産の帰属についても信託行為においてしっかりと示しておかなければ委託者の想いは実現できないことになります。

　あやふやな信託行為を組成すると、信託法第182条第3項で、残余財産は最終的には清算受託者に帰属させると定められています。

　これは、信託の制度の本質、委託者の想いとは異なることになります。

　したがって、残余財産の帰属を定めることは極めて重要なことです。

　ところで、この同条第1項で、残余財産の帰属先は「残余財産受益者」・「帰属権利者」と定められていますが、注意すべきはどちらも「信託行為において…指定された者」となっているところです。

　信託は、委託者が信託目的を定めて受託者に権利を移転するものですから、残余財産の帰属先についても当然に信託行為の中で定めておく必要があるということになります。

　さらに、法は用心して、この定めがない場合や権利を放棄された場合を考えて、同条第2項で「信託行為に委託者又はその相続人その他の一般承継人を帰属権利者として指定する旨の定めがあったものとみなす」と少し変わった作りの規定をしています。

　条文上で「…指定する旨の定めがあったものとみなす」と押付け的とも

受け止められる表現で定めています。

　この考え方は、信託財産はもともと委託者が拠出したものですから、残余財産の帰属先の定めがない場合は、委託者又はその相続人に戻すというのが一般的常識ではないかという考え方からそのような定めがされたと言われています。

　そして、それでも残余財産の帰属が定まらないときは、最後の手段として同条第3項で「残余財産は、清算受託者に帰属する。」と定めています。

　委託者の想いに入ってない清算受託者に法が残余財産を帰属させるということは、見方によれば不思議に思わないでもないですが、帰属先が定まらない以上、所有者不明の財産を放置するわけにもいかないことから、形式的な帰属先である清算受託者にそのまま帰属させることにしているようです。

　このことは、今、話題になっています「所有者不明土地問題」や「空き家問題」「休眠預金口座問題」の解決策にもなるように思えます。

　このように信託法上では、信託財産の残余財産の帰属先を最後までしっかりと定めています。

　これを受けて、税法では、確定した受益者に対しパス・スルー課税により課税を行うことになります。

　ここでさらに注意をしなければいけないことは、対価の支払いがなく財産が移転すればそこには贈与税等が関わってくるということになります。

　信託の組成に当たっては税金のことを考えないで行うと後悔することになります。

信託法第182条　（残余財産の帰属）

　残余財産は、次に掲げる者に帰属する。

一　信託行為において残余財産の給付を内容とする受益債権に係る受益者（次項において「残余財産受益者」という。）となるべき者として指定された者

二　信託行為において残余財産の帰属すべき者（以下この節において「帰属権利者」という。）となるべき者として指定された者

2　信託行為に残余財産受益者若しくは帰属権利者（以下この項において「残余財産受益者等」と総称する。）の指定に関する定めがない場合又は信託行為の定めにより残余財産受益者等として指定を受けた者のすべてがその権利を放棄した場合には、信託行為に

委託者又はその相続人その他の一般承継人を帰属権利者として指定する旨の定めがあったものとみなす。

3 　前二項の規定により<u>残余財産の帰属が定まらないとき</u>は、残余財産は、清算受託者に帰属する。

※ 　残余財産受益者とは、
・ 　残余財産を受け取る受益者のことです。
・ 　信託行為において、受益者の有する受益債権の内容に 「残余財産の給付ができる」旨の定めを設けることで、受益者でもあり残余財産受益者でもあるという立場になることができます。

信託法第183条 　（帰属権利者）

　信託行為の定めにより帰属権利者となるべき者として指定された者は、当然に残余財産の給付をすべき債務に係る債権を取得する。ただし、信託行為に別段の定めがあるときは、その定めるところによる。

2 　第八十八条第二項の規定は、前項に規定する帰属権利者となるべき者として指定された者について準用する。

3 　信託行為の定めにより帰属権利者となった者は、受託者に対し、その権利を放棄する旨の意思表示をすることができる。ただし、信託行為の定めにより帰属権利者となった者が信託行為の当事者である場合は、この限りでない。

4 　前項本文に規定する帰属権利者となった者は、同項の規定による意思表示をしたときは、当初から帰属権利者としての権利を取得していなかったものとみなす。ただし、第三者の権利を害することはできない。

5 　第百条及び第百二条の規定は、帰属権利者が有する債権で残余財産の給付をすべき債務に係るものについて準用する。

6 　帰属権利者は、信託の清算中は、受益者とみなす。

※ 　帰属権利者については、信託法第182条第１項第２号と同法第183条に定められています。

　残余財産が帰属するというところでは残余財産受益者と同じですが、信託期間中は受益者にはなりません。

　帰属権利者は、信託行為の期間中においては受益者の権限は有してなく、単に、残余財産に帰属すべき者として指定された者にすぎないということになります。

　ということは、帰属権利者は、信託の終了事由が発生する前までは信託法においては受益者ではなく、信託行為に別段の定めがなければ信託法上では受益者としての権利を現に有していないことになります。

　また、信託法第183条第６項で、帰属権利者は「信託の清算中は受益者とみなす。」と定められています。

　これは、信託が終了するまでは受益者となる者が他に存在していますが、終了すれば、受益者となる者が誰もいないことになりますので、信託終了後の清算中は帰属権利者を受益者として存在させることにしているわけです。

　信託財産によっては、清算中においても収益を得るものもありますので、受取人不在の状況では、その収益の帰属が宙ぶらりんになるからです。

　もちろん、税制上でも収益の宙ぶらりんを認めるとしたら租税回避として使われることが

考えられますので、残余財産の帰属が、帰属権利者となっている信託では清算中の収益は帰属権利者に納税義務を課すことにしています。

　　以上を総括しますと、残余財産受益者は税法上の受益者等課税信託における受益者に該当しますが、帰属権利者は、その信託の終了前までの期間は税法上では受益者には当たらないことになります。

　　したがって、所得税法第13条第1項に規定する「信託の受益者（受益者としての権利を現に有するものに限る。）」には、信託法第182条第1項第2号で定められている帰属権利者は該当しないことになります。

所得税基本通達13－7

所得税法第13条第1項		（信託法90条1項1号の）委託者の死亡の時に受益者となるべき者として指定された者は含まれない（委託者の死亡前の期間に限る）
		（信託法90条1項2号の）委託者の死亡の時以後に信託財産に係る給付を受ける受益者は含まれない（委託者の死亡前の期間に限る）
		（信託法182条1項2号の）帰属権利者は含まれない（その信託の終了前の期間に限る）
信託の受益者	受益者としての権利を現に有するものに限る	（信託法182条1項1号の）残余財産受益者は含まれる
	受益者としての権利を現に有さないものは除く	

　　これまでは、所得税法第13条第1項の信託に関するみなし規定とそこで定められている「受益者とは、受益者としての権利を現に有するものに限る。」ということに関して、残余財産受益者と帰属権利者を含めて説明をしてきました。

　　次からは、所得税法第13条第2項（法人税法第12条第2項と同じ）の「みなし受益者」について説明します。

⑵　所得税法第13条第２項の　「みなし受益者」　について

所得税法第13条（信託財産に属する資産及び負債並びに信託財産に帰せられる収益及び費用の帰属）
1　省　略
2　信託の変更をする権限（軽微な変更をする権限として政令で定めるものを除く。）を現に有し、かつ、当該信託の信託財産の給付を受けることとされている者（受益者を除く。）は、前項に規定する受益者とみなして同項の規定を適用する。
（法人税法第12条第２項と同じ）

　　税法改正で大きく変わった点は、受益者の捉え方です。

　　前で説明をしたように、税法上では受益者の概念を変え、信託法上でいう受益者の中でも「受益権を現に有するもの」に限定して受益者を捉えることにしました。

　　しかしそれだけではありません。

　　今回の改正で、所得税法第13条第２項において「税法上の受益者」に「信託の変更をする権限（軽微な変更をする権限として政令で定めるものを除く。）を現に有し、かつ、その信託の信託財産の給付を受けることとされている者（受益者を除く。）」が加わることになりました。

　　これを「みなし受益者」といっています。

　　「みなし受益者」は、信託法上では受益者とされていませんが、税法上では受益者とみなされて課税対象者として扱われることになりました。

　　信託法上の受益者の概念と税法上の受益者の概念は同一ではないということになります。ここはしっかり認識しておいてください。

　　このことを理解することができないまま、信託税制へ進むことは困難です。

　　★　税務上の　「受益者等」　とは、次のようになります。

　　　①　信託法上の受益者（受益者としての権利を現に有するものに限る。）

　　　②　信託の変更をする権限（軽微な変更をする権限として政令で定めるものを除く。）を現に有し、かつ、その信託の信託財産の給付を受

けることとされている者（受益者を除く。）　⇒⇒　「みなし受益者」

★　イメージは次のとおりです。（大事なところですので、しっかり覚えてください。）

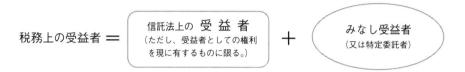

税務上の受益者 ＝ 信託法上の 受 益 者（ただし、受益者としての権利を現に有するものに限る。）＋ みなし受益者（又は特定委託者）

このように、改正後の所得税法第13条（法人税法第12条と同じ）では、第１項において「受益者としての権利を現に有するものに限る。」とし、信託法上でいう「受益者」の範囲を狭めた上で、第２項で「みなし受益者」を新たに設置し、これを受益者の範囲に加え受益者等として課税対象を広めています。

「等」が入りました。ここは重要です。

この「みなし受益者」は、これまでにはなかった概念でありますが、個人及び法人においての所得課税上、非常に重要なポイントですので理解しておく必要があります。

税法上で、新たな概念として作られたこの「みなし受益者」を十分に理解しないで信託契約書等を組成してしまうと、後日、想像をしていなかった税金、それもケースによっては莫大な税金（贈与税など）が税務署から指摘される恐れがあり、指導、調査を受け納税しなければならなくなることが考えられます。

お金、物、権利などを移動させるときには税金のことをしっかりと考えて行わなければ後悔することになるおそれがあります。

もちろん時効の範囲内ですが、税金は忘れたころにやってきます。信託契約などが終了して、ホッとした時に後から追いかけてきます。

誰でも使うことができる身近な信託制度となったわけですが、その先には「税」があることを常に頭に置きつつ信託組成を行うことがとても大事なこ

とだと思います。

そのためにも、この「みなし受益者」がどのようなものなのかを正しく理解をしておくことはとても重要なことであります。

信託法上では見かけることがない概念です。

あくまでも、税務当局において、適正課税を行うために税法上に新たに作った独自の概念です。

税務当局が信託に関して高い関心を持っていることを察することができます。

では、これからは、この「みなし受益者」の概念がなぜ取り入れられたか、その理由を説明します。

何度も言ってきましたように、信託法の改正に伴って税法の改正が行われました。

それは、信託に関して、税法上で課税漏れが起きないようにするために「受益者」以外に「受益者扱い」をしなければ課税漏れを防ぐことができない事態が起きたからです。

その原因は、それまでの税法では、カバーできないほどの大きな改正が信託法で行われたからです。

所得税法でいえば、第13条第1項（法人税法第12条第1項）の「みなす規定」では間に合わなくなったからです。

間に合わなくなった第1項に加えて、改正で第2項を作りました。

第1項では、信託財産やそこからの収益は財産の所有者となっている受託者ではなく受益者に帰属するという「みなす規定」の話でしたが、今回の改正で第2項として加えられた内容は、ある特定の者を受益者とみなすという「みなし受益者」の話です。

このみなし受益者の規定は、いろいろと定められていますが、結果的には主として委託者を想定しているかのように思えます。

財務省は次のように説明しています。

「平成19年度税制改正の解説」（293頁）

　この改正により以下のように取扱いの明確化や変更が図られています。
　第1に、信託財産に属する資産及び負債並びに信託財産に帰せられる収益及び費用が帰属するものとみなされる者は、従来は形式基準により受益者が存する場合には受益者と、受益者が不特定又は不存在の場合には委託者とされていましたが、実質基準を導入し、受益者と同等の地位を有する者をみなし受益者として取り扱うこととされました。
　みなし受益者は、その者に信託財産に帰せられる所得が帰属するとみなして課税することが適当な状態にある者のことですが、このメルクマールについて、新信託法における受益者の概念（注1）を参考にしつつ、信託の変更をする権限（信託をコントロールする権利の具現化）を有するか否か及び信託財産の給付を受けることとされているか否かによって判断することとされました。
　なお、新信託法においては、委託者は信託行為に別段の定めがない限り信託の変更をする権限を有することとされ、残余財産受益者又は帰属権利者の定めがなければ委託者を帰属権利者として指定する旨の定めがあったものとみなすこととされていますので、このような場合には委託者がみなし受益者に該当することになります。
　（注）1　新信託法においては、受益者は受益権を有する者とされ、受益権とは信託行為に基づいて受託者が受益者に対し負う債務であって信託財産に属する財産の引渡しその他信託財産に係る給付をすべきものに係る債権及びこれを確保するために信託法に基づいて受託者に対し一定の行為を求める権利をいう（新信託法2⑥⑦）こととされています。
　　　　2　新信託法第183条の帰属権利者や同法第90条第1項第2号の受益者など、一定の事由が発生しない限り、受益者とならず、又は受益者としての権利を有することとならない者は、その事由が発生するまでは、ここでいう受益者には該当しないことになります。また、未だ存在しない受益者も、ここでいう受益者に該当しないこととなります。
　　　　3　受益者等が存しない信託は、法人課税信託に該当することになります。
　第2に、上記の見直しの結果として、受益者又は委託者以外の者もみなし受益者になり得ること及び受益者が存する場合にも委託者がみなし受益者になり得ることの2点が、従前の取扱いと異なっています。

　委託者が受益者を変更する権限（受益者指定権等を有する定めのある信託）を委託者自らに残し、かつ、信託財産を自分に戻すことを予定しているような信託を組成した場合、信託期間中のその間は、累進課税等の租税回避が行えることになりますので、そのような租税回避を防止する規定であると言われています。

　したがって、まず、所得税法第13条第1項において、信託行為によって受益者としての権利を現に有するものを課税対象とし、受益者としての権利を

現に有していない者を課税対象外とした上で、同条第2項において、受益者と同等の地位を有する者を「みなし受益者」として課税を行うことにしました。

　この「みなし受益者」はどのような者をいうのかといいますと、その判定は、①信託の変更をする権限を現に有しており（軽微な変更する権限として政令で定めるものを除く。）、かつ、②信託財産の給付を受けることとされている者（受益者を除く。）、の2つの要件で判断することになりました。

　そして、この2つの要件を共に満たした者が「みなし受益者」に該当することになります。

イ　「信託の変更をする権限を現に有している」　について

　では、「みなし受益者」の要件の一つである「信託を変更する権限を現に有している」とは、どのようなことなのかを見ていきます。

　「信託を変更する権限」については税法に規定がされていませんので、信託法の定めを準用することになります。

　信託の変更の要件は、信託法第149条において、「信託の変更は、委託者、受託者及び受益者の合意によってすることができる。」と規定されています。

　このことから、委託者、受託者及び受益者が信託を変更する権限を現に有していることになります。

　また、「信託の変更をする権限」については、所得税法施行令第52条第2項において、「他の者との合意により信託の変更をすることができる権限」が含まれると定められています。

　信託法上、信託の変更は信託行為に別段の定めがない場合には、委託者、受益者及び受託者の合意により行うこととされており、信託行為において受益者とされた者であっても単独では信託の変更をすることができないことになっています。

　このことから、税法上においてもみなし受益者の判定に当たっては信託法と同様に信託の変更の権限については他の者との合意によりすることが

できる権限を含むとされています。

　信託法と税法とのトーン合わせを行っています。

　ところで気になるのは、所得税法第13条第2項において信託の変更をする権限から「軽微な変更をする権限として政令で定めるものを除く。」とありますが、この信託の変更をする権限から除外される「軽微な変更をする権限として政令で定めるものを除く。」とはどのようなものなのかということになります。

　これについては、所得税法施行令第52条第1項で、「信託の目的に反しないことが明らかな場合に限り、信託の変更をすることができる権限」と定めています。

　そして、この「信託の目的に反しないことが明らかな場合」については、信託法第149条第2項及び第3項に定めがあります。

　例え信託の内容を変更したとしても、信託行為自体に影響を与えない程度の内容のものであるならば、実質的には変更しないものと同様ではないかという判断から、些細で大勢に影響のない信託の変更までは、税法上においても、信託の変更する権限には含めなくてもよいと判断しています。

「平成19年度税制改正の解説」（294頁）

　また、上記の「信託の変更をする権限」については、次のとおりとされています（法令15①②③）。
① 「信託の変更をする権限」からは、信託の目的に反しないことが明らかである場合に限り信託の変更をすることができる権限を除く。
　　新信託法では、信託行為に別段の定めがない限り、信託の目的に反しないことが明らかな場合には委託者の合意なくして信託の変更ができることとされています（新信託法149②③）が、このような信託の変更は軽微なものにすぎず、実質的に変更しないものと同様であると考えられるため、税法上信託をコントロールすることができる者に該当するか否かを判定する上での信託の変更には含めないこととしたものです。
② 「信託の変更をする権限」には、他の者との合意により信託の変更をすることができる権限を含む。
　　信託の変更は、新信託法上信託行為に別段の定めがない場合には委託者、受益者及び受託者の合意によって行うこととされている（新信託法149①）ように信託行為において受益者とされた者であっても単独で信託の変更をすることはでき

ないことから、みなし受益者となるか否かを判定する場合における信託の変更の権限についてもこれと同様、他の者との合意により信託の変更をすることができる権限を含むこととされたものです。

信託法第149条（関係当事者の合意等）
　　信託の変更は、委託者、受託者及び受益者の合意によってすることができる。この場合においては、変更後の信託行為の内容を明らかにしてしなければならない。
2　前項の規定にかかわらず、信託の変更は、次の各号に掲げる場合には、当該各号に定めるものによりすることができる。この場合において、受託者は、第一号に掲げるときは委託者に対し、第二号に掲げるときは委託者及び受益者に対し、遅滞なく、変更後の信託行為の内容を通知しなければならない。
　　一　信託の目的に反しないことが明らかであるとき　受託者及び受益者の合意
　　二　信託の目的に反しないこと及び受益者の利益に適合することが明らかであるとき　受託者の書面又は電磁的記録によってする意思表示
3　前二項の規定にかかわらず、信託の変更は、次の各号に掲げる場合には、当該各号に定める者による受託者に対する意思表示によってすることができる。この場合において、第二号に掲げるときは、受託者は、委託者に対し、遅滞なく、変更後の信託行為の内容を通知しなければならない。
　　一　受託者の利益を害しないことが明らかであるとき　委託者及び受益者
　　二　信託の目的に反しないこと及び受託者の利益を害しないことが明らかであるとき　受益者

　　要約をすると、①「信託の目的に反しないこと」が明らかであれば、委託者の同意がなくても信託の変更はできる、② 受益者の利益に適合するなら受益者の同意は不要、③ 受託者の利益を害しないなら受託者の同意は不要、ということになります。

所得税法第13条（信託財産に属する資産及び負債並びに信託財産に帰せられる収益及び費用の帰属）
　　信託の受益者（受益者としての権利を現に有するものに限る。）は当該信託の信託財産に属する資産及び負債を有するものとみなし、かつ、当該信託財産に帰せられる収益及び費用は当該受益者の収益及び費用とみなして、この法律の規定を適用する。ただし、集団投資信託、退職年金等信託又は法人課税信託の信託財産に属する資産及び負債並びに当該信託財産に帰せられる収益及び費用については、この限りでない。
2　信託の変更をする権限（軽微な変更をする権限として政令で定めるものを除く。）を現に有し、かつ、当該信託の信託財産の給付を受けることとされている者（受益者を除く。）は、前項に規定する受益者とみなして同項の規定を適用する。

（法人税法第12条と同じ）

所得税法施行令第52条（信託財産に属する資産及び負債並びに信託財産に帰せられる収益及び費用の帰属）

　　法第十三条第二項（信託財産に属する資産及び負債並びに信託財産に帰せられる収益及び費用の帰属）に規定する政令で定める権限は、信託の目的に反しないことが明らかである場合に限り信託の変更をすることができる権限とする。

２　法第十三条第二項に規定する信託の変更をする権限には、他の者との合意により信託の変更をすることができる権限を含むものとする。

　　（法人税法施行令第15条（信託財産に属する資産及び負債並びに信託財産に帰せられる収益及び費用の帰属）及び 相続税法施行令第１条の７（信託の変更をする権限）と同じ）

□　「信託財産の給付を受けることとされている者」 について

　　次に、「みなし受益者」としての２つ目の要件として「信託財産の給付を受けることとされている者」があります。

　　この「信託財産の給付を受けることとされている者」とはどういう者を指すのかといいますと、信託法第182条で「残余財産受益者」と「帰属権利者」が該当することになりますが、その中の残余財産受益者については、先に説明をしたように所得税法第13条第１項で受益者としての権利を現に有する者に該当していることから「受益者」の範囲に含まれることになるので、同法第２項の「みなし受益者」の適用は受けなくても既に「受益者」となっています。

　　ややこしいですが、信託財産の給付を受けることとされている「みなし受益者」には、所得税法第13条第１項の受益者の範囲から外れた帰属権利者を対象にしているといえます。

　　したがって、変更権限を現に有する者で、かつ、信託の定めにより帰属権利者として指定されている者はこのみなし受益者の範疇に該当することになるわけです。

　　さらに、所得税基本通達13－８の(1)において、受益者とみなされる委託者に関する定めがされており、信託の変更をする権限を現に有している委託者が、信託行為の定めにより帰属権利者として指定されている場合には、受益者とみなすと加えています。

信託法第182条（残余財産の帰属）

　　残余財産は、次に掲げる者に帰属する。

　　一　信託行為において残余財産の給付を内容とする受益債権に係る受益者（次項において「残余財産受益者」という。）となるべき者として指定された者

　　二　信託行為において残余財産の帰属すべき者（以下この節において「帰属権利者」という。）となるべき者として指定された者

2　信託行為に残余財産受益者若しくは帰属権利者（以下この項において「残余財産受益者等」と総称する。）の指定に関する定めがない場合又は信託行為の定めにより残余財産受益者等として指定を受けた者のすべてがその権利を放棄した場合には、信託行為に委託者又はその相続人その他の一般承継人を帰属権利者として指定する旨の定めがあったものとみなす。

3　前二項の規定により残余財産の帰属が定まらないときは、残余財産は、清算受託者に帰属する。

所得税基本通達13－8　（受益者とみなされる委託者）

　　法第13条第2項の規定により受益者とみなされる者には、同項に規定する信託の変更をする権限を現に有している委託者が次に掲げる場合であるものが含まれることに留意する。

　⑴　当該委託者が信託行為の定めにより帰属権利者として指定されている場合

　⑵　信託法第182条第2項に掲げる信託行為に残余財産受益者若しくは帰属権利者（以下この項において「残余財産受益者等」という。）の指定に関する定めがない場合又は信託行為の定めにより残余財産受益者等として指定を受けた者の全てがその権利を放棄した場合

　　また、同基本通達13－8の⑵では、信託法第182条第2項で「信託行為に残余財産受益者若しくは帰属権利者の指定に関する定めがない場合」又は「残余財産受益者若しくは帰属権利者として指定を受けた者の全てがその権利を放棄した場合」のいずれかに該当する場合には、「信託行為に委託者又はその相続人その他の一般承継者を帰属権利者として指定する旨の定めがあったものとみなす。」という同法の定めを受けて、所得税法においてはこのような状況の委託者が信託の変更をする権限を現に有している場合には受益者とみなすと定めています。

　　このように、委託者については条件さえ整えば受益者とみなされることになります。

　　遠まわしな説明になりましたが、信託課税においては一度除外された委託者であっても信託の組成内容次第では課税対象に復活させられることに

なります。

　　課税上、委託者は常にマークされているということです。

　　税の厳しさを垣間見ることができる法律です。

所得税法第13条第2項（みなし受益者）

信託の変更をする権限を現に有し （かつ） 信託の信託財産の給付を受けることとされている者	軽微な変更をする権限として政令で定めるものを除く		
	軽微な変更をする権限でないもの （かつ） 受益者以外の者	法第13条第2項の規定により受益者とみなされる者には、同項に規定する信託の変更をする権限を現に有している委託者が次に掲げる場合であるものが含まれることに留意する。	所得税基本通達13-8（受益者とみなされる委託者）
			委託者が信託行為の定めにより帰属権利者として指定されている場合
	受益者を除く		信託法第182条第2項に掲げる信託行為に残余財産受益者若しくは帰属権利者の指定に関する定めがない場合又は信託行為の定めにより残余財産受益者等として指定を受けた者の全てがその権利を放棄した場合

㈠　「停止条件が付された信託財産の給付を受ける権利を有する者」について

　　ところで、「信託財産の給付を受けることとされている者」に「停止条件」が付されている場合、該当するのかどうかということですが、所得税法施行令第52条第3項で、「信託財産の給付を受けることとされている者に該当する」と定めています。

　　したがって、受益者となることに停止条件又は始期が付されている者がいた場合には、受益者としての権利を現に有する者に該当しないので、第1項の受益者の範囲から外されることになりますが、信託財産の給付を受けることとされている者に該当するため、信託の変更権限を現に有していれば「みなし受益者」に該当することになります。

所得税法施行令第52条（信託財産に属する資産及び負債並びに信託財産に帰せられる収益及び費用の帰属）

3　停止条件が付された信託財産の給付を受ける権利を有する者は、法第十三条第二項に規定する信託財産の給付を受けることとされている者に該当するものとする。

⑶ 「信託財産に属する資産及び負債並びに信託財産に帰せられる収益及
び費用の帰属」 について

　　これまでにも説明をしてきましたが、所得税法第13条第1項（法人税法第
12条と同じ）で、受益者等課税信託の受益者は、「当該信託の信託財産に属
する資産及び負債を有するものとみなし、かつ、当該信託財産に帰せられる
収益及び費用は当該受益者の収益及び費用とみなされる。」ことになってい
ます。

　　これは基本的な考え方ですが、現実にはいろいろなパターンがあります。
思いつくパターンで説明をします。

イ 「信託が一部の受益者にしか特定されていない場合の受益権の所在」

　㋑ ある特定の受益者の有する権利が、全体の一部であり、他の受益者が
　　存しない場合

　　　　所得税基本通達13-1（法人税基本通達14-4-1と同じ）で、「受
　　益者等課税信託の受益者は、受益者としての権利を現に有する者に限ら
　　れるため、受益者が有する権利がその信託財産に係る受益者としての権
　　利の一部にとどまる場合であっても、残余の権利を有する者が存しない
　　又は特定されないときは、当該受益者が信託財産に属する資産及び負債
　　の全部を有するものとみなし、かつ、信託財産に帰せられる収益及び費
　　用の全体を帰属するとみなす。」と規定しています。

**所得税基本通達13-1　（信託財産に属する資産及び負債並びに信託財産に帰せられる
収益及び費用の帰属）**
　　受益者等課税信託における受益者は、受益者としての権利を現に有するものに限ら
れるのであるから、例えば、一の受益者が有する受益者としての権利がその信託財産
に係る受益者としての権利の一部にとどまる場合であっても、残余の権利を有する者
が存しない又は特定されていないときには、当該受益者がその信託の信託財産に属す
る資産及び負債の全部を有するものとみなされ、かつ、当該信託財産に帰せられる収
益及び費用の全部が帰せられるものとみなされることに留意する。（平19課個2-11、
課資3-1、課法9-5、課審4-26追加）
　　（法人税基本通達14-4-1と同じ）

　　具体例で示すと、例えば、ある特定の受益者の有する権利が、その信託財産に係る受益者としての権利全体の80％とし、残余の20％の部分は権利を有する者が存しない場合はどうなるのかということです。

　　定めでは、当該80％を有している受益者が受益者としての権利を全部（100％）有するものとみなされ、信託財産に属する資産及び負債の全部を、収益及び費用のすべてが帰属されるという扱いになっています。

　　その受益者が、税金全てを負担しなければならないことになります。

㋺　受益者としての権利を有する受益者が複数人いる場合

　　では、受益者としての権利を有する受益者が複数人いる場合はどうでしょうか。

　　所得税法施行令第52条第4項（法人税法施行令第15条第4項と同じ）で、「当該信託の信託財産に属する資産及び負債の全部をそれぞれの受益者がその有する権利の内容に応じて有するものとし、当該信託財産に帰せられる収益及び費用の全部がそれぞれの受益者にその有する権利の内容に応じて帰せられるものとする。」と定めています。

　　それに関連して、所得税基本通達13－4では、この「権利の内容に応ずることの例示」として、「受益者等課税信託の信託財産に属する資産がその構造上区分された数個の部分を独立して、住居、店舗、事務所又は倉庫その他の建物としての用途に供することができるものである場合において、その各部分の全部又は一部が2以上の受益者の有する権利の目的となっているときには、当該目的となっている部分については、当該各受益者が各自の有する権利の割合に応じて有しているものとする」と定めています。

　　つまり、あたかも土地の区分所有のように、受益者等の有する権利に応じてその信託財産が特定されるものは、各受益者がその有する権利の内容に応じて有しているものとして取り扱うこととされています。

所得税法施行令第52条（信託財産に属する資産及び負債並びに信託財産に帰せられる収益及び費用の帰属）

4　法第十三条第一項に規定する受益者（同条第二項の規定により同条第一項に規定する受益者とみなされる者を含む。以下この項において同じ。）が二以上ある場合における同条第一項の規定の適用については、同項の信託の信託財産に属する資産及び負債の全部をそれぞれの受益者がその有する権利の内容に応じて有するものとし、当該信託財産に帰せられる収益及び費用の全部がそれぞれの受益者にその有する権利の内容に応じて帰せられるものとする。

所得税基本通達13－4　（権利の内容に応ずることの例示）

　　令第52条第4項《信託財産に属する資産及び負債並びに信託財産に帰せられる収益及び費用の帰属》の規定の適用に当たって、受益者等課税信託の信託財産に属する資産が、その構造上区分された数個の部分を独立して住居、店舗、事務所又は倉庫その他建物としての用途に供することができるものである場合において、その各部分の全部又は一部が2以上の受益者の有する権利の目的となっているときは、当該目的となっている部分については、当該各受益者が、各自の有する権利の割合に応じて有しているものとして同項の規定を適用することに留意する。

(ハ)　収益受益権と元本受益権との分割

　　受益権の分割では、収益受益権と元本受益権という分割もできますが、これについては、財産評価基本通達202（信託受益権の評価）に従いその評価方法が定められています。

a　元本と収益との受益者が同一人物の場合（同通達の(1)）

　　受益者が一人の場合、信託財産を受益者が所有しているものとみなして、財産評価基本通達202に定めるところにより評価した課税時期における信託財産の価額が評価となります。

b　受益者が複数の場合（同通達の(2)）

　　元本と収益との受益者が、元本及び収益の一部を受ける場合には、この通達に定めるところにより評価した課税時期における信託財産の価額にそれぞれの受益割合を乗じたものが評価額となります。

c　元本と収益との受益者が異なる場合（同通達の⑶）

　　収益受益者が取得する収益受益権については、信託効力発生時の課税時期の現況において、受益者が将来受けるべき利益の価額を推算（推定によって計算すること）し、その推算した価額ごとに課税時期からそれぞれの受益の時期までの期間に応じる基準年利率の複利現価率を乗じて計算した金額の合計額が収益受益権の評価額となります。

　　※　複利原価率
　　・　一定期間後に目標となる金額を得るためには、現在いくらの元本があれば良いかを求める場合に使用される係数である。

　　元本受益者が取得する元本受益権については、信託財産の価額から上記の方法で算出した収益受益権の評価額を控除したものが、元本受益権の評価額となります。

　　ただ、ややこしいことは、受益者連続型信託における収益受益権と元本受益権の評価額は上記と異なり、相続税法基本通達9の3－1⑵⑶により、収益受益権の評価額は「信託財産の全部の価額」、元本受益権の評価額は「零」となっています。（詳細は相続税法の説明時に行います。）

財産評価基本通達202　（信託受益権の評価）
　　信託の利益を受ける権利の評価は、次に掲げる区分に従い、それぞれ次に掲げるところによる。（平11課評2－12外・平12課評2－4改正外）
　⑴　元本と収益との受益者が同一人である場合においては、この通達に定めるところにより評価した課税時期における信託財産の価額によって評価する。
　⑵　元本と収益との受益者が元本及び収益の一部を受ける場合においては、この通達に定めるところにより評価した課税時期における信託財産の価額にその受益割合を乗じて計算した価額によって評価する。
　⑶　元本の受益者と収益の受益者とが異なる場合においては、次に掲げる価額によって評価する。
　　イ　元本を受益する場合は、この通達に定めるところにより評価した課税時期における信託財産の価額から、ロにより評価した収益受益者に帰属する信託の利益を受ける権利の価額を控除した価額
　　ロ　収益を受益する場合は、課税時期の現況において推算した受益者が将来受けるべき利益の価額ごとに課税時期からそれぞれの受益の時期までの期間に応ずる基準年利率による複利現価率を乗じて計算した金額の合計額

相続税法基本通達9の3－1　（受益者連続型信託に関する権利の価額）

　　受益者連続型信託に関する権利の価額は、例えば、次の場合には、次に掲げる価額となることに留意する。

　　（平19課資2－5、課審6－3追加）

　(1)　受益者連続型信託に関する権利の全部を適正な対価を負担せず取得した場合　信託財産の全部の価額

　(2)　受益者連続型信託で、かつ、受益権が複層化された信託に関する<u>収益受益権の全部を適正な対価を負担せず取得した場合</u>　信託財産の全部の価額

　(3)　受益権が複層化された受益者連続型信託に関する<u>元本受益権の全部を適正な対価を負担せず取得した場合</u>　<u>零</u>

　　（注）　法第9条の3の規定の適用により、上記(2)又は(3)の受益権が複層化された受益者連続型信託の元本受益権は、価値を有しないとみなされることから、相続税又は贈与税の課税関係は生じない。ただし、当該信託が終了した場合において、当該元本受益権を有する者が、当該信託の残余財産を取得したときは、法第9条の2第4項の規定の適用があることに留意する。

⑷　「遺言代用信託における受益者の税法上の扱い」　について

　　ところで、信託法の改正で新たな類型の信託として認められたものに「遺言代用信託」（遺言の代用として利用できる信託）があります。

　　家族信託を遺言代わりに使えるものが「遺言代用信託」です。

　　この「遺言代用信託」とはどのようなものをいうのか、について説明します。

　　信託法第90条で定められています。

信託法第90条　（委託者の死亡の時に受益権を取得する旨の定めのある信託等の特例）

　　次の各号に掲げる信託においては、当該各号の委託者は、受益者を変更する権利を有する。ただし、信託行為に別段の定めがあるときは、その定めるところによる。

　　一　委託者の死亡の時に受益者となるべき者として指定された者が受益権を取得する旨の定めのある信託

　　二　委託者の死亡の時以後に受益者が信託財産に係る給付を受ける旨の定めのある信託

　2　前項第二号の受益者は、同号の委託者が死亡するまでは、受益者としての権利を有しない。ただし、信託行為に別段の定めがあるときは、その定めるところによる。

　　この遺言代用信託の利用は、委託者が死亡した時の「受益者」を指定しておくことにより、受益権を後継者や特定の相続人などに受け継がせる方法です。

　民法上の遺言と違い、信託法上の家族信託には要式行為の定めはありません。

　例えば、自筆証書遺言には、「無効」になったり見つかりなかったりするリスクがあるが、遺言代用信託ではそのようなリスクはないと言われています。

　また、遺言代用信託は作成上の規制がないため、柔軟な作成ができます。

　　※　遺言信託という言葉には、信託銀行・信託会社の商品として使われているものがありますが、信託法上の遺言代用信託とは大きく異なるものですので、同一視しないで下さい。
　　　金融機関を絡めて遺言の作成と保管、執行（本人の死亡後に相続手続きを金融機関主導で進めること）を行うのが遺言信託で、遺言代用信託とは、金融機関を絡めなくて自身を委託者として信託する内容を遺言で定め、自身（委託者）が亡くなった時に信託の効力が発生するというものです。

　遺言代用信託は次の2種類の類型に分けられます。

　この場合、信託行為に別段の定めがなければ、委託者は受益者を変更する権利を有するとなっています。

⑴　委託者の死亡時に指定した人へ受益権を取得させる類型（信託法90条1項1号）

　　信託契約の<u>設定当初は委託者を受益者（自益信託）</u>とし、委託者兼受益者の死亡とともに次の受益者へ受益権を移す方法です。

⑵　委託者の死亡時以後、受益者が信託財産に係る給付を受けられる類型（信託法90条1項2号）

　　信託契約の<u>設定当初から委託者と異なる受益者（他益信託）を設定し</u><u>て</u>おき、委託者の死亡後に受益者が信託財産に係る給付を受けられる方法です。

　では、この遺言代用信託についての受益者は、税法上でいう受益者に該当するか否かですが、同条第2項で「前項第二号の受益者は、同号の委託者が死亡するまでは、受益者としての権利を有しない。」と規定されています。

　したがって、信託法第90条第1項第2号の「委託者の死亡の時以後に受益

者が信託財産に係る給付を受ける旨の定めのある信託」の受益者については、税法上においては受益者には該当しないことになります。

　なお、財務省「平成19年度税制改正の解説」では次のように説明がされています。

「平成19年度税制改正の解説」（293頁／注２）

2　新信託法第183条の帰属権利者や同法第90条 第１項第２号の受益者など、一定の事由が発生しない限り、受益者とならず、又は受益者としての権利を有することとならない者は、その事由が発生するまでは、ここでいう受益者には該当しないことになります。

　以上で、「受益者等課税信託」に関する説明を終わります。

　次は、「集団投資信託等」について説明をしますが、この本の目的である家族信託には関係しないところですので、簡単な説明となります。ご了承ください。

5　集団投資信託等の課税について

　これは、「ペイ・スルー課税」ともいわれています。

　信託から生じた収益を受託者から受益者に分配される時点において受益者の所得として所得税、法人税などが適用され課税が行われる仕組みのものです。

　収益の発生時ではないということです。

　ここでいう集団投資信託等とは、「集団投資信託」「退職年金等信託」「特定公益信託等」のことです。

　具体的には、よく耳にします証券投資信託、公社債投資信託、厚生年金基金信託などが該当します。

　このような信託では、受益者が非常に多く存在しています。

　したがって、発生時課税が技術的に困難であるといった理由によるといわれていますが、信託から生ずる収益は、原則の発生時課税で捉えるのではなく、受益者が受託者から収益を受領するときに課税を行うという受益者段階受領時

課税で取り扱うことにしている信託です。

　IT化等が進化すれば、原則の発生時課税が可能になるかもしれません。

6　法人課税信託の課税について

　次に、法人課税信託について説明をします。

　信託は、前に説明したように組成の仕方によっては、長い期間にわたって利用することが可能な仕組みのものもあります。

　そのような信託を組成した場合には、受益者等が途中で死亡したりすることも起こり得ます。

　その時にはどうするかとなります。

　当然、組成の仕方によって当該受益者が死亡したら信託を終了させるという契約書作成も可能ですが、そのまま継続させる契約書を作成することも可能になっています。

　また、今は実在しないが将来生まれてくる子や孫を受益者と指定する信託も可能となっています。

　いわゆる「目的信託」といわれるものです。

　このように信託期間中に受益者等が死亡した場合や受益者等が存在しない目的信託を組成した場合、課税はどのような扱いになるのかということであります。

　いずれも、受益者等がいないことになります。そのような場合には、どうするかということです。

　例えば、収益不動産を信託財産にした場合、月々の家賃は誰に帰属させるのか、誰を納税義務者とするのかということです。

　このことを放置すれば、当該信託財産から生じた収益があっても、税制上、誰にも課税することができなくなってしまいます。

　この点を突いて、課税逃れをしようと企てる者が出てこないとも限りません。

　そのところに税制上の蓋をしたのがこの法人課税信託という制度です。

　法人税法第2条第29の2のロ、同法第4の2条に定められています。

内容は、存在しない受益者に代わって受託者を納税義務者として法人税を課税するというものです。

　法人課税信託の課税上の扱い（先の図表を参照）は、受託者段階法人課税として扱われ、信託発生時に受託者に法人税が課税されることになります。

　例え受益者等課税信託として扱われる信託であったとしても受益者等が存しない信託に該当すれば、この法人課税信託として扱われるということです。

　そして、法人税法第４条の３（所得税法第６条の３と同じ）で、受託者が個人であったとしても、その個人を法人と見立てて、法人税の課税を行うと定めています。

　このことは、次の受益者が決まるまで、又は存するに至るまで続くことになります。

法人税法第２条第29の２　［法人課税信託とは］
　法人課税信託　次に掲げる信託をいう。
　イ　受益権を表示する証券を発行する旨の定めのある信託
　ロ　第十二条第一項に規定する受益者（同条第二項の規定により同条第一項に規定する受益者とみなされる者を含む。）が存しない信託
　ハ　法人（公共法人及び公益法人等を除く。）が委託者となる信託（信託財産に属する資産のみを信託するものを除く。）で、次に掲げる要件のいずれかに該当するもの
　　(1)～(3)　省　略
　ニ　投資信託及び投資法人に関する法律第二条第三項に規定する投資信託
　ホ　資産の流動化に関する法律第二条第十三項に規定する特定目的信託

第二章の二　法人課税信託
　法人税法第４条の２　（法人課税信託の受託者に関するこの法律の適用）
　法人課税信託の受託者は、各法人課税信託の信託資産等（信託財産に属する資産及び負債並びに当該信託財産に帰せられる収益及び費用をいう。以下この章において同じ。）及び固有資産等（法人課税信託の信託資産等以外の資産及び負債並びに収益及び費用をいう。次項において同じ。）ごとに、それぞれ別の者とみなして、この法律（第二条第二十九号の二（定義）、前条及び第十二条（信託財産に属する資産及び負債並びに信託財産に帰せられる収益及び費用の帰属）並びに第六章（納税地）並びに第五編（罰則）を除く。以下この章において同じ。）の規定を適用する。
　２　前項の場合において、各法人課税信託の信託資産等及び固有資産等は、同項の規定によりみなされた各別の者にそれぞれ帰属するものとする。

法人税法第4条の3　（受託法人等に関するこの法律の適用）

　　受託法人（法人課税信託の受託者である法人（<u>その受託者が個人である場合にあつて</u><u>は、当該受託者である個人</u>）について、前条の規定により、当該法人課税信託に係る信託資産等が帰属する者としてこの法律の規定を適用する場合における当該受託者である法人をいう。以下この条において同じ。）又は法人課税信託の受益者についてこの法律の規定を適用する場合には、次に定めるところによる。

　　一　法人課税信託の信託された営業所、事務所その他これらに準ずるもの（次号において「営業所」という。）が国内にある場合には、当該法人課税信託に係る受託法人は、内国法人とする。

　　二　法人課税信託の信託された営業所が国内にない場合には、当該法人課税信託に係る受託法人は、外国法人とする。

　　三　受託法人（会社でないものに限る。）は、会社とみなす。

　　（所得税法第6条の3と同じ）

　　信託を組成するに当たっては、税金のこともしっかり考えて行うことの大切さを理解していただけたのではないかと思います。

【所得税（法人税）関係】

1　信託課税が発生する時期について

　これまでは、信託にはいろんな種類があり、課税の方法も一律ではなくその種類ごとで異なっているということ、そして、課税関係を理解するためには、まず「受益者」と「みなし受益者（特定委託者⇔資産課税での表現）」をしっかり理解する必要があるということで、信託法と税法との絡みを中心に説明をしてきました。

　これからは、信託課税（所得税法と法人税法関係）について説明をいたします。

　中でも、「家族信託」についての課税関係を説明してまいります。

　その家族信託に関する課税関係は、「受益者等課税信託」と「法人課税信託（受益者等が存しない信託に限る。）」が該当することになります。

　そして、そのことを理解するには、信託の組成から時間軸に沿ってポイントごとに整理していくことが最善だと考えます。

　したがって、まずは信託の流れの中で、信託課税が発生するタイミングから説明をします。

　信託は組成により始まり、終了・清算で終わることになります。

　信託の期間は、結構、長期にわたるものが多くあるように思います。

　そして、その間には、信託財産によっては、収益が発生することがあったり、場合によっては受益権が売買されたり、贈与されたり、相続されたりすることが考えられます。

　そのようなことを想定すると、信託の課税時期は次の4つポイントで捉えることができます。

　　①　信託の設定時
　　②　信託期間中での収益発生時
　　③　信託期間中での受益権の移動時
　　④　信託終了による信託財産の分配時

　次に、「受益者等課税信託」と「法人課税信託（受益者等が存しない信託に限る。）」について、このポイントごとに説明をいたします。

2　受益者等課税信託について

　それでは、受益者等課税信託から説明をはじめます。

　受益者等課税信託は、前に説明したように「発生時課税」であり「受益者段階課税」になっています。

　また、信託の主な種類には、自益信託と他益信託がありますが、それぞれにおいて課税関係が異なっています。

　複雑ですので、次のように区分けして説明をしてまいります。

⑴　自益信託（委託者＝受益者）の場合の課税

　　イ　信託設定時の課税

　　ロ　信託期間中での収益発生時の課税

　　ハ　信託終了による信託財産分配時の課税

⑵　他益信託（委託者≠受益者）の場合の課税

　　イ　信託設定時の課税

　　ロ　信託期間中での収益発生時の課税

　　ハ　信託終了による信託財産分配時の課税

⑶　信託期間中での受益権の移動時の課税

　　イ　受益者の変更時（受益権の譲渡）の課税

　　ロ　受託者の変更時の課税

⑷　信託終了による信託財産分配時の課税（受益者連続型信託の場合）

　では、順を追って説明します。

⑴　自益信託（委託者＝受益者）の場合の課税

　まず、自益信託とは、委託者と受益者が同一人物の場合の信託をいいます。

（委託者兼受益者：父親　受託者：長男）のケース

イ　信託設定時の課税

　これまでにも説明しましたように、家族信託での課税に関しては、基本は信託導管論に基づき、受益者に課税を行うことにしています。

　自益信託の場合についてみますと、信託前の財産の所有者（委託者）と、信託後の財産の経済的所有者（受益者）が同一人物のため、信託財産の経済的価値は移転していないことになります。

　上のケースでは、父親が委託者兼受益者となっており、経済的な所有者が実質的には父親から移動していませんので、このようなケースの場合には、信託設定時においての贈与税等の課税関係は生じません。

　ただし、信託物件が不動産の場合には、後ほど説明します流通税が課税されることになりますので注意してください。

ロ　信託期間中での収益発生時の課税

　ここでは、信託期間中に信託財産から生じる収益についての課税関係について説明します。

　収益のことですから、受益者が個人の場合は所得税法が、受益者が法人の場合には法人税法が適用されることになります。

　その所得税法及び法人税法では、ともに同じ取り扱いとなっています。

　所得税法第13条第１項（法人税法第12条第１項）で、「**信託財産に属する資産及び負債や、信託財産から発生する収益及び費用は受益者に帰属するとみなす。**」と定められています。

　したがって、信託財産から発生する収益及び費用はすべて受益者のもの

となります。

　例えば、信託財産に賃貸アパートなどの収益物件が含まれているような場合には、そこから生じる収益などについては受益者自身が納税義務者であることから、当該所得に関する税務申告は受益者が行うことになります。

　なお、収益発生時課税ですので、受益者は、信託財産を管理・処分する立場の受託者から家賃収入をもらっていなくても、家賃をもらえる権利が発生していれば、その権利発生時点で課税手続きをしなければならないことになります。

　課税時期は、受益者が収益を手にした時点ではないということです。

　税法の基本は権利発生主義となっています。

所得税法第13条第1項（信託財産に属する資産及び負債並びに信託財産に帰せられる収益及び費用の帰属）

　信託の受益者（受益者としての権利を現に有するものに限る。）は当該信託の信託財産に属する資産及び負債を有するものとみなし、かつ、当該信託財産に帰せられる収益及び費用は当該受益者の収益及び費用とみなして、この法律の規定を適用する。ただし、集団投資信託、退職年金等信託又は法人課税信託の信託財産に属する資産及び負債並びに当該信託財産に帰せられる収益及び費用については、この限りでない。

（法人税法第12条第1項と同じ）

八　信託終了による信託財産分配時の課税

　信託が終了した時の残余財産は、信託法第182条第1項で「残余財産受益者又は帰属権利者に帰属する」と定められています。

　通常は、残余財産受益者又は帰属権利者は信託行為において定められることになっていますが、定めがない場合又は指定を受けた者すべてが放棄した場合には、同条第2項で「委託者又はその相続人等を帰属権利者として指定する旨の定めがあったものとみなす」と定めています。

　また、同条第3項で、最終的に誰もいなかった場合には、残余財産は「清算受託者に帰属する」と定めています。

　ということは、信託法では、信託終了時における残った財産は誰かに帰属させていることにしているわけです。

　税法は、このところに注目し、追いかけています。

信託法の扱いを受けて税法も課税逃れが起きないよう最後まで追いかけ、財産が移転されることを捉え、誰かに贈与税又は相続税を課税することにしています。

信託を利用して贈与税等を逃れることができないよう蓋をしています。

具体的なケースで説明します。

父親所有の収益不動産を信託財産として、父親を委託者兼受益者、長男を受託者として信託設定した場合に当該信託が終了したらどうなるか考えてみましょう。

(イ) 残余財産の帰属権利者が父親（受益者）の場合

実質的な権利は移転していませんので、課税関係は生じません。

(ロ) 残余財産の帰属権利者が父親（受益者）以外の者（長男）の場合

経済的価値（実質的な所有権）が受益者の立場にいた父親から長男へ移転することになりますので、税法的には贈与があったものとみなして長男に贈与税が課税されることになります。

なお、父親（受益者）の死亡を原因として信託が終了した場合には、遺贈とみなして相続税が課税されることになります。（相続税法９の２④）

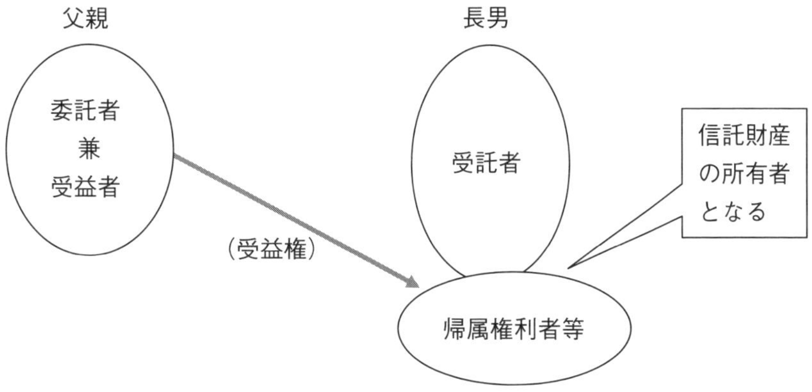

信託法第182条（残余財産の帰属）

　　残余財産は、次に掲げる者に帰属する。
　　一　信託行為において残余財産の給付を内容とする受益債権に係る受益者（次項において「残余財産受益者」という。）となるべき者として指定された者
　　二　信託行為において残余財産の帰属すべき者（以下この節において「帰属権利者」という。）となるべき者として指定された者

2　信託行為に残余財産受益者若しくは帰属権利者（以下この項において「残余財産受益者等」と総称する。）の指定に関する定めがない場合又は信託行為の定めにより残余財産受益者等として指定を受けた者のすべてがその権利を放棄した場合には、信託行為に委託者又はその相続人その他の一般承継人を帰属権利者として指定する旨の定めがあったものとみなす。

3　前二項の規定により残余財産の帰属が定まらないときは、残余財産は、清算受託者に帰属する。

　　※　「残余財産受益者」とは、残余財産を受け取ることになっている受益者のことです。
　　　　信託行為の中において、受益者の有する受益債権の内容に「残余財産の給付を受けることができる」旨の定めを付け加えることで、受益者でもあり残余財産受益者でもあるという立場になることができます。
　　※　「帰属権利者」とは、残余財産が帰属するという点では残余財産受益者と同じですが、信託法第183条第6項において信託の清算中のみ受益者とみなされる者であり、信託期間中は受益者にはなりません。

信託法第183条（帰属権利者）

　　信託行為の定めにより帰属権利者となるべき者として指定された者は、当然に残余財産の給付をすべき債務に係る債権を取得する。ただし、信託行為に別段の定めがあるときは、その定めるところによる。

2　第八十八条第二項の規定は、前項に規定する帰属権利者となるべき者として指定された者について準用する。

3　信託行為の定めにより帰属権利者となった者は、受託者に対し、その権利を放棄する旨の意思表示をすることができる。ただし、信託行為の定めにより帰属権利者となった者が信託行為の当事者である場合は、この限りでない。

4　前項本文に規定する帰属権利者となった者は、同項の規定による意思表示をしたときは、当初から帰属権利者としての権利を取得していなかったものとみなす。ただし、第三者の権利を害することはできない。

5　省　略

6　帰属権利者は、信託の清算中は、受益者とみなす。

「平成19年度税制改正の解説」（293頁/注2）

2　新信託法第183条の帰属権利者や同法第90条 第1項第2号の受益者など、一定の事由が発生しない限り、受益者とならず、又は受益者としての権利を有することとならない者は、その事由が発生するまでは、ここでいう受益者には該当しないことになります。

相続税法第9条の2（贈与又は遺贈により取得したものとみなす信託に関する権利）

1　～　3　省　略

4　受益者等の存する信託が終了した場合において、適正な対価を負担せずに当該信託の残余財産の給付を受けるべき、又は帰属すべき者となる者があるときは、当該給付を受けるべき、又は帰属すべき者となつた時において、当該信託の残余財産の給付を受けるべき、又は帰属すべき者となつた者は、当該信託の残余財産（当該信託の終了の直前においてその者が当該信託の受益者等であつた場合には、当該受益者等として有していた当該信託に関する権利に相当するものを除く。）を当該信託の受益者等から贈与（当該受益者等の死亡に基因して当該信託が終了した場合には、遺贈）により取得したものとみなす。

※　相続税法第9条の2第4項の規定は、次の前提条件のある条文です。
①　「受益者等の存する信託」で、
②　「適正な対価を負担せず」の場合

相続税法基本通達9の2－5（信託が終了した場合）

法第9条の2第4項の規定の適用を受ける者とは、信託の残余財産受益者等に限らず、当該信託の終了により適正な対価を負担せずに当該信託の残余財産（当該信託の終了直前においてその者が当該信託の受益者等であった場合には、当該受益者等として有していた信託に関する権利に相当するものを除く。）の給付を受けるべき又は帰属すべき者となる者をいうことに留意する。（平19課資2－5、課審6－3追加）

この通達について、国税庁は次のように説明をしています。

法第9条の2第4項では、受益者等の存する信託が終了した場合において、適正な対価を負担せずに当該信託の残余財産の給付を受けるべき、又は帰属すべき者となる者があるときは、当該給付を受けるべき、又は帰属すべき者となった時において、当該信託の残余財産の給付を受けるべき、又は帰属すべき者となった者は、当該残余財産（当該信託の終了直前においてその者が当該信託の受益者等であった場合には、当該受益者等として有していた信託に関する権利に相当するものを除く。以下この項において同じ。）を当該信託の受益者等から贈与（当該受益者等であった者の死亡に基因して当該信託が終了した場合には遺贈）により取得したものとみなされ、贈与税（遺贈の場合は相続税）が課税されることとされた。

ところで、法第9条の2第4項では、贈与税又は相続税の課税対象とさ

れる者を残余財産受益者等に限定していないことから、信託の終了により
適正な対価を負担せずに当該信託の残余財産の給付を受けるべき又は帰属
すべき者となる者、例えば、受益権が複層化された信託（受益者連続型信
託以外の信託に限る。）の元本受益者が、信託の終了により元本受益権相
当部分以外の残余財産の給付を受けた場合には、同項の規定の適用がある
ことになる。

　そこで、相基通9の2－5では、信託が終了した場合において、法第9
条の2第4項の規定の適用を受ける者の範囲を留意的に明らかにした。

※　信託法上では残余財産の受取人を「残余財産受益者若しくは帰属権利者」として限定
　して定めているが、税法上では課税逃れができないように「残余財産受益者若しくは帰
　属権利者」以外の者が受取人であったとしても課税できるように、「残余財産の給付を
　受けるべき、又は帰属すべき者となる者があるとき」と定め幅広く全ての者を課税対象
　としていますので注意が必要です。

(2)　他益信託（委託者≠受益者）の場合の課税

　他益信託とは、委託者と受益者が異なる場合の信託をいいます。

（委託者：父親　受託者：長男　受益者：母親）のケース

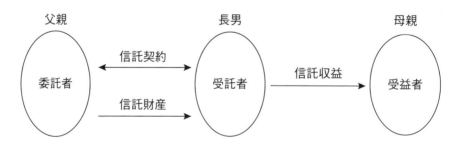

イ　信託設定時の課税

　信託契約に基づき、信託設定時に信託財産の所有権が父親（委託者）か
ら長男（受託者）に移動します。

　ところで、税法の信託に関する考え方は、経済的実質を捉えて利益を得
る受益者である母親がその信託財産を有していると判断しますので、適正
な対価を負担せずに行われた場合は、相続税法第9条の2第1項により、

父親から母親に贈与があったものとして母親（受益者）に贈与税が課税されることになります。

　課税時期は、「信託の効力が生じた時」となっています。

　なお、この場合の父親は、単に信託する財産を受益者に贈与したとされるだけであり、課税関係は何も生じないことになっています。

　通常の贈与税課税と同じです。

　受託者の長男については、信託法上の定めで、信託財産を管理・処分する地位を有しているだけなので課税関係はありません。

　また、相続税法第9条の2第1項にある「受益者としての権利を現に有する者」とは、相続税法基本通達9の2－1において次のように定められています。

　　○「受益者としての権利を現に有する者」に含まれるもの
　　　・・信託法第182条第1項第1号に規定する残余財産受益者
　　○　「受益者としての権利を現に有する者」に含まれないもの
　　　・・停止条件が付された信託財産の給付を受ける権利を有する者
　　　・・信託法第90条第1項各号に規定する委託者死亡前の受益者
　　　・・信託法第182条第1項第2号に規定する帰属権利者

相続税法第9条の2　（贈与又は遺贈により取得したものとみなす信託に関する権利）
　信託（退職年金の支給を目的とする信託その他の信託で政令で定めるものを除く。以下同じ。）の効力が生じた場合において、適正な対価を負担せずに当該信託の受益者等（受益者としての権利を現に有する者及び特定委託者をいう。以下この節において同じ。）となる者があるときは、当該信託の効力が生じた時において、当該信託の受益者等となる者は、当該信託に関する権利を当該信託の委託者から贈与（当該委託者の死亡に基因して当該信託の効力が生じた場合には、遺贈）により取得したものとみなす。
2～4　省略
5　第一項の「特定委託者」とは、信託の変更をする権限（軽微な変更をする権限として政令で定めるものを除く。）を現に有し、かつ、当該信託の信託財産の給付を受けることとされている者（受益者を除く。）をいう。

相続税法基本通達9の2－1　（受益者としての権利を現に有する者）
　法第9条の2第1項に規定する「受益者としての権利を現に有する者」には、原則と

して例えば、信託法第182条第1項第1号（（残余財産の帰属））に規定する残余財産受益者は含まれるが、停止条件が付された信託財産の給付を受ける権利を有する者、信託法第90条第1項各号（（委託者の死亡の時に受益権を取得する旨の定めのある信託等の特例））に規定する委託者死亡前の受益者及び同法第182条第1項第2号に規定する帰属権利者（以下9の2－2において「帰属権利者」という。）は含まれないことに留意する。（平19課資2－5、課審6－3追加）

この通達について、国税庁は次のように説明をしています。

　平成19年度税制改正前の信託課税においては、原則として受益者が信託に関する権利を有することとされており、当該受益者が存しない場合には委託者（その相続人を含む。）が信託に関する権利を有することとされてきた（平成19年改正前の相基通4－1）が、新信託法では、遺言によって信託行為が行われた場合には、原則として、委託者の相続人は、委託者の地位を相続により承継しない旨の規定（新信託法147）が設けられるなど、委託者は、基本的には何らの権利も有さないことがより明確化された。

　このようなことから、平成19年度税制改正後の信託課税においては、単に委託者であるということのみで課税関係を律していた従来の方式から、財産的な権利を有するか否かをメルクマールとして課税関係を律することとし、具体的には、信託に関する権利を有する者は、受益者としての権利を現に有する者（信託行為において受益者と位置づけられている者のうち、現に権利を有する者をいう。以下同じ。）及び特定委託者（法第9条の2第1項に規定する特定委託者をいう。以下同じ。）とされた。

　ところで、受益者とは、新信託法第2条第6項及び第7項の規定により、受益権、すなわち、①信託行為に基づいて受託者が受益者に対して負う債務であって信託財産に属する財産の引渡しその他信託財産に係る給付をすべきものに係る債権（以下「受益債権」という。）及び②これらを確保するために新信託法の規定に基づいて受託者その他の者に対し一定の行為を求めることができる権利（以下「受益債権を確保するための権利」という。）を有する者をいうこととされている。

　したがって、新信託法第182条第1項第1号（残余財産の帰属）に規定

する残余財産受益者（以下「残余財産受益者」という。）は、残余財産の給付を内容とする受益債権を有する者であり、かつ、信託の終了前から受益債権を確保するための権利を有することから、受益者として現に権利を有する者に含まれることとなる。

　もっとも、残余財産受益者が、信託が終了し、当該信託に係る残余財産に対する権利が確定するまでは残余財産の給付を受けることができるかどうか分からないような受益債権しか有していない場合には、現に権利を有しているとはいえないことから、このような残余財産受益者については、当該権利が確定するまでは受益者として権利を現に有する者に該当しないことは言うまでもない。

　一方、次に掲げる者は、それぞれに掲げる事由により、受益者に該当しないので、受益者として権利を現に有する者には当たらないことになる。

(1)　停止条件が付された信託財産の給付を受ける権利を有する者

　　受益債権ないし受益債権を確保するための権利に停止条件が付されていることから、受益権を有していない。

(2)　新信託法第90条第1項第1号（委託者の死亡の時に受益権を取得する旨の定めのある信託等の特例）に規定する受益者

　　同号の規定により委託者死亡前はまだ受益者とされていない。

(3)　新信託法第90条第1項第2号に規定する受益者

　　同条第2項の規定により委託者が死亡するまでは原則として受益者としての権能を有しないとされている。

(4)　新信託法第182条第1項第2号に規定する帰属権利者（以下「帰属権利者」という。）

　　本来的に信託から利益を享受するものとされている受益者への給付が終了した後に残存する財産が帰属する者にすぎないことから、信託が終了するまでは受益者としての権利義務を有せず、信託の終了後、はじめて受益者としての権利義務を有する。

　そこで、相基通9の2-1では、受益者として権利を現に有する者の範

囲を例示した。

仮に、母親が適正な対価を支払ったとすると、母親への贈与税課税は発生しないが、一方の父親（委託者）に対しては、譲渡所得税が課税されることになります。

所得税法第33条（譲渡所得）
譲渡所得とは、資産の譲渡（建物又は構築物の所有を目的とする地上権又は賃借権の設定その他契約により他人に土地を長期間使用させる行為で政令で定めるものを含む。以下この条において同じ。）による所得をいう。

□　信託期間中での収益発生時の課税

ここでの内容は、前に説明しました自益信託の場合と同じです。

ただ、自益信託の受益者は委託者と同一人物であり、他益信託は委託者と受益者は別人であるというところは違いますので、課税対象人物は異なりますが、課税面での考えは、共に受益者の立場の者が納税義務者に該当するというところは同じです。

ここでは、母親が受益者ですので納税義務者は母親になります。

八　信託終了による信託財産分配時の課税

考え方は、自益信託の場合と同様です。

㈠　残余財産の帰属権利者が母親（受益者）の場合

実質的な権利は受益者である母親から移転していませんので、課税関係は生じません。

なぜなら、信託設定時において、母親（受益者）には既に贈与税が課税されているからです。

㈡　残余財産の帰属権利者が母親（受益者）以外の者（Ｘ）の場合

「適正な対価を負担せず」が前提条件ですが、経済的価値（実質的な

所有権）が受益者の立場にいた母親から帰属権利者（X）へ移転することになりますので、税法的には贈与があったものとみなして帰属権利者（X）に贈与税が課税されることになります。

母親（受益者）の死亡を原因として信託終了した場合には、遺贈とみなして相続税が帰属権利者（X）に課税されることになります。

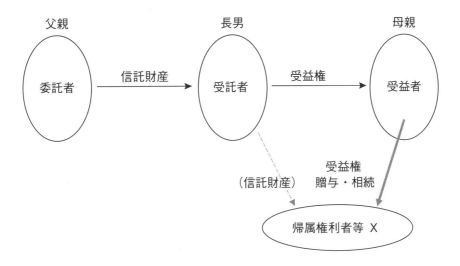

(3) 信託期間中での受益権の移動時の課税

イ 受益者の変更時（受益権の譲渡）の課税

受益権を有している受益者がその受益権を譲渡又は贈与すれば、旧受益者から新受益者へ信託財産の経済価値（実質的な所有権）の移転があったものとして、適正な対価の支払いがなされなければ受けた人に贈与税が、対価の支払いがあれば渡した人に譲渡所得税が課税されることになります。

相続税法第9条の2第2項及び第3項おいて、適正な対価の支払いがされていない場合で「新たに受益者等が存するに至った場合」と「一部の受益者等が存しなくなった場合」の受益者の変更（受益権の譲渡）時の課税についての取り決めが定められています。（後述します。）

ロ 受託者の変更時の課税

受託者に変更があった場合の課税上の扱いです。

149

　　　信託は長い期間継続されるものです。その間に、受託者が死亡したり辞
任を申し出たりすることは十分に考えられます。

　　　信託法上では、信託財産を管理・処分する受託者は必ず必要ですので、
一定の手続きが定められていますが、課税関係はあくまでも受益者等をベー
スに考えていることから、受託者が変更されてもそのことで課税関係は
生ずることはありません。

　　　ちなみに、信託財産に不動産があったとすると、登記上、受託者変更登
記が必要にはなりますが、その場合の受託者変更登記の登録免許税は非課
税となっています。（登録免許税法7①三）

登録免許税法第7条（信託財産の登記等の課税の特例）
　信託による財産権の移転の登記又は登録で次の各号のいずれかに該当するものについ
ては、登録免許税を課さない。
　一　～　二　省　略
　三　受託者の変更に伴い受託者であつた者から新たな受託者に信託財産を移す場合に
　　おける財産権の移転の登記又は登録

(4)　信託終了による信託財産分配時の課税

　　　信託終了時において、信託財産が無償で移転した場合には、贈与税（死亡
に起因する場合は相続税）が発生します。（相法9の2④）

　　　ところで、平成18年の信託法改正で新たに「後継ぎ遺贈型受益者連続信
託」（信法91）や「受益者指定権等を有する者の定めのある信託」（信法89）
を組成することが可能になりました。

　　　税法では、その信託法の改正を受けて、上の2つの信託を相続税法第9条
の3で「受益者連続型信託」としてまとめて整理をしています。

　　　一方で、新たに現れる受益者等に対しての課税は、相続税法第9条の2第
2項でその取り扱いを定めています。

　　　例えば、後継ぎ遺贈型受益者連続信託では、当初受益者が死亡した場合、
第二受益者への受益権の遺贈があったものとして相続税が課税され、同じよ
うに第二受益者が死亡した場合、第三受益者へ受益権の遺贈があったものと

して相続税が課税されます。新たな受益者等への課税の仕方です。

　これを繰り返すことになります。

　ただ、このような受益者連続型信託の場合の税法の扱いでは、同法の課税を行うに当たっては「適正な対価を負担せず」が条件となっています。

　したがって、課税を行うに当たってはその信託財産に課税する財産価値を決めなければなりません。

　受益権の評価を行うことが求められます。

　信託財産の課税上の評価の仕方（財産評価基本通達202「信託受益権の評価」）や受益者連続型信託の評価の仕方（相法9条の3）については複雑な決まりが定められています。

　（受益者連続型信託の評価の方法に関しては後述します。）

信託法第91条（受益者の死亡により他の者が新たに受益権を取得する旨の定めのある信託の特例）……「後継ぎ遺贈型受益者連続信託」という。
　受益者の死亡により、当該受益者の有する受益権が消滅し、他の者が新たな受益権を取得する旨の定め（受益者の死亡により順次他の者が受益権を取得する旨の定めを含む。）のある信託は、当該信託がされた時から三十年を経過した時以後に現に存する受益者が当該定めにより受益権を取得した場合であって当該受益者が死亡するまで又は当該受益権が消滅するまでの間、その効力を有する。

信託法第89条（受益者指定権等）……「受益者指定権等を有する者の定めのある信託」という。
　受益者を指定し、又はこれを変更する権利（以下この条において「受益者指定権等」という。）を有する者の定めのある信託においては、受益者指定権等は、受託者に対する意思表示によって行使する。
2　前項の規定にかかわらず、受益者指定権等は、遺言によって行使することができる。
3～6　省略

相続税法第9条の2（贈与又は遺贈により取得したものとみなす信託に関する権利）
2　受益者等の存する信託について、適正な対価を負担せずに<u>新たに当該信託の受益者等が存するに至つた場合</u>（第四項の規定の適用がある場合を除く。）には、当該受益者等が存するに至つた時において、当該信託の受益者等となる者は、当該信託に関する権利を当該信託の受益者等であつた者から贈与（当該受益者等であつた者の死亡に基因して受益者等が存するに至つた場合には、遺贈）により取得したものとみなす。
3　受益者等の存する信託について、<u>当該信託の一部の受益者等が存しなくなつた場合において</u>、適正な対価を負担せずに既に当該信託の受益者等である者が当該信託に関する権利について新たに利益を受けることとなるときは、当該信託の一部の受益者等が存し

なくなつた時において、当該利益を受ける者は、当該利益を当該信託の一部の受益者等であつた者から贈与（当該受益者等であつた者の死亡に基因して当該利益を受けた場合には、遺贈）により取得したものとみなす。

4　受益者等の存する信託が終了した場合において、適正な対価を負担せずに当該信託の残余財産の給付を受けるべき、又は帰属すべき者となる者があるときは、当該給付を受けるべき、又は帰属すべき者となつた時において、当該信託の残余財産の給付を受けるべき、又は帰属すべき者となつた者は、当該信託の残余財産（当該信託の終了の直前においてその者が当該信託の受益者等であつた場合には、当該受益者等として有していた当該信託に関する権利に相当するものを除く。）を当該信託の受益者等から贈与（当該受益者等の死亡に基因して当該信託が終了した場合には、遺贈）により取得したものとみなす。

相続税法第9条の3　（受益者連続型信託の特例）

　受益者連続型信託（信託法（平成十八年法律第百八号）第九十一条（受益者の死亡により他の者が新たに受益権を取得する旨の定めのある信託の特例）に規定する信託、同法第八十九条第一項（受益者指定権等）に規定する受益者指定権等を有する者の定めのある信託その他これらの信託に類するものとして政令で定めるものをいう。以下この項において同じ。）に関する権利を受益者（受益者が存しない場合にあつては、前条第五項に規定する特定委託者）が適正な対価を負担せずに取得した場合において、当該受益者連続型信託に関する権利（異なる受益者が性質の異なる受益者連続型信託に係る権利（当該権利のいずれかに収益に関する権利が含まれるものに限る。）をそれぞれ有している場合にあつては、収益に関する権利が含まれるものに限る。）で当該受益者連続型信託の利益を受ける期間の制限その他の当該受益者連続型信託に関する権利の価値に作用する要因としての制約が付されているものについては、当該制約は、付されていないものとみなす。ただし、当該受益者連続型信託に関する権利を有する者が法人（代表者又は管理者の定めのある人格のない社団又は財団を含む。以下第六十四条までにおいて同じ。）である場合は、この限りでない。

2　前項の「受益者」とは、受益者としての権利を現に有する者をいう。

　次は、所得税法上、収益不動産がある場合の損益通算の取り扱い等を説明します。

(5) 信託財産が収益不動産である場合の所得税法上の特例

まずは、「平成19年度税制改正の解説」には次のように説明があります。

「平成19年度税制改正の解説」（327頁）

2　信託を利用した租税回避への対応その他の信託課税の適正化措置
　(2)　信託損失に係る所得税の取扱い
　　　受益者段階課税（発生時課税）される信託の個人受益者等につき、当該信託に
　　係る不動産所得の金額の計算上生じた損失については、生じなかったものとみなす。

　所得税法上の扱いでは、信託財産が不動産所得の課税対象となる場合、とりわけ収益不動産に関しては他とは異なる扱いをすることになっていることからそのことについて説明をします。

　次の二つのことです。

① 　収益不動産で、不動産所得の確定申告を行うときに提出すべき書類が別にあるということ

② 　信託財産となった収益不動産所得が赤字の場合の損益通算及び繰越控除の取り扱い

イ　確定申告時に別途、添付しなければならない書類

　このことは、租税特別措置法施行規則第18条の24（特定組合員等の不動産所得の計算に関する明細書）に定められています。

　順を追って説明します。

　まず、所得税法第120条（確定所得申告）の第6項で、「その年において不動産所得を生ずべき業務を行う居住者が申告書を提出する場合には、財務省令で定めるところにより、その年中の総収入金額及び必要経費の内容を記載した書類を当該申告書に添付しなければならない。」と定められています。

　次に、租税特別措置法施行令第26条の6の2（特定組合員等の不動産所得に係る損益通算等の特例）の第6項で「その年において信託から生ずる不動産所得を有する個人が確定申告書を提出する場合には、財務省令で定

めるところにより、<u>信託から生ずる不動産所得の金額の計算に関する明細書を当該申告書に添付しなければならない。</u>」そして同法第７項で、「<u>前各項の規定の適用に関し必要な事項は、財務省令で定める。</u>」とあります。

　さらに、租税特別措置法施行規則第18条の24（特定組合員等の不動産所得の計算に関する明細書）の第１項で、「<u>その年において信託から生ずる不動産所得を有する個人は、所得税法第120条第６項の規定により確定申告書に添付すべき同項の書類のほか、信託に係る次に掲げる項目別の金額その他参考となるべき事項を記載した施行令第26条の６の２第６項の明細書を確定申告書に添付しなければならない。</u>」として次の項目の金額等を明細書に添付することを義務付けています。

　　一　総収入金額については、信託から生ずる不動産所得に係る賃貸料その他の収入の別

　　二　必要経費については、信託から生ずる不動産所得に係る**減価償却費**、貸倒金、借入金利子及びその他の経費の別

　そして、同条第２項で、この明細書は、信託ごとに分けて作成をしなさいと定められています。

　ところで、別途で説明をしている「法定調書」のことを思い出してください。

　受託者は、所得税法第227条の規定により、毎年１月31日までに税務署長に対して「信託の計算書」を提出しなければならないと定められています。

　その「信託の計算書」には「収益及び費用の明細」欄があり、記載方法の指示によれば「収益及び費用の内訳並びに収益及び費用の額を記載すること。」とあります。

　これと上記の確定申告書に添付を要する「不動産所得の計算に関する明細書」を比べてください。

　異なるところはただ一つです。

　「不動産所得の計算に関する明細書」に**減価償却費**がありますが、法定

調書である「信託の計算書」には減価償却費の項目はありません。

このことは、法定調書の「信託の計算書」＋「減価償却費」＝「不動産所得の計算に関する明細書」となるわけです。

受託者が法の定めにより提出しなければならない法定調書には、受益者が収益の税務申告（確定申告）をしなければならない情報が既に税務当局に伝わっているということになります。

確定申告期間は、2月16日から3月15日までです。

法定調書である「信託の計算書」の提出期限は1月31日までです。

課税漏れが起きない手立てが採られていることが分かります。

所得税法第120条（確定所得申告）

6　その年において不動産所得、事業所得又は山林所得を生ずべき業務を行う居住者が第一項の規定による申告書を提出する場合（当該申告書が青色申告書である場合を除く。）には、財務省令で定めるところにより、これらの所得に係るその年中の総収入金額及び必要経費の内容を記載した書類を当該申告書に添付しなければならない。

租税特別措置法施行令第26条の6の2（特定組合員等の不動産所得に係る損益通算等の特例）

6　その年において組合事業又は信託から生ずる不動産所得を有する個人が確定申告書を提出する場合には、財務省令で定めるところにより、当該組合事業又は信託から生ずる不動産所得の金額の計算に関する明細書を当該申告書に添付しなければならない。

7　前各項の規定の適用に関し必要な事項は、財務省令で定める。

租税特別措置法施行規則第18条の24（特定組合員等の不動産所得の計算に関する明細書）

その年において組合事業（法第四十一条の四の二第二項第二号に規定する組合事業をいう。以下この条において同じ。）又は信託から生ずる不動産所得を有する個人は、所得税法第百二十条第六項の規定により確定申告書に添付すべき同項の書類のほか、当該組合事業又は信託に係る次に掲げる項目別の金額その他参考となるべき事項を記載した施行令第二十六条の六の二第六項の明細書を確定申告書に添付しなければならない。

　　一　総収入金額については、当該組合事業又は信託から生ずる不動産所得に係る賃貸料その他の収入の別

　　二　必要経費については、当該組合事業又は信託から生ずる不動産所得に係る減価償却費、貸倒金、借入金利子及びその他の経費の別

2　施行令第二十六条の六の二第六項に規定する個人は、同項の明細書を各組合契約（法第四十一条の四の二第二項第一号に規定する組合契約をいう。）に係る組合事業又は信託ごとに作成するものとする。

次は、損益通算について説明をします。

□　損益通算の関係

　　信託の受益者である個人のその信託に係る不動産所得の金額の計算上生じた損失については、生じなかったものとみなすこととされました。

　　これに関して、「平成19年度税制改正の解説」には次のように記載があります。

「平成19年度税制改正の解説」（113頁）

十六　特定組合員の不動産所得に係る損益通算等の特例の改正
　３　改正の内容
　　　特定受益者に該当する個人が、信託から生ずる不動産所得を有する場合においてその年分の不動産所得の金額の計算上その信託による不動産所得の損失の金額として一定の金額があるときは、その損失の金額に相当する金額は、その年中の不動産所得に係る総収入金額から必要経費を控除した金額を不動産所得の金額とする規定（所法26②）、損益通算の規定（所法69①）その他の所得税に関する法令の規定の適用については、生じなかったものとみなすこととされました（措法41の４の２①）。
　　　この特例の対象となる信託は、信託財産に属する資産及び負債は受益者等が有するものと、信託財産に帰せられる収益及び費用は受益者等の収益及び費用とみなして所得税法の規定を適用されることとなる、いわゆるパススルー課税がされる受益者等課税信託となります。
　　　また、この特例の対象となる特定受益者とは、信託の受益者（受益者としての権利を現に有するものに限ります。）及び信託の変更をする権限を現に有し、かつ、当該信託の信託財産の給付を受けることとされている者（受益者を除きます。）をいいます。

　　では、これについての要点について説明をいたします。

　　信託財産である収益不動産所得が赤字になった場合の所得税法上の取り扱いのことです。

　　まず、所得税法には「損益通算」という制度が定められています。

　　一定の条件の下、ある所得がマイナスになった時に他の所得と通算をして税金計算ができるという決まりです。

　　マイナスの所得があればその分、税金が少なくなるということになります。

　　所得税法第69条第１項で、「**不動産所得の金額、事業所得の金額、山林所得の金額又は譲渡所得の金額の計算上生じた損失の金額があるときは政**

令で定める順序により、これを他の各種所得の金額から控除する。」と定められています。

　このことが、損益通算といわれるものです。

　また、同じ所得税法には、第70条に「純損失の繰越控除」という規定もあります。

　青色申告書を提出していることが条件になっていますが、マイナスの所得があり他の所得と通算してもなおその年において赤字が残った場合の対応として、所得税法第70条第1項にその規定があり、「その年の前年以前三年内の各年（その年分の所得税につき青色申告書を提出している年に限る。）において生じた純損失の金額がある場合には、当該純損失の金額に相当する金額は、政令で定めるところにより、当該確定申告書に係る年分の総所得金額、退職所得金額又は山林所得金額の計算上控除する。」と規定されています。

　簡単に説明をしますと、青色申告を適用していることの条件はありますが、損益通算の結果、残った赤字、すなわち純損失の金額があれば、3年間において繰越控除を受けることができますよということになります。

　これが、通常、使われる制度です。

　では、信託の場合はどうなるのでしょうか。

　信託の場合は、その信託財産に係る不動産所得の金額の計算上生じた損失については、生じなかったものとみなされることになっています。

　租税特別措置法第41条の4の2で、「特定受益者（信託の所得税法第13条第1項に規定する受益者（みなし受益者を含む。））に該当する個人が、信託から生ずる不動産所得を有する場合においてその年分の不動産所得の金額の計算上信託による不動産所得の損失の金額があるときは、当該損失の金額に相当する金額は、同法第26条第2項及び第69条第1項の規定その他の所得税に関する法令の規定の適用については、生じなかったものとみなす。」（一部略）と定められています。

　　信託財産から生じた不動産所得の損失については、その損失はなかった
ものとみなされ、他の信託財産の不動産所得の黒字から差し引くことはで
きず、他の所得との損益通算の対象にもなりません。

　　したがって、繰越控除の対象にもならないことになります。

　　このような定めは、民法上の組合（特定組合員）にも適用されています
が、平成18年の信託法改正で、様々な仕組みの信託を組成することが可能
になったことから、信託にも同様の規定を適用したといわれています。

　　民法上の組合（特定組合員）の場合は、その事業から生じる損失を利用
して節税を図る動きを封じるために定められたといわれていますが、その
考えを信託においても適用したことになります。

（参考）　平成17年10月27日名古屋高裁判決
　　　・　民事上の任意組合による航空機リース（不動産所得）事件、納税者の全面
　　　　勝訴の判決を受けて国側異例の上告断念
　　　・　平成16年11月、国税当局は、所得税については「不動産所得を生ずべき任
　　　　意組合等の事業に係る組合損失をないものとする」措置が講じられ（措法41
　　　　の4の2）、この節税策は、平成18年分以降の所得税については適用できな
　　　　くなった。

　　以上をまとめますと、収益不動産を家族信託の対象とした場合、所得計
算上で赤字となった時には通常では税法上で認められる損益通算や純損失
の繰越控除は適用できないことになっています。

　　これは、自益信託でも他益信託でも同様です。

　　信託で、収益不動産を組成に組み入れる場合には、税法上では損失の取
り込みが制限されているということに忘れないようにしなければなりませ
ん。

所得税法第26条　（不動産所得）
　2　不動産所得の金額は、その年中の不動産所得に係る総収入金額から必要経費を控除し
　　た金額とする。

所得税法第69条　（損益通算）
　　総所得金額、退職所得金額又は山林所得金額を計算する場合において、不動産所得の

金額、事業所得の金額、山林所得の金額又は譲渡所得の金額の計算上生じた損失の金額
があるときは、政令で定める順序により、これを他の各種所得の金額から控除する。

所得税法第70条第1項　（純損失の繰越控除）

　　確定申告書を提出する居住者のその年の前年以前三年内の各年（その年分の所得税に
つき青色申告書を提出している年に限る。）において生じた純損失の金額（この項の規
定により前年以前において控除されたもの及び第百四十二条第二項（純損失の繰戻しに
よる還付）の規定により還付を受けるべき金額の計算の基礎となつたものを除く。）が
ある場合には、当該純損失の金額に相当する金額は、政令で定めるところにより、当該
確定申告書に係る年分の総所得金額、退職所得金額又は山林所得金額の計算上控除する。

租税特別措置法第41条の4の2　（特定組合員等の不動産所得に係る損益通算等の特例）

　　特定組合員（組合契約を締結している組合員（これに類する者で政令で定めるものを
含む。以下この項において同じ。）のうち、組合事業に係る重要な財産の処分若しくは
譲受け又は組合事業に係る多額の借財に関する業務の執行の決定に関与し、かつ、当該
業務のうち契約を締結するための交渉その他の重要な部分を自ら執行する組合員以外の
ものをいう。）又は特定受益者（信託の所得税法第十三条第一項に規定する受益者（同
条第二項の規定により同条第一項に規定する受益者とみなされる者を含む。）をいう。）
に該当する個人が、平成十八年以後の各年において、組合事業又は信託から生ずる不動
産所得を有する場合においてその年分の不動産所得の金額の計算上当該組合事業又は信
託による不動産所得の損失の金額として政令で定める金額があるときは、当該損失の金
額に相当する金額は、同法第二十六条第二項及び第六十九条第一項の規定その他の所得
税に関する法令の規定の適用については、生じなかつたものとみなす。

国税庁・タックスアンサー　No1391　（不動産所得が赤字のときの他の所得との通算）

　　不動産所得の金額は、その年中の不動産所得に係る総収入金額から必要経費を差し引
いて計算します。
　　この結果、不動産所得の損失（赤字）の金額があるときは、他の所得の金額（黒字）
と差引計算（損益通算）を行うことになっています。
　　ただし、不動産所得の金額の損失のうち、次に掲げる損失の金額は、損益通算の対象
となりません。
　　1　別荘等のように主として趣味、娯楽、保養又は鑑賞の目的で所有する不動産の貸
　　　付けに係るもの
　　2　不動産所得の金額の計算上必要経費に算入した土地等を取得するために要した負
　　　債の利子に相当する部分の金額
　　また、不動産所得を生ずべき事業を行う民法組合等の特定組合員（個人組合員のうち、
組合事業に係る重要な業務の執行の決定に関与し、かつ、契約を締結するための交渉等
を自ら執行する組合員以外のもの）又は信託の受益者である個人が、組合事業又は信託
から生じた不動産所得の損失については、生じなかったものとみなされ、他の不動産所
得の黒字から差し引くことができませんし、損益通算の対象にもなりません。
　　（注1）　省略
　　（注2）　組合事業又は信託から生じる不動産所得がある人は、組合事業ごと又は信託
　　　　　　ごとに収支に係る一定の明細書を確定申告書に添付しなければなりません。

（所法69、措法41の４の２、措令26の６の２、措規18の24）

　　このようなことから実務上で最も気を付けないといけないことは、<u>収益不動産を信託する場合には、「大きな費用のかかる修理は、信託を組成する前に行っておくことが大事」</u>ということが分かると思います。

　　以上で、信託財産に収益不動産がある場合の所得税法上の損益通算の取り扱いについての説明を終わります。

3　法人課税信託　（受益者等が存しない信託に限る。）

「平成19年度税制改正の要綱（抄）（平成19年１月19日閣議決定）」(326頁)

信託税制
1　新たな類型の信託等への対応
　(2)　受益者等の存在しない信託
　　①　<u>受益者等の存在しない信託</u>（遺言により設定された目的信託、委託者の地位を有する者のいない信託で受益者が特定されていないもの等）については、その受託者に対し、信託財産に係る所得について、当該受託者の固有財産に係る所得とは<u>区別して法人税を課税</u>する。
　　　　この場合、<u>信託の設定時に</u>、受託者に対し<u>その信託財産の価額に相当する金額について受贈益課税を行う。</u>
　　②　受益者等の存在しない信託を設定した場合には、<u>委託者においては信託財産の価額に相当する金額による<u>譲渡があったもの</u>とする。
　　③　受益者等の存在しない信託に<u>受益者等が存することとなった場合</u>には、当該受益者等の受益権の取得による<u>受贈益について、所得税又は法人税を課税しない。</u>
　　④　受益者等の存在しない信託が<u>終了した場合</u>には、残余財産を取得した<u>帰属権利者に対して所得税又は法人税を課税する。</u>
　　⑤　受益者等の存在しない信託を利用した相続税又は贈与税の租税回避に対しては、次の措置を講ずる。
　　　イ　信託により受託者に適用される<u>法人税率と相続等により適用される<u>相続税率等の差</u>を利用した租税回避については、<u>受託者に相続税等を課税（法人税等は控除）</u>する。
　　　ロ　<u>受益者等が特定した時に、当該受益者等が委託者の孫等</u>である場合には、当該受益者等に贈与税を課税する。
　　⑥　公益信託については、現行と同様の取扱いを維持する。
2　信託を利用した租税回避への対応その他の信託課税の適正化措置
　(1)　法人（公共法人又は公益法人等を除く。）が委託者となる信託のうち、次のいずれかの要件に該当するものについては、その委託者に対し、信託財産に係る所得について、当該受託者の固有財産に係る所得とは区別して法人税を課税する。

　　　　‥‥　詳細　略
(3)　信託損失に係る法人税の取扱い
　　受益者段階課税（発生時課税）される信託の法人受益者等に帰せられる信託損
　失のうち当該法人受益者等の信託金額を超える部分の金額は、損金の額に算入し
　ないこととする。
　　また、信託損失が生じた場合に法人受益者等に対しこれを補てんする契約が締
　結されていること等により当該法人受益者等の信託期間終了までの間の累積損益
　が明らかに欠損とならない場合には、その法人受益者等に帰せられる信託損失の
　全額を損金の額に算入しないこととする。

「平成19年度税制改正の解説」

三　信託税制　………………………………… p 287
1　改正前の制度の概要
　　具体的な課税関係は以下のとおりとされています。
(1)　本文信託　‥‥‥‥‥　p 288
　　信託財産に帰せられる収入及び支出については、受益者が特定している場合には
　その受益者が、受益者が特定していない場合又は存在していない場合にはその信託
　財産に係る信託の委託者が、それぞれその信託財産を有するものとみなして、法人
　税法の規定を適用することとされています（法法12①）。
2　改正の趣旨及び概要………………………… p 289
　　法人税においては、この新信託法の制定を契機として、既存制度の取扱いも含め
　見直しを行ったところです。
　　第1に、従来の本文信託では、受益者が存しない場合の信託財産に帰せられる収
　入及び支出については、委託者が信託財産を有するものとみなして課税することと
　されていますが、信託に関して何ら権利を有しない委託者までもが課税対象となる
　場合もあり、これは必ずしも課税のあり方として適当でないとの指摘もあったとこ
　ろです。
　　そこで、このような信託について、課税対象となるべき者の範囲を、課税所得が
　帰属する状態にあるか否かの観点から、受益者としての権利を現に有する者並びに
　信託の変更権限及び信託財産の給付を受ける権利を有する者とするとともに、税制
　上はその資産及び負債並びに収益及び費用がこれらの者に直接帰属することが明確
　化されました。
　　これらの者が存する信託を、以下「受益者等課税信託」といいます。
　　第2　‥‥‥　略
　　第3に、受託者段階で受託者の固有所得とは区別して法人税を課税する信託（従
　前においては特定信託）を法人課税信託と定義するとともに、その範囲及び課税方
　法について整備が行われました。
　　新信託法においては、上記のとおり様々な類型の信託を新たに設けることとされ
　ましたが、これらすべてについて信託財産に属する資産を受益者が有しているもの
　とみなすことは必ずしも適当でなく、一定の場合には、私法上の信託収益の帰属者
　たる受益者の段階で課税することが適当であると考えられます。
　　すなわち、① 受託者段階で利益が留保されるため受託者段階での課税の必要があ
　る特定受益証券発行信託以外の受益証券発行信託、② 信託収益の帰属者たる受益者
　等が存しないため受益者段階で課税できない受益者等が存しない信託、及び③ 法人

161

が委託者となる信託で法人税の回避の恐れが高いものとして一定のものを、<u>法人課税信託とし、その受託者を納税義務者として受託者の固有財産に帰せられる所得とは区分して法人税を課税する</u>こととされました。

その課税方法についても、従来の特定信託の各計算期間の所得に対する法人税と異なり、通常の各事業年度の所得に対する<u>法人税を受託者の固有財産に帰せられる所得と各信託財産に帰せられる所得とを区分して計算する方法に改められました。</u>

これに伴い、従来の特定信託の各計算期間の所得に対する法人税は、特定信託を法人課税信託の範囲に含め、新制度に統合することによって廃止されました。

3　改正の内容

税法上、信託については課税方法ごとに次のように区分することとされました。

③　法人課税信託

特定受益証券発行信託以外の受益証券発行信託、<u>受益者等が存しない信託</u>、法人が委託者となる一定の信託、投資信託及び特定目的信託のうち、②④⑤に該当しないものをいいます（法法２二十九の二）。

<u>受託者段階で受託者の固有資産に帰属する所得とは区分して法人税を課税する</u>こととされています。

①　法人課税信託の範囲

法人課税信託の範囲は、次のイからホまでに掲げる信託とされています。ただし、集団投資信託並びに退職年金等信託及び特定公益信託等を除くこととされています（法法２二十九の二）。

新信託法においては、<u>受益者の定めのない信託（目的信託）</u>が定められ、遺言による目的信託では、委託者の相続人は原則として委託者の地位を承継しないこととされました（新信託法147）。

また、上記で述べたように、税法上信託財産に属する資産を有するものとみなされる者（受益者等）の範囲が実態に応じて見直されました。

これらに伴い受益者等が存しない信託が存しうる構造となりましたが、<u>受益者等が存しない信託は、信託財産に属する資産を有するものとみなすべき者が存しないものの、信託から所得は生ずることから、これに課税しないことは適当でないため、一義的な所得の帰属主体である受託者に対し各事業年度の所得に対する法人税を課税することとしたものです。</u>

ただし、特定公益信託等については、受託者に対しては課税せず、信託財産の給付時にその給付を受ける者に対し課税することとされています。

（注）　<u>この受益者等が存しない信託について受益者等が存することとなった場合には、他の法人課税信託の類型に該当する場合を除き、法人課税信託ではなくなります。</u>

イ　納税義務者

内国法人、外国法人及び<u>個人</u>は、法人課税信託の引受けを行うときは、法人税を納める義務があることとされました（法法４）。

すなわち、<u>法人課税信託の納税義務者は、その受託者</u>ということになります。

受託者は、信託財産の法律上の権利主体であるとともに信託行為に基づいて

信託財産を管理又は処分する信託事務を遂行する者であるので、信託に関する私法上の行為当事者と納税義務者が一致することになり、私法と税法との取扱いが整合的であると考えられます。

　また、個人の受託者も法人課税信託の納税義務者となりますが、法人課税信託の収益は受託者である個人ではなく最終的にはその受益者に帰属することとなり、この点会社の利益が最終的に株主のものとなることと類似している側面があることから、個人受託者であっても信託部分について法人と同様に扱うことが適当であると考えられ、法人課税信託の個人受託者について同じ法人税法の枠組みで扱うために法人税の納税義務者とすることとされています。

ロ　課税方法の原則 ･･････････････････ p314

　法人課税信託の信託財産に帰せられる所得に対しては、受託者の固有財産に帰せられる所得とは区分して法人税を課税することとされました。

　具体的には、法人課税信託の受託者は、各法人課税信託の信託資産等（信託財産に属する資産及び負債並びに当該信託財産に帰せられる収益及び費用をいいます。以下同じです。）及び固有資産等（法人課税信託の信託資産等以外の資産及び負債並びに収益及び費用をいいます。以下同じです。）ごとに、それぞれ別の者とみなして、法人税法の規定を適用することとされました（法法4の6①）。

　すなわち、納税義務者である受託者は、固有財産から生ずる所得と信託財産から生ずる所得について、あたかも別々に法人が存在するものとみなして税額の計算を行うというものです。

　この場合において、各法人課税信託の信託資産等及び固有資産等は、そのみなされた各別の者にそれぞれ帰属するものとされました（法法4の6②）。

　これは、各法人課税信託の信託資産等及び固有資産等ごとに、それぞれ別の者とみなすのみでは、課税所得の計算単位が区分されることを意味する効果しかないことから、各計算単位に帰属すべき所得の範囲が明らかとなるように、信託資産等及び固有資産等は、そのみなされた各別の者にそれぞれ帰属するものとされる必要があるからです。

ハ　受託法人に関する法人税法の規定の適用の通則 ･･････ p315

　受託法人（法人課税信託の受託者である法人（個人を含みます。）について、法人課税信託に係る信託資産等が帰属する者として法人税法の規定を適用する場合におけるその受託者である法人をいいます。以下同じです。）又は法人課税信託の受益者について法人税法の規定を適用する場合に調整が必要となる場面について、その取扱いが定められています。

　今回の法人課税信託の受託者に対する課税方法は、受託者の固有資産等と信託資産等ごとに別の法人と擬制するという特徴はありますが、信託課税として特別な法人税を創設するものではなく、通常の法人税の枠組みの中で対応するものです。

　しかしながら、実際の受託者は単独であるものの信託資産等及び固有資産等についてそれぞれ各別の者として存在するものとして取り扱うことや、そもそも信託制度は財産管理制度であり、会社法などの組織法制とは異なる制度であることなどから、受託法人に一般の事業法人を前提とした法人税法上の規定と同様の規定をそのまま適用することには自ずと限界があるため、法人課税信託の受託者である受託法人やその受益者に法人税法の規定を適用することができるように、次のような調整規定を設けています。

(イ)　法人課税信託の信託された営業所が国内にある場合には、当該法人課税信

託に係る受託法人は、内国法人とすることとされています（法法4の7一）。

(ロ)　法人課税信託の信託された営業所が国内にない場合には、当該法人課税信託に係る受託法人は、外国法人とすることとされています（法法4の7二）。

上記(イ)及び(ロ)は、受託法人の内外判定の基準を明らかにするものです。

法人の居住性（内外区分）の判定は、「本店又は主たる事務所」の場所で行われています。

内国法人は国内に本店又は主たる事務所を有する法人とされ、外国法人は内国法人以外の法人とされています。

信託には、法人のように本店登記制度もなく、また、本店又は主たる事務所に相当する概念が存在しないことから、委託者が信託の設定時において信託財産の管理地として予定していた場所（信託財産の信託された営業所等）で信託の居住性（内外区分）の判定を行うこととされました。

(ハ)　受託法人（会社でないものに限ります。）は、会社とみなすこととされています（法法4の7三）。

このように受託法人を会社とみなすのは、法人税法が対象とする典型的な組織形態に対する課税と同様の課税となるようにするためです。

これにより、特定同族会社に対する留保金課税制度や同族会社等の行為・計算の否認規定など、法人税法上、会社に対して適用される規定について、法人課税信託にも同様に適用があることとなります。

(ト)　受託法人は、当該受託法人に係る法人課税信託の効力が生ずる日に設立されたものとされています（法法4の7七）。…… p318

なお、1の約款に基づき複数の信託契約が締結されるものである場合にはその最初の契約が締結された日に設立されたものとされ、法人課税信託以外の信託が法人課税信託に該当することとなった場合にはその該当することとなった日に設立されたものとされています。

(注)　受託法人の設立の届出及び外国普通法人となった旨の届出については、法人課税信託の名称を記載することとされています（法法148②、149②）。

法人課税信託に係る受託法人は課税上その存在がみなされるものであるため、株式会社のような設立の登記の制度はありません。

したがって、受託法人がいつ設立されたものとするかを明確にし、課税単位として認識する必要があります。このため法人課税信託の効力が生ずる時に受託法人は設立されたものとされています。また、委託者非指図型投資信託などのように同一の約款により複数の信託契約が締結されるものについては、最初の契約が締結された日を受託法人の設立の日とし、特定受益証券発行信託が要件を欠くこととなり受益証券発行信託として法人課税信託に該当することとなった場合等にはその該当することとなった日を受託法人の設立日とすることとしています。

なお、（注）にあるとおり、受託法人の設立届には法人課税信託の名称を記載することとされていますが、この他国税通則法施行規則において、法人課税信託の受託者がその法人課税信託について国税に関する法律に基づき税務署長等に申告書、申請書等を提出する場合には、その法人課税信託の名称を併記しなければならないものとされました（通規5の2）。

(チ)　法人課税信託について信託の終了があった場合又は受益者等が存しない法人課税信託に受益者等が存することとなった場合（他の類型の法人課税信託に該当する場合を除きます。）には、これらの法人課税信託に係る受託法人

の解散があったものとされています（法法4の7八）。

この場合には、清算所得に対し法人税が課税されます。ただし、受益者等が存しない法人課税信託に受益者等が存することとなった場合については、清算所得に対する法人税の課税はありません（下記③ロ参照）。

㈸　受託法人の事業年度は、信託行為に定められたその信託の計算期間となります（法法13①）。‥‥‥‥‥‥ p319

受託法人は法人課税信託の所得計算上その受託者の固有部分とは別の者として存在するものですが、事業年度についても固有部分とは別に信託行為に定められた期間を用いることとなります。

㈺　受託法人には軽減税率を適用しないこととされています（法法66⑥、81の12⑥）。

これは、軽減税率は事業規模の異なる中小法人の負担の軽減という政策的配慮から認められているものであり、法人課税信託にこのような政策的な配慮をする必要性に乏しいことなどを理由とするものです。

この他、受託法人には資本金の額が存在しないため、資本金の額を基礎とする制度に関し、留保金課税制度については大法人扱いとした上で利益積立金基準を適用しないこと、寄附金の損金算入限度額の計算においては受益者等が存しない法人が資本又は出資を有しない法人に含まれることが明確化されています（法令14の10⑥）。

受託法人である受託者の固有分に係る資本金の額を基準とすることも考えられますが、上記イで述べたように、受託者は信託の単なる受け皿であることや、受託法人には法人のほか個人もなる可能性があることなどから、受託者の属性如何によって法人課税信託に適用される規定やその内容が異なることは適当ではないため、そのような基準は採用されていません。

㈻　受託法人については、従前の特定信託と同様、仮決算による中間申告はできないこととされています（法法72①）。‥‥‥ p320

ニ　納税地　‥‥‥‥‥‥‥‥　P320

受託法人の納税地は、受託者の固有の納税地と同一となります。

なお、受託法人が個人の場合には、その個人の申告所得税の納税地となるべき場所とされています（法法17の2）

ホ　受託者の変更の届出　‥‥‥‥‥‥　p320

法人課税信託について新たな受託者が就任した場合には、その就任した受託者（その法人課税信託の受託者が2以上ある場合には、その法人課税信託の信託事務を主宰する受託者（以下「主宰受託者」といいます。））は、その就任の日以後2月以内に、次に掲げる事項を記載した届出書にその就任の事実を証する書類を添付し、これを納税地の所轄税務署長に提出しなければならないこととされました（法法149の2①）。

　㈤　その就任した受託者の名称又は氏名及び納税地又は本店若しくは主たる事務所の所在地若しくは住所若しくは居所
　㈪　その法人課税信託の名称
　㈭　その就任した受託者に信託事務の引継ぎをした者の名称又は氏名
　㈲　その就任の日
　㈹　その就任の理由

法人課税信託について受託者の任務が終了した場合には、その任務の終了に伴いその信託事務の引継ぎをした受託者（その引継ぎの直前においてその法人

課税信託の受託者が2以上あった場合には、その主宰受託者）は、その引継ぎをした日以後2月以内に、次に掲げる事項を記載した届出書にその終了の事実を証する書類を添付し、これを納税地の所轄税務署長に提出しなければならないこととされました（法法149の2②）。

(イ)　その引継ぎをした受託者の名称又は氏名及び納税地又は本店若しくは主たる事務所の所在地若しくは住所若しくは居所

(ロ)　その法人課税信託の名称

(ハ)　その信託事務の引継ぎを受けた者の名称又は氏名

(ニ)　その信託事務の引継ぎをした日

(ホ)　その終了の理由

1の法人課税信託の受託者が2以上ある場合において、その主宰受託者の変更があったときは、その変更前の主宰受託者及びその変更後の主宰受託者は、それぞれ、その変更の日以後2月以内に、次に掲げる事項を記載した届出書にその変更の事実を証する書類を添付し、これを納税地の所轄税務署長に提出しなければならないこととされました（法法149の2③）。

(イ)　その納税地

(ロ)　その法人課税信託の名称

(ハ)　その変更後又は変更前の主宰受託者の名称又は氏名

(ニ)　その変更の日

(ホ)　その変更の理由

ヘ　受託者が2以上ある場合 ………… p321

1の法人課税信託の受託者が2以上ある場合には、各受託者の当該法人課税信託に係る信託資産等は、1の者の信託資産等とみなして、法人税法の規定を適用することとされました（法法4の8①）。

この場合には、各受託者は、その法人課税信託の信託事務を主宰する受託者を納税義務者として当該法人課税信託に係る法人税を納めるものとされました（法法4の8②）。

受託法人の設立の届出等には、主宰受託者以外の受託者の名称又は氏名及び納税地又は本店若しくは主たる事務所の所在地若しくは住所若しくは居所についても記載することとされています（法法148②、149②）。

主宰受託者が納めるものとされる法人税については、主宰受託者以外の受託者は、連帯納付の責めに任ずることとされました（法法152①）。

その法人税を主宰受託者以外の受託者から徴収する場合には、主宰受託者以外の受託者がその法人課税信託の主宰受託者たる納税義務者であったとした場合における法人税の納税地を所轄する税務署長が行うことができることとされています（法法152②）。

ト　自署押印（法法151④）……… p321（現在この条文は削除されている。）

チ　罰則 …………… p321

法人課税信託の受託者である個人が、法人税に関する罰則の適用対象に追加されました（法法159、162）。

③　法人課税信託に係る所得の金額の計算 ……………… p321

受託法人の各事業年度の所得の金額の計算については、基本的に通常の法人と同様に行うこととなりますが、受託法人特有の計算について規定が設けられました。

また、法人課税信託の受益者についてもその特有の計算規定が設けられました。
（注）　従前の特定信託の各計算期間の所得に対する法人税と異なり、圧縮記帳や返品
　　　調整引当金の制度も適用されることとなります。

具体的には以下のとおりです。
□　受益者等が存しない信託に該当しないこととなった場合 …… p322
　　法人が法人課税信託（受益者等が存しない信託に限ります。）の受益者等（清
算中における受益者を除きます。）となったことによりその法人課税信託が受
益者等が存しない信託に該当しないこととなった場合（他の類型の法人課税信
託に該当する場合を除きます。）には、その受託法人からその信託財産に属す
る資産及び負債のその該当しないこととなった時の直前の帳簿価額による引継
ぎを受けたものとして、その法人の各事業年度の所得の金額を計算すること
とされました（法法64の3②）。
　　この場合の資産及び負債の引継ぎにより生じた収益の額又は損失の額は、そ
の法人のその引継ぎを受けた日の属する事業年度の所得の金額の計算上、益金
の額又は損金の額に算入しないこととされました（法法64の3③）。
　　これらの場合の益金の額に算入されない金額から損金の額に算入されない金
額を減算した金額は、利益積立金額又は連結利益積立金額の加算要素に含まれ
るとされるとともに、留保金課税の金額の計算上留保金額に加算することとさ
れました（法令9①一ホ、9の2①一ヘ、139の8③、155の23③、155の43⑤）。
　　一方、法人課税信託（受益者等が存しない信託に限ります。）に受益者等（清
算中における受益者を除きます。）が存することとなったことに基因して受託
法人が解散したものとされる場合におけるその解散については、清算所得に対
する法人税を課さないこととされました（法法92）。
　　受益者等が存しない信託は法人課税信託に該当するためその受託法人が課税
を受けることとなります。
　　そのため、委託者から受託法人に対する資産の信託について受託法人におい
て受贈益を認識し、信託期間中に運用等により生ずる所得に対しては受託法人
に法人税が課税され、信託が終了した場合には普通法人と同様にその清算所得
に対して課税が行われることとなります。
　　しかしながら、受益者等が存しない信託に係る受託法人への課税は、信託の
設定時から受益者等が明らかになっていればその受益者等に課税していたであ
ろう所得（設定時の受贈益及び信託期間中の所得）について受託法人に対しい
わば代替的に課税を行っていたものであると考えられることから、受益者等が
存することとなった場合に、既に受託法人において課税されている資産の贈与
益について受益者等に再度課税したり、その後のキャピタルゲインについて受
益者等の出現によるその資産の帰属者の変更を譲渡とみて課税したりすること
は適当ではないと考えられます。
　　したがって、これらの課税をしないための課税技術上の手法として、受託法
人の信託財産を帳簿価額で引き継いだものとし、受託法人の解散に係る清算所
得は非課税とすることによって、課税関係の連続性を保つこととしています。
　　なお、新信託法182条の規定により帰属権利者や委託者が清算の開始により
受益者とみなされた場合のこれらの者については、受益者としての出現が予定
されていた者とまではいえないため、この取扱いの対象外とされています。

ハ　受託者の変更があった場合　………… p323

法人課税信託に係る受託法人がその法人課税信託の受託者の変更によりその法人課税信託に係る資産及び負債の移転をしたときは、変更後の受託者にその移転をした資産及び負債のその変更の直前の帳簿価額による引継ぎをしたものとして、当該受託法人の各事業年度の所得の金額を計算することとされました（法法64の3④）。

この場合においては、資産及び負債の移転を受けた受託法人は、当該資産及び負債のその変更の直前の帳簿価額による引継ぎを受けたものとされました（法令131の3③）。

また、資産及び負債の引継ぎを受けたものとされる受託法人のその引継ぎの時における資本金等の額及び利益積立金額は、その引継ぎをしたものとされる受託法人のその引継ぎの直前における資本金等の額及び利益積立金額に相当する金額とされました（法令131の3④）。

以上のほか、受託者の変更の場合の法人税に関する法令の規定の適用については、適格合併による資産又は負債の引継ぎの例によることとされました（法令131の3⑤）。

法人課税信託の課税方法として、その受託法人に信託資産等が帰属するものと仮定して課税所得を計算するために、受託者の変更は従前の受託者に帰属する信託財産を新しい受託者に移転することとなり、特に規定がなければその移転に係る損益を認識する必要が生ずることとなります。

しかしながら、法人課税信託に対する課税技術上の取扱いとして受託法人の存在を擬制し、それに信託資産等を帰属させているに過ぎないことから、受託者の変更は、単に信託事務を遂行する者の変更であり、信託財産の実質的な移転ではありません。

こうした実体にかんがみ、法人課税信託の受託法人の変更に当たっては、適格合併と同様に資産及び負債の移転に係る譲渡損益への課税をしないこととしています。

ニ　受益者等が存しない信託に関する相続税の損金不算入 …… p323

法人が納付する相続税法第9条の4（受益者等が存しない信託等の特例）の規定（この規定の詳細は、「相続税法等の改正」の一Ⅱ3(3)「受益者等が存しない信託について、受益者等が存することとなった時における贈与税の課税」を参照してください。）による贈与税及び相続税の額は、その法人の各事業年度の所得の金額の計算上、損金の額に算入しないこととされました（法法38②）。

このように「受益者等が存しない信託」は、税法上では法人課税信託の対象になる信託類型に含まれることになりました。

それでは家族信託の中で「受益者等が存しない信託」について説明を進めてまいります。

まず、受益者等が存しない信託とはどのようなものかといいますと、

①　契約締結時において出生していない者（未存在）

②　養子縁組前の者

168

③ 受益者として指定されていない者

④ 今はいない、現存していないけど将来現れるような人

⑤ 受益者になることに条件や始期が付されている受益者（不特定）

などですが、これらについては、税法の原則である「受益者等課税信託」の範疇からは除外され、別途「受益者等が存しない信託」として扱い、「法人課税信託」の一類型として法人税課税を行うことになりました。

法人税法第2条第29の2では、法人課税信託に該当する信託は5種類あるとして掲げており、その中の"ロ"に、「法人税法第12条第1項に規定する<u>受益者が存しない信託</u>（同条第二項の規定により同条第一項に規定する受益者とみなされる者を含む。）」が該当すると定められています。

法人税法第2条第29の2
法人課税信託　次に掲げる信託をいう。
イ　受益権を表示する証券を発行する旨の定めのある信託
ロ　第十二条第一項に規定する<u>受益者</u>（同条第二項の規定により同条第一項に規定する受益者とみなされる者を含む。）<u>が存しない信託</u>
ハ　（要旨）
　　法人（公共法人及び公益法人等を除く。）が委託者となる信託（信託財産に属する資産のみを信託するものを除く。）で、法人の事業の重要な部分の信託で委託者の株主等をその受益者とするもの、その法人の自己信託等で信託の存続期間が20年を超えるもの、その法人の自己信託等で信託の損益分配が変更可能であるもの、のいずれかに該当する信託
ニ　投資信託
ホ　特定目的信託

法人税法第12条（信託財産に属する資産及び負債並びに信託財産に帰せられる収益及び費用の帰属）
信託の受益者（<u>受益者としての権利を現に有するものに限る。</u>）は当該信託の信託財産に属する資産及び負債を有するものとみなし、かつ、当該信託財産に帰せられる収益及び費用は当該受益者の収益及び費用とみなしこの法律の規定を適用する。ただし、集団投資信託、退職年金等信託、特定公益信託等又は法人課税信託の信託財産に属する資産及び負債並びに当該信託財産に帰せられる収益及び費用については、この限りでない。
2　信託の変更をする権限（軽微な変更をする権限として政令で定めるものを除く。）を現に有し、かつ、当該信託の信託財産の給付を受けることとされている者（受益者を除く。）は、前項に規定する受益者とみなして、同項の規定を適用する。

　また、法人税法第4条の2において、法人課税信託の信託財産に帰せられる所得に対しては、受託者（法人又は個人）の固有財産に帰せられる所得とは切り離され、信託資産等及び固有資産等ごとにそれぞれ別の者に帰属するものとして法人税法が適用されることになりました。

法人税法第4条の2　（法人課税信託の受託者に関するこの法律の適用）
　　法人課税信託の受託者は、各法人課税信託の信託資産等（信託財産に属する資産及び負債並びに当該信託財産に帰せられる収益及び費用をいう。以下この章において同じ。）及び固有資産等（法人課税信託の信託資産等以外の資産及び負債並びに収益及び費用をいう。次項において同じ。）ごとに、それぞれ別の者とみなして、この法律（第二条第二十九号の二（定義）、第四条（納税義務者）及び第十二条（信託財産に属する資産及び負債並びに信託財産に帰せられる収益及び費用の帰属）並びに第六章（納税地）並びに第五編（罰則）を除く。以下この章において同じ。）の規定を適用する。
2　前項の場合において、各法人課税信託の信託資産等及び固有資産等は、同項の規定によりみなされた各別の者にそれぞれ帰属するものとする。
　　（所得税法第6条の2と同じ）

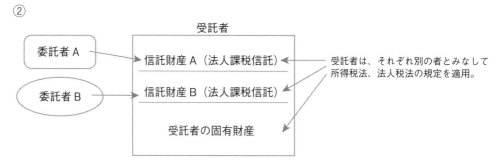

　また、法人税法第4条の3第1項において、受託法人とは、法人課税信託の受託者である法人をいうと定めており、その受託者が個人である場合には、その受託者である個人を法人と定め、法人税法の規定が適用されることとしています。
　さらに、同条第1項第3号で、「受託法人（会社でないものに限る。）は、会社とみなす。」とあります。

これらのことから、法人課税信託ではその受託者が、個人であっても法人であっても、その信託が受益者等の存しない信託であれば、「受託法人」とみなして、法人課税信託に該当し法人税が課税されることになります。

法人税法第4条の3 （受託法人等に関するこの法律の適用）
　受託法人（法人課税信託の受託者である法人（その受託者が個人である場合にあつては、当該受託者である個人）について、前条の規定により、当該法人課税信託に係る信託資産等が帰属する者としてこの法律の規定を適用する場合における当該受託者である法人をいう。以下この条において同じ。）又は法人課税信託の受益者についてこの法律の規定を適用する場合には、次に定めるところによる。
　　一　法人課税信託の信託された営業所、事務所その他これらに準ずるもの（次号において「営業所」という。）が国内にある場合には、当該法人課税信託に係る受託法人は、内国法人とする。
　　二　法人課税信託の信託された営業所が国内にない場合には、当該法人課税信託に係る受託法人は、外国法人とする。
　　三　受託法人（会社でないものに限る。）は、会社とみなす。
　　四　～　十一　省　略

　法人課税信託では、その信託財産に係る所得については、信託階段において信託の受託者段階で課税されることになりますので、受託者を納税義務者としています。

信託の区分	具　体　例	課税の呼び名 （課税区分）	納税義務者	課税時期
法人課税信託	受益者等が存しない信託、特定目的信託ほか	受託者段階法人課税	受託者	信託段階で、受託者を納税義務者として法人税を課税

　では、場面ごとの課税関係について説明をします。
　課税のタイミングは、①信託の設定時、②信託の期間中、③信託の終了時の3場面で考えていきます。

⑴　「信託の設定時」

　受益者等が存しない信託を組成した場合には、その設定時において、受託者に対して、その信託財産の価額に相当する金額を受贈益として法人税が課税されます。（法人税法第22条第2項が適用されます。）

　　この場合、受託者が例え個人であっても法人とみなされることになっていますので、法人税が課税されることになります。

　　一方、<u>委託者（個人の場合）</u>はどうなるのかといいますと、<u>相手が法人に対するものであることから</u>、<u>所得税法第59条</u>において、<u>みなし譲渡課税が課されることになります</u>。

法人税法第22条

2　内国法人の各事業年度の所得の金額の計算上当該事業年度の益金の額に算入すべき金額は、別段の定めがあるものを除き、資産の販売、有償又は<u>無償による資産の譲渡</u>又は役務の提供、<u>無償による資産の譲受け</u>その他の取引で資本等取引以外のものに係る当該事業年度の<u>収益の額とする</u>。

所得税法第59条（贈与等の場合の譲渡所得等の特例）

　　次に掲げる事由により居住者の有する山林（事業所得の基因となるものを除く。）又は譲渡所得の基因となる資産の移転があつた場合には、その者の山林所得の金額、譲渡所得の金額又は雑所得の金額の計算については、その事由が生じた時に、<u>その時における価額に相当する金額によりこれらの資産の譲渡があつたものとみなす</u>。

　　一　<u>贈与（法人に対するものに限る。）</u>又は相続（限定承認に係るものに限る。）若しくは遺贈（法人に対するもの及び個人に対する包括遺贈のうち限定承認に係るものに限る。）

　　二　著しく低い価額の対価として政令で定める額による譲渡（法人に対するものに限る。）

　　さらに、ややこしい定めがされています。

　　相続税法第9条の4で、「受益者等が存しない信託等の特例」が定められており、<u>受益者等となる者が委託者の親族である場合</u>には、その受託者が個人以外であるときはその受託者を個人とみなして<u>贈与税（相続税）課税</u>が行われることになります。（同法第3項）

　　<u>受益者等が存しない信託であれば、受託者に対し、受贈益に法人税が課税され、その信託の受益者等となる者が委託者の親族であった場合には、受託者にさらに贈与税（相続税）を課税することとしています。</u>

　　この場合、先に課された法人税等は相続税等から控除されることになりますが、先に支払う法人税等の税額が相続税等の税額よりも超過している場合であったとしても、控除額は相続税等の額を限度とし、法人税等の税額の超

過分に対する還付の手当てはされないことになっています。（相法9条の4
第1項、第3項、第4項）

（この相続税法との絡みについては、後述の相続税法のところで説明いたします。）

相続税法第9条の4（受益者等が存しない信託等の特例）
　　受益者等が存しない信託の効力が生ずる場合において、当該信託の受益者等となる者
が当該信託の委託者の親族として政令で定める者（以下この条及び次条において「親族」
という。）であるとき（当該信託の受益者等となる者が明らかでない場合にあつては、
当該信託が終了した場合に当該委託者の親族が当該信託の残余財産の給付を受けること
となるとき）は、当該信託の効力が生ずる時において、当該信託の受託者は、当該委託
者から当該信託に関する権利を贈与（当該委託者の死亡に基因して当該信託の効力が生
ずる場合にあつては、遺贈）により取得したものとみなす。
2　受益者等の存する信託について、当該信託の受益者等が存しないこととなつた場合
（以下この項において「受益者等が不存在となった場合」という。）において、当該受益
者等の次に受益者等となる者が当該信託の効力が生じた時の委託者又は当該次に受益者
等となる者の前の受益者等の親族であるとき（当該次に受益者等となる者が明らかでな
い場合にあつては、当該信託が終了した場合に当該委託者又は当該次に受益者等となる
者の前の受益者等の親族が当該信託の残余財産の給付を受けることとなるとき）は、当
該受益者等が不存在となつた場合に該当することとなった時において、当該信託の受託
者は、当該次に受益者等となる者の前の受益者等から当該信託に関する権利を贈与（当
該次に受益者等となる者の前の受益者等の死亡に基因して当該次に受益者等となる者の
前の受益者等が存しないこととなつた場合にあつては、遺贈）により取得したものとみ
なす。
3　前二項の規定の適用がある場合において、これらの信託の受託者が個人以外であると
きは、当該受託者を個人とみなして、この法律その他相続税又は贈与税に関する法令の
規定を適用する。
4　前三項の規定の適用がある場合において、これらの規定により第一項又は第二項の受
託者に課される贈与税又は相続税の額については、政令で定めるところにより、当該受
託者に課されるべき法人税その他の税の額に相当する額を控除する。

(2)　「信託の期間中」

　　委託者は、信託設定時に課税関係が終了しており、期間中の課税は生じま
せん。

　　信託財産から生じる所得は、受託者が個人であっても税法上では「受託法
人」とみなされることから、信託財産から生じる所得に対しては受託者に法
人税等が課税されます。

　　この時には、法人課税信託の信託財産と受託者自身の固有資産とはそれぞ
れ別の者が有するとみなされることになっています。

　したがって、信託財産は、受託者の固有財産とは明確に区別されることになります。

法人税法第4条の2　（法人課税信託の受託者に関するこの法律の適用）

　法人課税信託の受託者は、各法人課税信託の信託資産等（信託財産に属する資産及び負債並びに当該信託財産に帰せられる収益及び費用をいう。以下この章において同じ。）及び固有資産等（法人課税信託の信託資産等以外の資産及び負債並びに収益及び費用をいう。次項において同じ。）ごとに、それぞれ別の者とみなして、この法律（第二条第二十九号の二（定義）、第四条（納税義務者）及び第十二条（信託財産に属する資産及び負債並びに信託財産に帰せられる収益及び費用の帰属）並びに第六章（納税地）並びに第五編（罰則）を除く。以下この章において同じ。）の規定を適用する。

2　前項の場合において、各法人課税信託の信託資産等及び固有資産等は、同項の規定によりみなされた各別の者にそれぞれ帰属するものとする。

　（所得税法第6条の2と同じ）

⑶　「信託の終了時」

　委託者については、信託設定時において課税関係が終了しているため、終了時には課税関係は生じません。

　受益者等が特定しないまま又は存在しないまま、受益者等が存在しない信託が終了した場合には、法人の解散として取り扱われることになります。

　また、受益者等が存しない信託が、受益者等が特定又は存在するに至ったときは、法人課税信託から受益者等課税信託に変更したことになり、受託法人は解散として取り扱われます。（法法4条の3第1項⑧）

法人税法第4条の3第1項　（受託法人等に関するこの法律の適用）

　八　法人課税信託について信託の終了があつた場合又は法人課税信託（第二条第二十九号の二ロ（定義）に掲げる信託に限る。）に第十二条第一項（信託財産に属する資産及び負債並びに信託財産に帰せられる収益及び費用の帰属）に規定する受益者（同条第二項の規定により同条第一項に規定する受益者とみなされる者を含む。次号において「受益者等」という。）が存することとなつた場合（第二条第二十九号の二イ又はハに掲げる信託に該当する場合を除く。）には、これらの法人課税信託に係る受託法人の解散があつたものとする。

　（所得税法第6条の3第5項と同じ）

　この場合、当該法人課税信託に係る受託法人は、当該受益者等に対してその信託財産に属する資産及び負債の法人課税信託に該当しないこととなった

時（受益者等が存することとなった時）の直前の帳簿価額による引継ぎをしたものとして、当該受託法人の各事業年度の所得の金額を計算することになっています。（法法64条の3）

　また、一方の受益者等は受託法人からその信託財産に属する資産及び負債を直前の帳簿価額により引継ぎを受けたものとして、各事業年度の所得の金額を計算することになっています。（所法67条の3）

　このことによって、引継ぎにより生じた収益の額又は損失の額は生じなかったものとして取り扱われることになります。

　税務上、譲渡による損益は双方ともないものとしていますので、課税は生じません。

法人税法第64条の3

2　法人課税信託（第二条第二十九号の二ロに掲げる信託に限る。）に第十二条第一項（信託財産に属する資産及び負債並びに信託財産に帰せられる収益及び費用の帰属）に規定する受益者（同条第二項の規定により同条第一項に規定する受益者とみなされる者を含むものとし、清算中における受益者を除く。）が存することとなつたことにより当該法人課税信託が同号ロに掲げる信託に該当しないこととなつた場合（同号イ又はハに掲げる信託に該当する場合を除く。）には、当該法人課税信託に係る受託法人は当該受益者に対しその信託財産に属する資産及び負債のその該当しないこととなつた時の直前の帳簿価額による引継ぎをしたものとして、当該受託法人の各事業年度の所得の金額を計算する。

所得税法第67条の3　（信託に係る所得の金額の計算）

　居住者が法人課税信託（法人税法第二条第二十九号の二ロ（定義）に掲げる信託に限る。）の第十三条第一項（信託財産に属する資産及び負債並びに信託財産に帰せられる収益及び費用の帰属）に規定する受益者（同条第二項の規定により同条第一項に規定する受益者とみなされる者を含むものとし、清算中における受益者を除く。）となつたことにより当該法人課税信託が同号ロに掲げる信託に該当しないこととなつた場合（同号イ又はハに掲げる信託に該当する場合を除く。）には、その受託法人（第六条の三（受託法人等に関するこの法律の適用）に規定する受託法人をいう。）からその信託財産に属する資産及び負債をその該当しないこととなった時の直前の帳簿価額を基礎として政令で定める金額により引継ぎを受けたものとして、当該居住者の各年分の各種所得の金額を計算するものとする。

2　前項の居住者が同項の規定により資産及び負債の引継ぎを受けたものとされた場合におけるその引継ぎにより生じた収益の額は、当該居住者のその引継ぎを受けた日の属する年分の各種所得の金額の計算上、総収入金額に算入しない。

　ただし、受益者等が契約締結時等において委託者の親族であった場合には注意をしなければなりません。

　その受益者等が不特定・未存在であったものが<u>特定又は存在するに至ったとき</u>で受益者等が契約締結時において<u>委託者の親族</u>であった場合には、相続税法が適用され、<u>受益者等に対して贈与税が課税される</u>ことになります。

相続税法第9条の5

　受益者等が存しない信託について、当該信託の契約が締結された時その他の時として政令で定める時（以下この条において「契約締結時等」という。）において<u>存しない者が当該信託の受益者等となる場合</u>において、当該信託の受益者等となる者が当該信託の契約締結時等における委託者の親族であるときは、当該存しない者が当該信託の受益者等となる時において、当該信託の<u>受益者等となる者は</u>、当該信託に関する権利を<u>個人から贈与により取得したものとみなす。</u>

⑷　法人税法上の手続き等

　このように「受益者等の存しない信託」は、税法上では法人課税信託として受託者に課税が行われることになっています。

　そして、受託者が例え個人であっても法人とみなして取り扱われることになりました。

　家族信託は、一般的には、委託者も受託者も受益者もみんな個人として組成を行うことが大部分なはずであり、法人という意識は全くないはずです。

　しかし、組成の仕方によっては、税法上では個人を法人とみなした上で、法人税法に縛られた課税が行われることがあるということを知っておくことは大事なことと思います。

　そのような信託に該当すれば、税務上では手続きを始めとして、法人税法の決まり事にしたがって行わなければなりません。

　法人課税信託になるとどうなるのか、主なものを説明します。

イ　設立の届出……期限は、設立の日以後2月以内

　各種届出書等を所轄の税務署長に提出しなければなりません。

法人税法第148条　（内国普通法人等の設立の届出）

　新たに設立された内国法人である普通法人又は協同組合等は、その設立の日以後二月以内に、次に掲げる事項を記載した届出書に定款の写しその他の財務省令で定める書類を添付し、これを納税地の所轄税務署長に提出しなければならない。

　　一　その納税地
　　二　その事業の目的
　　三　その設立の日

2　第四条の三（受託法人等に関するこの法律の適用）に規定する受託法人に係る前項の規定の適用については、同項中「協同組合等」とあるのは「協同組合等（法人課税信託の受託者が二以上ある場合には、その法人課税信託の信託事務を主宰する受託者以外の受託者を除く。）」と、「次に掲げる事項」とあるのは「次に掲げる事項及びその法人課税信託の名称（その法人課税信託の受託者が二以上ある場合には、主宰受託者以外の受託者の名称又は氏名及び納税地又は本店若しくは主たる事務所の所在地若しくは住所若しくは居所を含む。）」とする。

（法法148②の注釈）

　　受託法人の設立の届出等は、受託者が２以上ある場合には主宰受託者以外の受託者の名称又は氏名及び納税地又は本店若しくは主たる事務所の所在地若しくは住所若しくは居所を記載する。

法人税法第148条　（内国普通法人等の設立の届出）‥第四条の三バージョンに置き換え

　新たに設立された内国法人である普通法人又は協同組合等（法人課税信託の受託者が二以上ある場合には、その法人課税信託の信託事務を主宰する受託者以外の受託者を除く。）は、その設立の日以後二月以内に、次に掲げる事項及びその法人課税信託の名称（その法人課税信託の受託者が二以上ある場合には、主宰受託者以外の受託者の名称又は氏名及び納税地又は本店若しくは主たる事務所の所在地若しくは住所若しくは居所を含む。）を記載した届出書に定款の写しその他の財務省令で定める書類を添付し、これを納税地の所轄税務署長に提出しなければならない。

　　一　その納税地
　　二　その事業の目的
　　三　その設立の日

法人税法施行規則第63条　（設立届出書の添付書類）

　法第百四十八条第一項（内国普通法人等の設立の届出）に規定する財務省令で定める書類は、次の各号に掲げるもの（当該各号に掲げるものが電磁的記録（電子的方式、磁気的方式その他の人の知覚によつては認識することができない方式で作られる記録であつて、電子計算機による情報処理の用に供されるものをいう。以下第六十五条までにおいて同じ。）で作成され、又は当該各号に掲げるものの作成に代えて当該各号に掲げるものに記載すべき情報を記録した電磁的記録の作成がされている場合には、これらの電磁的記録に記録された情報の内容を記載した書類）とする。

　　一　法第百四十八条第一項に規定するその設立の時における貸借対照表
　　二　定款、寄附行為、規則若しくは規約又はこれらに準ずるものの写し
　　三　株主等の名簿の写し

　　四　法第百四十八条第一項に規定する内国法人である普通法人又は協同組合等が合併、分割又は現物出資（以下この号において「合併等」という。）により設立されたものであるときは、当該合併等に係る被合併法人、分割法人又は出資者の名称又は氏名及び納税地（その納税地とその本店又は主たる事務所の所在地とが異なる場合には、その納税地及び本店又は主たる事務所の所在地）を記載した書類

　　五　法第百四十八条第一項に規定する内国法人である普通法人が連結子法人である場合には、連結親法人の名称及びその納税地を記載した書類

　　六　設立趣意書

　ロ　納税地

　　　個人が、法人課税信託の受託者である場合の納税地は、所得税法第15条の定めに従って判断します。

法人税法第17条の2　（法人課税信託の受託者である個人の納税地）

　　法人課税信託の受託者である個人の当該法人課税信託に係る法人税の納税地は、当該個人が所得税法第十五条各号（納税地）に掲げる場合のいずれに該当するかに応じ当該各号に定める場所とする。

　（注釈）

　　　受託法人の納税地は、受託者の固有の納税地と同一となる。受託法人が個人の場合には、その個人の申告所得税の納税地となるべき場所となる。

　八　受託者の変更届出

　　　何らかの事情で受託者が変更した場合には、その変更届出をしなければなりません。

法人税法第149条の2　（受託者の変更の届出）

　　法人課税信託について新たな受託者が就任した場合には、その就任した受託者（当該法人課税信託の受託者が二以上ある場合には、当該法人課税信託の信託事務を主宰する受託者（次項及び第三項において「主宰受託者」という。）とする。）は、その就任の日以後二月以内に、次に掲げる事項を記載した届出書にその就任の事実を証する書類を添付し、これを納税地の所轄税務署長に提出しなければならない。

　　一　その就任した受託者の名称又は氏名及び納税地又は本店若しくは主たる事務所の所在地若しくは住所若しくは居所

　　二　その法人課税信託の名称

　　三　その就任した受託者に信託事務の引継ぎをした者の名称又は氏名

　　四　その就任の日

　　五　その就任の理由

２　法人課税信託について受託者の任務が終了した場合には、その任務の終了に伴いその

信託事務の引継ぎをした受託者（その引継ぎの直前において当該法人課税信託の受託者が二以上あつた場合には、その主宰受託者）は、その引継ぎをした日以後二月以内に、次に掲げる事項を記載した届出書にその終了の事実を証する書類を添付し、これを納税地の所轄税務署長に提出しなければならない。

　　　一　その引継ぎをした受託者の名称又は氏名及び納税地又は本店若しくは主たる事務所の所在地若しくは住所若しくは居所

　　　二　その法人課税信託の名称

　　　三　その信託事務の引継ぎを受けた者の名称又は氏名

　　　四　その信託事務の引継ぎをした日

　　　五　その終了の理由

3　一の法人課税信託の受託者が二以上ある場合において、その主宰受託者の変更があつたときは、その変更前の主宰受託者及びその変更後の主宰受託者は、それぞれ、その変更の日以後二月以内に、次に掲げる事項を記載した届出書にその変更の事実を証する書類を添付し、これを納税地の所轄税務署長に提出しなければならない。

　　　一　その納税地

　　　二　その法人課税信託の名称

　　　三　その変更後又は変更前の主宰受託者の名称又は氏名

　　　四　その変更の日

　　　五　その変更の理由

　　二　法人課税信託の税率

　　　　受託法人には、中小企業に対する軽減税率の適用は認められていません。

　　　　例え受託法人が個人であったとしても中小企業者等の法人税率の特例の軽減税率の適用はなく、原則百分の二十三・二の税率で課税されることになります。

法人税法第66条　（各事業年度の所得に対する法人税の税率）

　　内国法人である普通法人、一般社団法人等（別表第二に掲げる一般社団法人及び一般財団法人並びに公益社団法人及び公益財団法人をいう。次項及び第三項において同じ。）又は人格のない社団等に対して課する各事業年度の所得に対する法人税の額は、各事業年度の所得の金額に百分の二十三・二の税率を乗じて計算した金額とする。

2　前項の場合において、普通法人のうち各事業年度終了の時において資本金の額若しくは出資金の額が一億円以下であるもの若しくは資本若しくは出資を有しないもの、一般社団法人等又は人格のない社団等の各事業年度の所得の金額のうち年八百万円以下の金額については、同項の規定にかかわらず、百分の十九の税率による。

3　～　5　省　略

6　内国法人である普通法人のうち各事業年度終了の時において次に掲げる法人に該当するものについては、第二項の規定は、適用しない。

　　　一　～　五　省　略

　　　六　受託法人

第三章　法人税法の特例　第一節　中小企業者等の法人税率の特例
租税特別措置法第四十二条の三の二
　　次の表の第一欄に掲げる法人又は人格のない社団等（普通法人のうち各事業年度終了
の時において法人税法第六十六条第五項各号若しくは第百四十三条第五項各号に掲げる
法人、同法第六十六条第六項に規定する大通算法人又は次条第十九項第八号に規定する
適用除外事業者（以下この項において「適用除外事業者」という。）に該当するもの（通
算法人である普通法人の各事業年度終了の日において当該普通法人との間に通算完全支
配関係がある他の通算法人のうちいずれかの法人が適用除外事業者に該当する場合にお
ける当該普通法人を含む。）を除く。）の平成二十四年四月一日から令和七年三月三十一
日までの間に開始する各事業年度の所得に係る同法その他法人税に関する法令の規定の
適用については、同欄に掲げる法人又は人格のない社団等の区分に応じ同表の第二欄に
掲げる規定中同表の第三欄に掲げる税率は、同表の第四欄に掲げる税率とする。

第一欄	第二欄	第三欄	第四欄
一　普通法人のうち当該各事業年度終了の時において資本金の額若しくは出資金の額が一億円以下であるもの若しくは資本若しくは出資を有しないもの（第四号に掲げる法人を除く。）又は人格のない社団等	法人税法第六十六条第二項及び第六項並びに第百四十三条第二項	百分の十九	百分の十五

ホ　貸倒引当金の取り扱い

　　受託法人に対する貸倒引当金の適用は、法人税法第52条及び同施行令第
14条の10の規定により対象から除かれていることから適用できません。

法人税法第52条　（貸倒引当金）
　次に掲げる内国法人が、その有する金銭債権のうち、更生計画認可の決定に基づいて
弁済を猶予され、又は賦払により弁済されることその他の政令で定める事実が生じてい
ることによりその一部につき貸倒れその他これに類する事由による損失が見込まれるも
ののその損失の見込額として、各事業年度において損金経理により貸倒引当金勘定に繰
り入れた金額については、当該繰り入れた金額のうち、当該事業年度終了の時において
当該個別評価金銭債権の取立て又は弁済の見込みがないと認められる部分の金額を基礎
として政令で定めるところにより計算した金額に達するまでの金額は、当該事業年度の
所得の金額の計算上、損金の額に算入する。
　一　当該事業年度終了の時において次に掲げる法人に該当する内国法人
　　イ　普通法人（投資法人及び特定目的会社を除く。）のうち、資本金の額若しくは
　　　出資金の額が一億円以下であるもの（第六十六条第六項第二号又は第三号（各事
　　　業年度の所得に対する法人税の税率）に掲げる法人に該当するものを除く。）又
　　　は資本若しくは出資を有しないもの
　　ロ　～　ハ　省　略

法人税法施行令第14条の6

6 受託法人に対する法及びこの政令の規定の適用については、次の表の上欄に掲げる規定中同表の中欄に掲げる字句は、同表の下欄に掲げる字句とする。

法第五十二条第一項第一号イ（貸倒引当金）	及び特定目的会社	特定目的会社及び第四条の三（受託法人等に関するこの法律の適用）に規定する受託法人

法人税法第4条の3 （受託法人等に関するこの法律の適用）

　受託法人（法人課税信託の受託者である法人（その受託者が個人である場合にあつては、当該受託者である個人）について、前条の規定により、当該法人課税信託に係る信託資産等が帰属する者としてこの法律の規定を適用する場合における当該受託者である法人をいう。以下この条において同じ。）又は法人課税信託の受益者についてこの法律の規定を適用する場合には、次に定めるところによる。
2 ～ 11 省略

　ヘ　法人の中間申告

　　　受託法人には、仮決算による中間申告を行うことは認められていません。

法人税法72条 （仮決算をした場合の中間申告書の記載事項等）

　内国法人である普通法人が当該事業年度開始の日以後六月の期間を一事業年度とみなして当該期間に係る課税標準である所得の金額又は欠損金額を計算した場合には、その普通法人は、第七十一条第一項各号（中間申告）に掲げる事項に代えて、次に掲げる事項を記載した中間申告書を提出することができる。ただし、同項ただし書若しくは前条の規定により中間申告書を提出することを要しない場合（当該期間において生じた第四項に規定する災害損失金額がある場合を除く。）、第二号に掲げる金額が第七十一条の規定により計算した同条第一項第一号に掲げる金額を超える場合又は当該普通法人が第四条の三（受託法人等に関するこの法律の適用）に規定する受託法人である場合は、この限りでない。
　一 ～ 三 省略

　ト　法人課税信託に係る受託者が二以上ある場合及び連帯納付責任

　　　受託者が二以上ある場合には、各受託者の当該法人課税信託に係る信託資産等は、一の者の信託資産等とみなして法人税法の規定を適用することになっています。

　　　そして、各受託者は、その法人課税信託の信託事務を主宰する受託者を納税義務者として当該法人課税信託に係る法人税を納めるよう定められていますが、主宰受託者が納めるものとされる法人税については、主宰受託

者以外の受託者は、連帯納付の義務を負うことになっています。

法人税法第4条の4　（受託者が二以上ある法人課税信託）
　一の法人課税信託の受託者が二以上ある場合には、各受託者の当該法人課税信託に係る信託資産等は、一の者の信託資産等とみなして、この法律の規定を適用する。
2　前項に規定する場合には、同項の各受託者は、同項の法人課税信託の信託事務を主宰する受託者を納税義務者として当該法人課税信託に係る法人税を納めるものとする。

法人税法第152条（連帯納付の責任）
3　第四条の四第二項（受託者が二以上ある法人課税信託に係る納税義務）の規定により同項の法人課税信託の信託事務を主宰する受託者（以下この条において「主宰受託者」という。）が納めるものとされる法人税については、当該法人課税信託の主宰受託者以外の受託者は、その法人税について、連帯納付の責めに任ずる。

　以上で、法人課税信託の税制上の説明を終わりますが、税務当局はすごいですね。

　当然のことですが、信託法改正で新たに起こり得る受益者等の存しない信託に対しては目を光らせていることが条文数からも、そして、隅々まで抜け目のない手当てを行っていることがよく分かります。

　安易な気持ちで信託契約を作成することには注意をする必要があります。

　次は、「贈与税（相続税）関係」について説明します。

【贈与税（相続税）関係】

1　はじめに

　信託の税金では、先に説明したように所得課税（所得税法、法人税法）となるものほかに資産課税（相続税法）となるものも大きく係わっています。

　次に掲げている財務省の「税制改正の解説」にも「今回の新信託法の制定に伴い、税制についても所得税、法人税、相続税などの各種の税目を横断的に、かつ、一体的なものとして整備を行うこととされました。」と書かれています。

　では、最初に、平成19年度の税制改正を行うに当たって財務省の資産課税課は、改正された信託法をどのように捉えていたのか、また、信託税制の整備をどのように考えて行ったのかを「税制改正の解説」から見ていきます。

「平成19年度税制改正の解説」（470頁）

Ⅰ　信託法の改正
1　信託法の改正の経緯等
　……　中　略　……。
　　新信託法においては、社会経済の発展に的確に対応した信託法制を整備する観点から、受託者の義務、受益者の権利等に関する規定が整備されるほか、多様な信託の利用形態に対応するため、信託の併合及び分割、委託者が自ら受託者となる信託、受益証券発行信託、限定責任信託、受益者の定めのない信託等の新たな制度が導入されるとともに、国民に理解しやすい法制とするためにその表記が現代語化されるなど、信託法制の整備が行われました。

2　新信託法の骨子
(1)　信託法制に関する規定の整備
　①　受託者の義務等の内容が適切な要件の下で合理化されました。
　　(a)　忠実義務に関する規定の合理化
　　　信託行為の定めや受益者の同意等に基づき、受託者の利益と受益者の利益とが形式的に相反する行為が許容されました。
　　　（例：受託者が信託財産であるビルのテナントになること。）
　　(b)　自己執行義務に関する規定の合理化
　　　信託の目的に照らして相当であるときには、信託行為に定めがない場合でも、受託者が第三者に信託事務の処理を委託することが許容されました。
　　　（例：信託財産であるビルのテナント募集を専門業者へ委託すること。）
　②　受益者の権利行使の実効性・機動性を高めるため次のとおり規律の整備が行われました。
　　(a)　受託者の行為の差止請求権の創設
　　　受託者の任務違反行為（例：信託行為の定めに違反した信託財産の処分）の

　事前防止が可能となりました。
　(b)　受益者が複数の信託における意思決定方法の合理化
　　　受益者がすべき意思決定（例：運用対象財産の範囲の変更）を多数決による
　　ことが可能となりました。
　(c)　受託者を監視・監督する信託監督人制度の創設
　　　受益者が高齢で受託者を十分に監督できない場合などに対応するため、信託
　　行為の定め又は利害関係人の申立てによる裁判所の決定に基づき、弁護士等を
　　信託監督人に選任し、受託者を監督させることが可能となりました。
　③　多様な信託の利用形態に対応するため次のとおり制度の整備が行われました。
　(a)　信託の併合・分割の制度が設けられました。
　(b)　受益権の有価証券化に関する規定が整備されました。
　(c)　新たな信託の類型として、次の信託が認められるとともに、信託財産に対す
　　る強制執行の要件の緩和、公益の確保のための信託の終了を命ずる裁判などそ
　　の濫用を防止するための規定が整備されました。
　　a　委託者が自ら受託者となる信託（いわゆる自己信託）
　　b　受益者の定めのない信託（いわゆる目的信託）
　　c　限定責任信託（受託者の履行責任の範囲が信託財産に限定される信託）
⑵　その他、信託法制全体についての所要の整備が行われるとともに、表記の現代
　語化が行われました。

3　信託法の改正に伴う信託税制の整備

　信託に関する税制については、大正11年に信託法が制定されて以来、年金等に係
る信託など特殊なものを除き、原則として、名目上の信託財産の所有者である受託
者ではなく、実質上の所有者である受益者に、その所得や利益が帰属することとさ
れてきました。
　今回の新信託法の制定に際しても、原則として、実質上の所有者である受益者に
その所得や利益が帰属するものとみて課税関係を構築することに変更はありません。
　しかしながら、今回の新信託法の制定や既に旧法下においても信託の形態の多様
化など単純に受益者に課税関係を帰属させるという考え方だけでは、課税関係を律
しきれない信託が現出してきています。
立法においてもこのような信託について対応する必要が生じてきていました。
　そこで、今回の新信託法の制定に伴い、税制についても所得税、法人税、相続税
などの各種の税目を横断的に、かつ、一体的なものとして整備を行うこととされま
した。

とても大変であった様子が分かります。

　信託法の改正に伴って贈与税、相続税関係についてはどのような扱いをする
のかと言いますと、基本的には受益者等に対し課税を行うという受益者等課税
信託の考え方を採用しています。当然と言えば当然です。

　何度も言うように、信託はその対象とした財産の所有権を委託者から受託者
に移動させ、収益は受益者が得る制度です。

そこで、信託で所有権移転があった時の贈与税（遺贈の場合は相続税）課税はどうなるのかということになります。

　物の移動に関しては、所有権が無償で移転するならば、当然、贈与税は発生しますし、それが遺贈であれば相続税課税の対象となります。

　平成19年度の改正前の旧相続税法では信託に関する規定は第4条の一つだけでしたが、信託法が大きく見直されたことから、信託が租税回避に使われることのないよう相続税の改正においても第9条の次に第三節として「信託に関する特例」の枠を設け、第9条の2から第9条の6まで条文数を拡大するなど、税制においてもきっちりとした見直しが行われ、信託課税の整備が図られました。

　また、この税法改正では、所得税法及び法人税法については前で説明したように「みなし受益者」課税の考えを導入していますが、相続税法においても同様に「特定委託者」課税の考えを導入し、租税回避策を講じています。

　では、相続税法の改正内容について説明を始めます。

　旧相続税法第4条の信託に関する考えは、改正後の新相続税法では第9条の2で信託課税の原則規定として踏襲させていますが、同第9条の3以降は新たに設置された条文となっています。

　新相続税法の条文を見てみましょう。

　まず、通常の場合の贈与（遺贈）から見てみます。

　相続税法第9条には、次のように規定されています。

相続税法第9条
　　第五条から前条まで及び次節に規定する場合を除くほか、対価を支払わないで、又は著しく低い価額の対価で利益を受けた場合においては、当該利益を受けた時において、当該利益を受けた者が、当該利益を受けた時における当該利益の価額に相当する金額（対価の支払があつた場合には、その価額を控除した金額）を当該利益を受けさせた者から贈与（当該行為が遺言によりなされた場合には、遺贈）により取得したものとみなす。

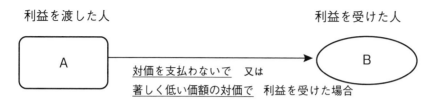

・利益を受けた時において
・利益の価額に相当する金額を

贈与の場合 ――――――――みなして――→ 贈与税を課税
遺言による場合の遺贈――みなして――→ 相続税を課税

これが贈与（又は遺贈）の税金上の基本的な考えです。

（参考）「第五条から前条まで及び次節」の内容
　　（贈与により取得したものとみなす場合）
　　　　・第五条　生命保険契約の保険事故又は損害保険契約の保険事故が発生した場合に
　　　　　　おいて、‥‥
　　　　・第六条　定期金給付契約（生命保険契約を除く。）の定期金給付事由が発生した
　　　　　　場合において、‥
　　（贈与又は遺贈により取得したものとみなす場合）
　　　　・第七条　著しく低い価額の対価で財産の譲渡を受けた場合においては、‥‥
　　　　・第八条　対価を支払わないで、又は著しく低い価額の対価で債務の免除、引受け
　　　　　　又は第三者のためにする債務の弁済による利益を受けた場合においては、‥‥
　　（次節）……「信託に関する特例」

しかし、信託に関しての税制上の取り扱いは異なります。

信託の仕組みが複雑になった分だけ、税法での取り扱いも複雑になっています。

相続税法上では、平成19年度の税制改正で、信託に関する条文が新たに加えられ、「第三節　信託に関する特例」が設置されました。

関連条文の概要は次の通りです。

・相続税法第9条の2…（贈与又は遺贈により取得したものとみなす信託に
　　　　　　　　　　関する権利）

　　・第1項…（**信託の効力が生じた時**に贈与又は遺贈により取得した
　　　　　　ものとみなす場合）

　　・第2項…（**新たに受益者等が存するに至った時**に贈与又は遺贈に
　　　　　　より取得したものとみなす場合）

・第３項…（**一部の受益者等が存しなくなった時**に贈与又は遺贈により取得したものとみなす場合）

・第４項…（**受益者等の存する信託が終了した時**に贈与又は遺贈により取得したものとみなす場合）

・第５項…（第１項の**特定委託者とは**）

・相続税法第９条の３…（**受益者連続型信託の特例**）

・相続税法第９条の４…（**受益者等が存しない信託等の特例　その１**）

・相続税法第９条の５…（**受益者等が存しない信託等の特例　その２**）

条文のタイトルをみてもすごいと感じるのではないかと思います。

再度申しますが、税法は、信託を利用しての課税逃れを封じ適正課税が行われるように定められていますので、理解するのに行き詰まったら、「課税逃れ等をさせないようにする」ところにポイントを定めて再考してみると理解できるかもしれません。

相続税法第９条の２及び同法第９条の３は、先にも出てきました「受益者等課税信託」に関する規定となっています。

だから、受益者等が存する場合の規定と考えてください。

また、信託法の改正で新たに組成が可能となった「受益者指定権等（信89）」や「後継ぎ遺贈型受益者連続信託（信91）」、「受益者等が不特定又は未存在の信託（信258）」に関しては、相続税法第９条の３に「受益者連続型信託の特例」が、相続税法第９条の４及び同法９条の５に「受益者等が存しない信託等の特例」が新たに設置されました。

ところで、信託の仕方には、前に説明をしました「自益信託」や「他益信託」の方法があります。

贈与税、相続税はそれにより取り扱いが異なっています。

信託の効力発生時において、<u>委託者と受益者が同一人の信託（**自益信託**）</u>の場合には、実質的・経済的な財産の所有者に変更がないため課税関係は生じません。

委託者と受益者が別人である信託（**他益信託**）の場合はどうでしょうか。

この場合、財産の実質的・経済的な所有権が委託者から受益者に変更になるため、適正対価の有無等に応じて、一定の課税関係が生じることになります。

また、後日、受益者等が変更することも考えられますが、その場合には新たな受益者等は委託者や別の受益者等から信託に関する権利を贈与（又は遺贈）により取得したものとみなされ、贈与税（又は相続税）の課税を受けることになります。

信託行為で、信託財産を移転することを考える場合には、課税に関し、特に贈与税（相続税を含む。）に十分気をつける必要があります。

2　相続税法第9条の2について

まず、財務省の平成19年度税制改正の解説を見てみましょう。

「平成19年度税制改正の解説」（40頁）

1　信託法の改正に伴う相続税・贈与税の改正
(1)　改正後の相続税・贈与税における信託課税の原則
　　相続税及び贈与税における信託課税の原則について基本的な変更はありませんが、従来は受益者又は委託者が信託に関する権利を有するものとされていましたが、実質的に信託に関する権利を有する者として委託者に類似する者や受託者が課税対象として追加されるなどの課税対象者の見直しのほか、次のとおり場合分けを細かくするなど規定の整備が行われました（新相法9の2①～⑥）。
①　信託の効力が生じた場合
②　受益者等の存する信託について、新たに信託の受益者等が存するに至った場合
③　受益者等の存する信託について、一部の受益者等が存しなくなった場合
④　受益者等の存する信託が終了した場合
⑤　信託に関する権利と信託財産との関係の明確化

では、相続税法第9条の2を見ていきます。

この条文では、「贈与又は遺贈により取得したものとみなす信託に関する権利」についての定めをしています。第1項から第6項まであります。

相続税法第9条の2（贈与又は遺贈により取得したものとみなす信託に関する権利）
　　信託（退職年金の支給を目的とする信託その他の信託で政令で定めるものを除く。以下同じ。）の効力が生じた場合において、適正な対価を負担せずに当該信託の受益者等

（受益者としての権利を現に有する者及び特定委託者をいう。以下この節において同じ。）となる者があるときは、当該信託の効力が生じた時において、当該信託の受益者等となる者は、当該信託に関する権利を当該信託の委託者から贈与（当該委託者の死亡に基因して当該信託の効力が生じた場合には、遺贈）により取得したものとみなす。

2　受益者等の存する信託について、適正な対価を負担せずに新たに当該信託の受益者等が存するに至つた場合（第四項の規定の適用がある場合を除く。）には、当該受益者等が存するに至つた時において、当該信託の受益者等となる者は、当該信託に関する権利を当該信託の受益者等であつた者から贈与（当該受益者等であつた者の死亡に基因して受益者等が存するに至つた場合には、遺贈）により取得したものとみなす。

3　受益者等の存する信託について、当該信託の一部の受益者等が存しなくなつた場合において、適正な対価を負担せずに既に当該信託の受益者等である者が当該信託に関する権利について新たに利益を受けることとなるときは、当該信託の一部の受益者等が存しなくなつた時において、当該利益を受ける者は、当該利益を当該信託の一部の受益者等であつた者から贈与（当該受益者等であつた者の死亡に基因して当該利益を受けた場合には、遺贈）により取得したものとみなす。

4　受益者等の存する信託が終了した場合において、適正な対価を負担せずに当該信託の残余財産の給付を受けるべき、又は帰属すべき者となる者があるときは、当該給付を受けるべき、又は帰属すべき者となつた時において、当該信託の残余財産の給付を受けるべき、又は帰属すべき者となつた者は、当該信託の残余財産（当該信託の終了の直前においてその者が当該信託の受益者等であつた場合には、当該受益者等として有していた当該信託に関する権利に相当するものを除く。）を当該信託の受益者等から贈与（当該受益者等の死亡に基因して当該信託が終了した場合には、遺贈）により取得したものとみなす。

5　第一項の「特定委託者」とは、信託の変更をする権限（軽微な変更をする権限として政令で定めるものを除く。）を現に有し、かつ、当該信託の信託財産の給付を受けることとされている者（受益者を除く。）をいう。

6　第一項から第三項までの規定により贈与又は遺贈により取得したものとみなされる信託に関する権利又は利益を取得した者は、当該信託の信託財産に属する資産及び負債を取得し、又は承継したものとみなして、この法律（第四十一条第二項を除く。）の規定を適用する。ただし、法人税法（昭和四十年法律第三十四号）第二条第二十九号（定義）に規定する集団投資信託、同条第二十九号の二に規定する法人課税信託又は同法第十二条第四項第一号（信託財産に属する資産及び負債並びに信託財産に帰せられる収益及び費用の帰属）に規定する退職年金等信託の信託財産に属する資産及び負債については、この限りでない。

　以下の図は平成19年7月4日付資産課税課情報第14号の相続税法基本通達9の2－1「受益者としての権利を現に有する者」から引用したものです。

（信託に対する相続税・贈与税の課税関係）

1　他益信託の設定（相法9の2①）

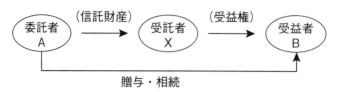

2　受益者の変更等（相法9の2②）

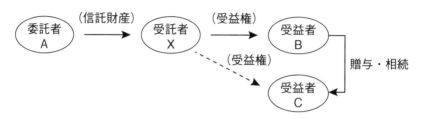

3　受益者の一部不存在（相法9の2③）

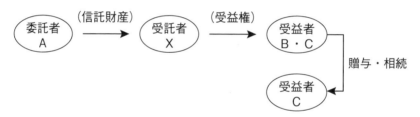

4　信託の終了（相法9の2④）

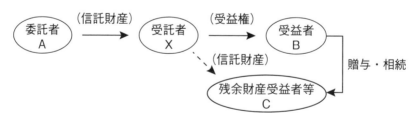

　この条文は、旧相続税法第4条の規定と同様に受益者課税であることに変わりはないが、幅広に改正された信託法に対応するため、受益者の範囲を整理し、「特定委託者」という概念を取り込んで、受益者等（受益者としての権利を現に有する者及び特定委託者をいう。）の考えを作り、贈与又は遺贈により取得したものとみなす信託に関する権利についての規定となっています。

改正相続税法上でいう「受益者等」とは、相続税法第9条の2の第1項で①「受益者の中でも受益者としての権利を現に有する者」と②「特定委託者」に限られることになりました。

　それでは、相続税法第9条の2の第1項から第4項までにおける課税関係について説明をします。

　他益信託を前提とし、「適正な対価を負担せず」を条件にした規定となっています。

(1)　同法第1項について … 信託の効力が生じた場合

　まず、第1項についてです。

　この第1項では、信託において、信託の効力が生じた場合に「適正な対価を負担せず」で、「信託の受益者等となる者がある場合」について定められています。

　そして、課税時期は、「信託の効力が生じた時」となっています。

　条文は

　　「信託（退職年金の支給を目的とする信託その他の信託で政令で定めるものを除く。以下同じ。）の効力が生じた場合において、適正な対価を負担せずに当該信託の受益者等（受益者としての権利を現に有する者及び特定委託者をいう。以下この節において同じ。）となる者があるときは、<u>当該信託の効力が生じた時において</u>、当該信託の受益者等となる者は、当該信託に関する権利を当該信託の委託者から贈与（当該委託者の死亡に基因して当該信託の効力が生じた場合には、遺贈）により取得したものとみなす。」となっています。

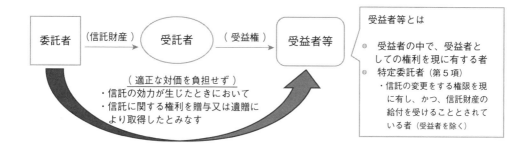

イ　「信託の効力が生じた時」について

　では、「信託の効力が生じた時」とはいつなのかということですが、これは、税法では規定されていませんので、信託法の規定を準用することになります。

　信託法第3条で「信託の方法」についての定めがあります。（次の3通り）

　　① 　信託契約による方法

　　② 　遺言による方法

　　③ 　自己信託による方法

そして、その効力の発生時期は同法第4条（信託の効力の発生）で、次のように定められています。

　　① 　信託契約による方法では信託契約締結時　（同法4①）

　　② 　遺言によってされる信託の場合では遺言の効力の発生時　（同法4②）

　　③ 　自己信託による方法では、公正証書の作成日又は公正証書等以外の書面等の場合は受益者となるべき者として指定された第三者に対する確定日付のある証書の通知の時　（同法4③）

　　④ 　上記①～③の規定にかかわらず、信託行為に停止条件又は始期が付されているときは、当該停止条件の成就又は当該始期の到来によってその効力を生じた時　（同法4④）

　この信託法上の効力発生時期を相続税法においても、準用することになります。

信託法第3条（信託の方法）

　信託は、次に掲げる方法のいずれかによってする。

　一　特定の者との間で、当該特定の者に対し財産の譲渡、担保権の設定その他の財産の処分をする旨並びに当該特定の者が一定の目的に従い財産の管理又は処分及びその他の当該目的の達成のために必要な行為をすべき旨の契約（以下「信託契約」という。）を締結する方法

　二　特定の者に対し財産の譲渡、担保権の設定その他の財産の処分をする旨並びに当該特定の者が一定の目的に従い財産の管理又は処分及びその他の当該目的の達成のために必要な行為をすべき旨の遺言をする方法

　三　特定の者が一定の目的に従い自己の有する一定の財産の管理又は処分及びその他の当該目的の達成のために必要な行為を自らすべき旨の意思表示を公正証書その他の書面又は電磁的記録（電子的方式、磁気的方式その他人の知覚によっては認識することができない方式で作られる記録であって、電子計算機による情報処理の用に供されるものとして法務省令で定めるものをいう。以下同じ。）で当該目的、当該財産の特定に必要な事項その他の法務省令で定める事項を記載し又は記録したものによってする方法

信託法第4条（信託の効力の発生）

　前条第一号に掲げる方法によってされる信託は、委託者となるべき者と受託者となるべき者との間の信託契約の締結によってその効力を生ずる。

2　前条第二号に掲げる方法によってされる信託は、当該遺言の効力の発生によってその効力を生ずる。

3　前条第三号に掲げる方法によってされる信託は、次の各号に掲げる場合の区分に応じ、当該各号に定めるものによってその効力を生ずる。

　一　公正証書又は公証人の認証を受けた書面若しくは電磁的記録（以下この号及び次号において「公正証書等」と総称する。）によってされる場合　当該公正証書等の作成

　二　公正証書等以外の書面又は電磁的記録によってされる場合　受益者となるべき者として指定された第三者（当該第三者が二人以上ある場合にあっては、その一人）に対する確定日付のある証書による当該信託がされた旨及びその内容の通知

4　前三項の規定にかかわらず、信託は、信託行為に停止条件又は始期が付されているときは、当該停止条件の成就又は当該始期の到来によってその効力を生ずる。

□　「適正な対価を負担せず」について

　次に、「適正な対価を負担せず」とありますが、旧相続税法にはこの言葉はありませんでした。

　「適正な対価を負担せず」が導入された趣旨は、信託に関する権利を売買等で取得した場合には、この規定の適用がないことを条文上、明らかにしたものです。

　　改正前までは、規定の趣旨から明らかであるとして、同様に取り扱われていましたが、今回の改正により、規定の上でも明確化が図られたところです。

　　いうなれば、信託に関する権利を売買等で取得した場合には、この規定を受けないということをあえて明言したものとなっています。

　　「適正な対価を負担せず」とは、あくまでも無償による贈与であるということを明示したものです。

　　仮に、信託設定時に受益者が信託に関する権利を売買で取得したとしたら、この相続税法第9条の2の適用はなく、委託者（個人とすれば）に対し所得税法上の譲渡所得税（所得税法第33条）が課税されることになります。

所得税法第33条（譲渡所得）
　　譲渡所得とは、資産の譲渡（建物又は構築物の所有を目的とする地上権又は賃借権の設定その他契約により他人に土地を長期間使用させる行為で政令で定めるものを含む。以下この条において同じ。）による所得をいう。
2　次に掲げる所得は、譲渡所得に含まれないものとする。
　　一　たな卸資産（これに準ずる資産として政令で定めるものを含む。）の譲渡その他営利を目的として継続的に行なわれる資産の譲渡による所得
　　二　前号に該当するもののほか、山林の伐採又は譲渡による所得
3　譲渡所得の金額は、次の各号に掲げる所得につき、それぞれその年中の当該所得に係る総収入金額から当該所得の基因となつた資産の取得費及びその資産の譲渡に要した費用の額の合計額を控除し、その残額の合計額（当該各号のうちいずれかの号に掲げる所得に係る総収入金額が当該所得の基因となつた資産の取得費及びその資産の譲渡に要した費用の額の合計額に満たない場合には、その不足額に相当する金額を他の号に掲げる所得に係る残額から控除した金額。以下この条において「譲渡益」という。）から譲渡所得の特別控除額を控除した金額とする。
　　一　資産の譲渡（前項の規定に該当するものを除く。次号において同じ。）でその資産の取得の日以後五年以内にされたものによる所得（政令で定めるものを除く。）
　　二　資産の譲渡による所得で前号に掲げる所得以外のもの
4　前項に規定する譲渡所得の特別控除額は、五十万円（譲渡益が五十万円に満たない場合には、当該譲渡益）とする。
5　第三項の規定により譲渡益から同項に規定する譲渡所得の特別控除額を控除する場合には、まず、当該譲渡益のうち同項第一号に掲げる所得に係る部分の金額から控除するものとする。

八 「受益者等」について

次に、「受益者等」について説明します。

「受益者等」とは、納税義務の主体（納税義務者）を示します。

今回の改正で、従来の「受益者」という表現に「等」が加えられ、「受益者等」となりました。

この受益者等とは、相続税法第９条の２第１項に「受益者としての権利を現に有する者」及び「特定委託者」をいうと定義されています。

では、まずは相続税法上でいう「受益者としての権利を現に有する者」とは、どのような者を指すのかといいますと、信託法の中で信託行為において「受益者」と位置付けられている者のうちで「権利を現に有する者」を指します。

ここでも、信託法上の定義が税法で準用されています。

相続税法第９条の２（贈与又は遺贈により取得したものとみなす信託に関する権利）

信託（退職年金の支給を目的とする信託その他の信託で政令で定めるものを除く。以下同じ。）の効力が生じた場合において、適正な対価を負担せずに当該信託の<u>受益者等（受益者としての権利を現に有する者及び特定委託者をいう。以下この節において同じ。）</u>となる者があるときは、当該信託の効力が生じた時において、当該信託の受益者等となる者は、当該信託に関する権利を当該信託の委託者から贈与（当該委託者の死亡に基因して当該信託の効力が生じた場合には、遺贈）により取得したものとみなす。

㋑ 「受益者としての権利を現に有する者」について

では、相続税法上での「受益者としての権利を現に有する者」とは、具体的にはどのような者をいうのかといいますと、相続税法基本通達９の２－１において、信託法第182条第１項第１号に規定する<u>残余財産受益者は含まれるが</u>、次の①～③は含まれないと定められています。

① 停止条件が付された信託財産の給付を受ける権利を有する者

② 信託法第90条第１項各号（１号及び２号）に規定する委託者死亡前の受益者

③ 信託法第182第１項第２号に規定する帰属権利者

相続税法基本通達９の２－１　（受益者としての権利を現に有する者）

　　法第９条の２第１項に規定する「受益者としての権利を現に有する者」には、原則として例えば、信託法第182条第１項第１号（（残余財産の帰属））に規定する残余財産受益者は含まれるが、停止条件が付された信託財産の給付を受ける権利を有する者、信託法第90条第１項各号（（委託者の死亡の時に受益権を取得する旨の定めのある信託等の特例））に規定する委託者死亡前の受益者及び同法第182条第１項第２号に規定する帰属権利者（以下９の２－２において「帰属権利者」という。）は含まれないことに留意する。（平19課資２－５、課審６－３追加）

信託法第90条（委託者の死亡の時に受益権を取得する旨の定めのある信託等の特例）

　　次の各号に掲げる信託においては、当該各号の委託者は、受益者を変更する権利を有する。ただし、信託行為に別段の定めがあるときは、その定めるところによる。
　　　一　委託者の死亡の時に受益者となるべき者として指定された者が受益権を取得する旨の定めのある信託
　　　二　委託者の死亡の時以後に受益者が信託財産に係る給付を受ける旨の定めのある信託
２　前項第二号の受益者は、同号の委託者が死亡するまでは、受益者としての権利を有しない。ただし、信託行為に別段の定めがあるときは、その定めるところによる。

信託法第182条（残余財産の帰属）

　　残余財産は、次に掲げる者に帰属する。
　　　一　信託行為において残余財産の給付を内容とする受益債権に係る受益者（次項において「残余財産受益者」という。）となるべき者として指定された者
　　　二　信託行為において残余財産の帰属すべき者（以下この節において「帰属権利者」という。）となるべき者として指定された者
２　信託行為に残余財産受益者若しくは帰属権利者（以下この項において「残余財産受益者等」と総称する。）の指定に関する定めがない場合又は信託行為の定めにより残余財産受益者等として指定を受けた者のすべてがその権利を放棄した場合には、信託行為に委託者又はその相続人その他の一般承継人を帰属権利者として指定する旨の定めがあったものとみなす。
３　前二項の規定により残余財産の帰属が定まらないときは、残余財産は、清算受託者に帰属する。

信託法第183条　（帰属権利者）

　　信託行為の定めにより帰属権利者となるべき者として指定された者は、当然に残余財産の給付をすべき債務に係る債権を取得する。ただし、信託行為に別段の定めがあるときは、その定めるところによる。
２　第八十八条第二項の規定は、前項に規定する帰属権利者となるべき者として指定された者について準用する。
３　信託行為の定めにより帰属権利者となった者は、受託者に対し、その権利を放棄する旨の意思表示をすることができる。ただし、信託行為の定めにより帰属権利者となった者が信託行為の当事者である場合は、この限りでない。
４　前項本文に規定する帰属権利者となった者は、同項の規定による意思表示をしたと

きは、当初から帰属権利者としての権利を取得していなかったものとみなす。ただし、第三者の権利を害することはできない。
5　第百条及び第百二条の規定は、帰属権利者が有する債権で残余財産の給付をすべき債務に係るものについて準用する。
6　帰属権利者は、信託の清算中は、受益者とみなす。

　その理由を説明します。

　では、どうして残余財産受益者が「受益者としての権利を現に有する者」に含まれるのかと考えますと、残余財産受益者は、残余財産の給付を内容とする受益債権を有する者であるということを除けば、一般の受益者と異なるところはなく、信託の終了前から受益者としての権利を有することから、「受益者として現に権利を有する者」に該当することになるわけです。

　では、上記③の帰属権利者についてはどうでしょうか。

　信託法第183条第6項で、信託終了後、その清算中においてのみ受益者としての権利を有する者であると定められていることから、信託期間中は「受益者として現に権利を有する者」に該当しないことになると読み取ることができます。

　また、上記①の「停止条件が付された信託財産の給付を受ける権利を有する者」についてはどうでしょうか。

　受益債権又は受益債権を確保するための権利に停止条件が付されている場面では、その間は権利の行使ができない状況にあり、その状況では現に受益権を有しているとはいえないことから、「受益者として現に権利を有する者」に該当しないことになっています。

　このことから、委託者が死亡するまでは受益者としての権利を有さないこととされている者があったとしたら、委託者が死亡するまでは現に権利を有しているとは言えないことから委託者が死亡するまでは「受益者等」とはならないことになります。

　ここで注意をしなければならないことは、<u>受益者が複数人いた場合</u>です。

　複数人いる受益者の一部の者にだけ停止条件が付されていないとしたら、他の停止条件が付された受益者についてはその間は受益者とはみなされないことになることから、その停止条件が終了するまでの間は、停止条件が付されていない受益者が、停止条件が付された受益者の受益分も含めて課税されることになるので注意しなければなりません。

　さらに、上記②の「信託法第90条第1項各号（委託者の死亡の時に受益権を取得する旨の定めのある信託等の特例）に規定する委託者死亡前の受益者」は、いわゆる遺言代用信託の受益者であり、この遺言代用信託の受益者については、信託行為に別段の定めがない限り、委託者が死亡するまでは受益者としての権利を有しないことから、「受益者として権利を現に有する者」には該当しないこととなりますので、「受益者等」には含まれないことになります。

　この相続税法基本通達9の2−1（受益者としての権利を現に有する者）に関して国税庁は次のように説明をしています。

　平成19年度税制改正前の信託課税においては、原則として受益者が信託に関する権利を有することとされており、当該受益者が存しない場合には委託者（その相続人を含む。）が信託に関する権利を有することとされてきた（平成19年改正前の相基通4−1）が、新信託法では、遺言によって信託行為が行われた場合には、原則として、委託者の相続人は、委託者の地位を相続により承継しない旨の規定（新信託法147）が設けられるなど、委託者は、基本的には何らの権利も有さないことがより明確化された。

　このようなことから、平成19年度税制改正後の信託課税においては、単に委託者であるということのみで課税関係を律していた従来の方式から、財産的な権利を有するか否かをメルクマール（「基準」）として課税

関係を律することとし、具体的には、信託に関する権利を有する者は、受益者としての権利を現に有する者（信託行為において受益者と位置づけられている者のうち、現に権利を有する者をいう。以下同じ。）及び特定委託者（法第9条の2第1項に規定する特定委託者をいう。以下同じ。）とされた。

ところで、受益者とは、新信託法第2条第6項及び第7項の規定により、受益権、すなわち、①信託行為に基づいて受託者が受益者に対して負う債務であって信託財産に属する財産の引渡しその他信託財産に係る給付をすべきものに係る債権（以下「受益債権」という。）及び②これらを確保するために新信託法の規定に基づいて受託者その他の者に対し一定の行為を求めることができる権利（以下「受益債権を確保するための権利」という。）を有する者をいうこととされている。

したがって、新信託法第182条第1項第1号（残余財産の帰属）に規定する残余財産受益者（以下「残余財産受益者」という。）は、残余財産の給付を内容とする受益債権を有する者であり、かつ、信託の終了前から受益債権を確保するための権利を有することから、受益者として現に権利を有する者に含まれることとなる。

もっとも、残余財産受益者が、信託が終了し、当該信託に係る残余財産に対する権利が確定するまでは残余財産の給付を受けることができるかどうか分からないような受益債権しか有していない場合には、現に権利を有しているとはいえないことから、このような残余財産受益者については、当該権利が確定するまでは受益者として権利を現に有する者に該当しないことは言うまでもない。

一方、次に掲げる者は、それぞれに掲げる事由により、受益者に該当しないので、受益者として権利を現に有する者には当たらないことになる。

⑴　停止条件が付された信託財産の給付を受ける権利を有する者

　　受益債権ないし受益債権を確保するための権利に停止条件が付されていることから受益権を有していない。

⑵　新信託法第90条第1項第1号（委託者の死亡の時に受益権を取得

する旨の定めのある信託等の特例）に規定する受益者

　　　同号の規定により委託者死亡前はまだ受益者とされていない。

(3)　新信託法第90条第1項第2号に規定する受益者

　　　同条第2項の規定により委託者が死亡するまでは原則として受益者としての権能を有しないとされている

(4)　新信託法第182条第1項第2号に規定する帰属権利者

　　　本来的に信託から利益を享受するものとされている受益者への給付が終了した後に残存する財産が帰属する者にすぎないことから、信託が終了するまでは受益者としての権利義務を有せず、信託の終了後、はじめて受益者としての権利義務を有する。

　そこで、この基本通達では、受益者として権利を現に有する者の範囲を例示した。

㈣　「特定委託者」について

　次に「特定委託者」です。

　この特定委託者も「受益者等」を構成する一人です。

　信託法の改正に伴い、相続税法上に採り入れられた特定委託者は、委託者の租税回避行為を防止するために平成19年度の相続税法の改正で導入された新しい概念です。

　言葉は異なりますが所得税法及び法人税法でいう「みなし受益者」と同じと思ってください。

　その特定委託者とは、同法第9条の2第5項で、**「信託の変更をする権限（軽微な変更をする権限として政令で定めるものを除く。）を現に有し、かつ、当該信託の信託財産の給付を受けることとされている者（受益者を除く。）をいう。」**とあります。

　したがって、特定委託者は、相続・贈与課税において、「信託の変更をする権限を現に有し、かつ、信託財産の給付を受けることとされている者」のことをいうと定められていることから、このような者にあっては例え信託法上では受益者となっていなくても、税法上では受益者とみ

なされて扱われることになります。

　このことから、この特定委託者に該当することになれば、信託設定時（信託の効力が生じた時）等に、委託者から受益者等への贈与等があったものとみなして課税が行われることになります。

相続税法第9条の2（贈与又は遺贈により取得したものとみなす信託に関する権利）
5　第一項の「特定委託者」とは、信託の変更をする権限（軽微な変更をする権限として政令で定めるものを除く。）を現に有し、かつ、当該信託の信託財産の給付を受けることとされている者（受益者を除く。）をいう。

　では、なぜ、この特定委託者という制度が導入されたのかといいますと、信託では、委託者所有の財産は委託者の手から離れてしまうわけですが、契約の組成の仕方次第では信託設定後においても委託者がその運用内容等を変更する権限を持つことが可能となりました。

　新しい信託法では、委託者が口出しできる"力"を残す組成もできるようになりました。

　そのことを利用して租税回避に悪用されることが考えられることから、税制ではそのところに蓋をしたわけです。

　委託者の中でも、「信託の変更をする権限（軽微な変更をする権限として政令で定めるものを除く。）を現に有し、かつ、当該信託の信託財産の給付を受けることとされている者（受益者を除く。）」となればその委託者を受益者として扱うことにしました。

　そして、その者を特定委託者として扱い、受益者への仲間入りをさせ、贈与税等の課税対象者にしたわけです。

　信託組成後に口出しできる者によって租税回避ができないよう税法上では受益者の範囲を広げたわけです。

(a)　「信託の変更をする権限」について

　では、特定委託者としての条件の一つである「信託の変更をする権限」はどのようなものかというと、相続税法施行令第1条の7で次の

ように整理をしています。

○　「信託の変更をする権限」に含む権限として、

　　…他の者との合意により信託の変更をすることができる権限

×　「信託の変更をする権限」から除かれる権限として、

　　…軽微な変更をする権限（信託の目的に反しないことが明らか

　　である場合に限り信託の変更をすることができる権限）

相続税法施行令第1条の7（信託の変更をする権限）
　法第九条の二第五項に規定する政令で定めるものは、信託の目的に反しないことが明らかである場合に限り信託の変更をすることができる権限とする。
2　法第九条の二第五項に規定する信託の変更をする権限には、他の者との合意により信託の変更をすることができる権限を含むものとする。

信託法第149条（関係当事者の合意等）
　信託の変更は、委託者、受託者及び受益者の合意によってすることができる。この場合においては、変更後の信託行為の内容を明らかにしてしなければならない。
2　前項の規定にかかわらず、信託の変更は、次の各号に掲げる場合には、当該各号に定めるものによりすることができる。この場合において、受託者は、第一号に掲げるときは委託者に対し、第二号に掲げるときは委託者及び受益者に対し、遅滞なく、変更後の信託行為の内容を通知しなければならない。
一　信託の目的に反しないことが明らかであるとき　受託者及び受益者の合意
二　信託の目的に反しないこと及び受益者の利益に適合することが明らかであるとき　受託者の書面又は電磁的記録によってする意思表示

(b)　「信託の信託財産の給付を受けることとされている者（受益者を除く。）」について

　　次に、特定委託者としての条件の二つ目に「信託の信託財産の給付を受けることとされている者（受益者を除く。）」があります。

　　これについては、相続税法施行令第1条の12第4項で「停止条件が付された信託財産の給付を受ける権利を有する者」が該当するとあります。

　　「信託の信託財産の給付を受けることとされている者」には、「停止条件が付された信託財産の給付を受ける権利を有する者」が含まれます。

相続税法施行令第１条の12（受益者等が存しない信託の受託者の住所等）
１〜３　省略
４　停止条件が付された信託財産の給付を受ける権利を有する者は、法第九条の二第
　　五項に規定する信託財産の給付を受けることとされている者に該当するものとする。

　　　　以上のことから、特定委託者とは具体的にどのような者を指すのか
　　といいますと、相続税法基本通達９の２－２で、公益信託の委託者は
　　除かれ、原則として次の者が特定委託者に含まれると定められていま
　　す。
　　　　ア　次の場合の委託者
　　　　　・委託者が信託行為の定めにより帰属権利者として指定されてい
　　　　　　る場合
　　　　　・信託行為に信託法第182条第２項に規定する残余財産受益者又
　　　　　　は帰属権利者の指定に関する定めがない場合
　　　　　・信託行為の定めにより残余財産受益者又は帰属権利者として指
　　　　　　定を受けた者のすべてがその権利を放棄した場合
　　　　イ　停止条件が付された信託財産の給付を受ける権利を有する者で、
　　　　　　信託の変更する権限を有する者

相続税法基本通達９の２－２　（特定委託者）
　　法第９条の２第１項に規定する特定委託者（以下「特定委託者」という。）とは、
公益信託ニ関スル法律（大正11年法律第62号）第１条（（公益信託））に規定する公
益信託（以下９の２－６において「公益信託」という。）の委託者（その相続人そ
の他の一般承継人を含む。以下同じ。）を除き、原則として次に掲げる者をいうこ
とに留意する。（平19課資２－５、課審６－３追加）
　⑴　委託者（当該委託者が信託行為の定めにより帰属権利者として指定されてい
　　る場合、信託行為に信託法第182条第２項に規定する残余財産受益者等の指定
　　に関する定めがない場合又は信託行為の定めにより残余財産受益者等として指
　　定を受けた者のすべてがその権利を放棄した場合に限る。）
　⑵　停止条件が付された信託財産の給付を受ける権利を有する者（法第９条の２
　　第５項に規定する信託の変更をする権限を有する者に限る。）

信託法第182条（残余財産の帰属）
２　信託行為に残余財産受益者若しくは帰属権利者（以下この項において「残余財産
　　受益者等」と総称する。）の指定に関する定めがない場合又は信託行為の定めによ
　　り残余財産受益者等として指定を受けた者のすべてがその権利を放棄した場合には、

信託行為に<u>委託者又はその相続人その他の一般承継人を帰属権利者として指定する</u>
<u>旨の定めがあったものとみなす</u>。

相続税法第９条の２（贈与又は遺贈により取得したものとみなす信託に関する権利）
5　第一項の「特定委託者」とは、信託の変更をする権限（軽微な変更をする権限と
して政令で定めるものを除く。）を現に有し、かつ、当該信託の信託財産の給付を
受けることとされている者（受益者を除く。）をいう。

　　これらのことから、上記アの「委託者」は「特定委託者」に該当す
ることとなり、上記イの「停止条件が付された信託財産の給付を受け
る権利を有する者」は、相続税法施行令第１条の12第４項においても
「信託財産の給付を受けることとされている者」に該当するとされて
いることから、信託の変更をする権利を有していれば「特定委託者」
に該当することになります。

　　なお、この他に、信託法第89条第１項（受益者指定権等）に規定す
る受益者指定権等を有する者が、信託財産の給付を受ける権利を有し
ている場合には、特定委託者に該当することとなります。

信託法第89条（受益者指定権等）
　　受益者を指定し、又はこれを変更する権利（以下この条において「受益者指定権
等」という。）を有する者の定めのある信託においては、受益者指定権等は、受託
者に対する意思表示によって行使する。
2　前項の規定にかかわらず、受益者指定権等は、遺言によって行使することができ
る。
3　前項の規定により遺言によって受益者指定権等が行使された場合において、受託
者がこれを知らないときは、これにより受益者となったことをもって当該受託者に
対抗することができない。
4　受託者は、受益者を変更する権利が行使されたことにより受益者であった者がそ
の受益権を失ったときは、その者に対し、遅滞なく、その旨を通知しなければなら
ない。ただし、信託行為に別段の定めがあるときは、その定めるところによる。
5　受益者指定権等は、相続によって承継されない。ただし、信託行為に別段の定め
があるときは、その定めるところによる。
6　受益者指定権等を有する者が受託者である場合における第一項の規定の適用につ
いては、同項中「受託者」とあるのは、「受益者となるべき者」とする。

　　また、公益信託ニ関スル法律第１条（公益信託）に規定する公益信

託の委託者（その相続人その他の一般承継者を含む。）は、相続税法の附則抄24項の規定により、特定委託者に該当することになります。

相続税法　附則抄
24　公益信託ニ関スル法律（大正十一年法律第六十二号）第一条（公益信託）に規定する公益信託の委託者（その相続人その他の一般承継人を含む。）は、第九条の二第五項に規定する特定委託者に該当するものとみなして、この法律の規定を適用する。

「平成19年度税制改正の解説」には次のように説明しています。

「平成19年度税制改正の解説」（476頁）

(5)　信託の権利を有する者の規定の整備

　　従来の信託課税においては、原則として受益者が信託に関する権利を有することとされており、この受益者がいない場合には委託者（その委託者の相続人を含みます。）が信託に関する権利を有するものとされてきました。

　　今回の信託法の改正においては、遺言によって信託がされた場合には原則として委託者の相続人は、委託者の地位を相続により承継しないことが規定されるなど、委託者は基本的には何らの権利も有さないことがより明確にされました。

　　このようなことから、信託課税においても単に委託者であるということで課税関係を生ぜしめていた従来の方式から、受託者等に対して一定の行為を求めることができる権限と財産的な権利を有するか否かをメルクマールとして課税関係を生ぜしめることとされました。

　　具体的には、先ず、信託に関する権利を有する者は、受益者としての権利を現に有する者及び特定委託者とされました。

　　この両者を合わせて「受益者等」といいます（新相法9の2①）。

　　この「受益者としての権利を現に有する者」とは、信託行為において「受益者」と位置づけられている者のうち、現に権利を有する者をいいます。

　　例えば、信託法第90条第1項第2号の受益者のように委託者が死亡するまでは受益者としての権利を有さないこととされている者は、委託者が死亡するまでは現に権利を有する者とは言えないことから、委託者が死亡するまでは「受益者等」には含まれないこととなります。

　　また、残余財産受益者であっても信託が終了し、残余財産に対する権利が確定するまでは残余財産の給付を受けることができるかどうかわからないような場合には、信託が終了し、残余財産に対する権利が確定するまでは「受益者等」には含まれないこととなるときもあります。

　　次に、「特定委託者」とは、信託の変更をする権限（軽微な変更をする権限として信託の目的に反しないことが明らかな場合に限り信託の変更をすることができる権限を除き、他の者との合意により信託の変更をする権限を含みます。）を現に有し、かつ、その信託の信託財産の給付を受けることとされている者（受益者を除きます。）をいいます（新相法9の2⑤、新相令1の7）

205

　なお、この信託の信託財産の給付を受けることとされている者には、停止条件が付された信託財産の給付を受ける権利を有する者（例えば、信託が終了した場合に、残余財産の給付を受ける権利を有する者が該当します。）を含むこととされています（新相令1の12④）。

　この特定委託者は、基本的には、委託者を念頭においていますが、委託者でなくても信託行為によりこのような権限等を与えられた者がいれば、特定委託者に該当することとなります。

　なお、基本的に信託は、委託者の意思により受託者が信託財産を管理、処分等をするものであることから、委託者は何の権利も有さずとも課税関係を生ぜしめるべきとの考え方もありますが、相続人などの委託者の地位を引き継いだ者などの立場を考えると、やはり、課税関係を生ぜしめるには、受益者ほどではないにしろ、受託者等に対する一定の権限と財産的な裏付けが必要であるとの考えから、上記のような要件となったところです。

　以上により、「特定委託者」とは、相続税法第9条の2第5項及び同法施行令第1条の7等において、受益者を除き、信託の変更をする権限（軽微な変更をする権限（信託の目的に反しないことが明らかな場合に限り信託の変更をすることができる権限をいう。）を除き、他の者との合意により信託の変更をする権限を含む。）を現に有し、かつ、当該信託の信託財産の給付を受けることができる者（停止条件が付された信託財産の給付を受ける権利を有する者を含む。）をいうとまとめることができます。

　改めて受益者について説明します。

　受益者については、信託法上では、同法第2条で「受益者とは受益権を有する者をいう。」と定められていますが、税法上（相続税法第9条の2第1項）では、「受益者とは、受益者としての権利を現に有する者に限る」となっており、捉え方が異なっています。

　そして、税法上では「現に」という言葉が入っています。

　ということは、税法上での判定は、「現に」という時点において受益権を行使することができるかどうかで判断しなければならないということになります。

　では、どうして、わざわざ「権利を現に有する」と定められているかと言えば、信託行為で受益者と定められていたとしても停止条件が付されて

いてまだその権利を有していない状態であったり、帰属権利者となっていてもそれは将来的な受益者であるということがあります。

　このような場合には、これらの者が、将来、確実に財産をもらえるかどうか確定していませんし、また、信託設定時の時点では将来いくらもらえるのかも分からない状況にあります。

　このような不確実なことに関しては、「実際にその権利を有することとなったときにはじめて課税しますよ、それまでは基本的には課税しませんよ」という考えをもって整理をされているようです。

　　この相続税法基本通達９の２－２（特定委託者）に関して国税庁は次のように説明をしています。

　相基通９の２－１の解説で示したように平成19年度税制改正により信託に関する権利を有する者は、受益者として権利を現に有する者及び特定委託者とされ、そして、特定委託者とは、信託の変更をする権限（軽微な変更をする権限として信託の目的に反しないことが明らかな場合に限り信託の変更をすることができる権限を除き、他の者との合意により信託の変更をする権限を有する者を含む。）を現に有し、かつ、当該信託の信託財産の給付を受けることができる者（受益者を除く。）をいうこととされている（法９の２⑤、令１の７）

　また、信託財産の給付を受けることができる者には、停止条件が付された信託財産の給付を受ける権利を有する者が含まれることとされている（令１の12④）。

　ところで、新信託法の下では、委託者には、例えば、次に掲げる権限が付与されていることから、原則として、委託者は信託を変更する権限を有していることとなる。

　①　受託者の辞任に対する同意権（新信託法57①）

　②　裁判所に対する受託者の解任請求権（新信託法58④）

　③　裁判所に対する新受託者の選任請求権（新信託法62④）

④　信託の変更、併合、分割又は終了する場合の同意権（新信託法149①、151①、155①、159①、164①）。

また、委託者は、信託行為の定めにより委託者を帰属権利者とした場合、信託行為に新信託法第182条第2項に規定する残余財産受益者等（以下「残余財産受益者等」という。）の指定に関する定めがない場合又は信託行為の定めにより残余財産受益者等として指定を受けた者のすべてがその権利を放棄した場合には、信託の信託財産の給付を受けることができることとなる。

そこで、相基通9の2－2では、特定委託者には、原則として次に掲げる者が含まれることを例示した。

⑴　委託者（当該委託者が信託行為の定めにより委託者を帰属権利者とした場合、信託行為に残余財産受益者等の指定に関する定めがない場合又は信託行為の定めにより残余財産受益者等として指定を受けた者のすべてがその権利を放棄した場合に限る。）

⑵　停止条件が付された信託財産の給付を受ける権利を有する者（法第9条の2第5項に規定する信託の変更をする権限を有する者に限る。）

なお、上記以外の者であっても、例えば、新信託法第89条第1項《受益者指定権等》に規定する受益者指定権等を有する者が、信託財産の給付を受ける権利を有している場合には、特定委託者に該当することになる。

また、公益信託ニ関スル法律（大正11年法律第62号）第1条《公益信託》に規定する公益信託（以下「公益信託」という。）の委託者（その相続人その他の一般承継人を含む。以下同じ。）は、法附則24項の規定により、特定委託者に該当することとされている。

ここまでは、相続税法第9条の2第1項の説明と、それをベースにした新たな言葉の内容について説明をしてきました。

説明をした言葉は次の通りです。

イ 「信託の効力が生じた時」とは

ロ 「適正な対価を負担せず」とは

ハ 「受益者等」とは

　(イ)「受益者としての権利を現に有する者」とは

　(ロ)「特定委託者」とは

　　(a)「信託の変更をする権限」とは

　　(b)「信託の信託財産の給付を受けることとされている者」とは

以上で、相続税法第9条の2第1項に関する説明を終わります。

次は、相続税法第9条の2第2項について説明します。

(2)　同法第2項について … 旧受益者から新受益者への受益権の移動の場合

同法第2項は、「受益者等の存する信託」と「適正な対価を負担せず」が条件となっている中で、「新たに信託の受益者等が存するに至った場合、受益者等が存するに至った時において、信託の受益者等となる者は信託に関する権利を信託の受益者等であった者から贈与又は遺贈により取得したものとみなす場合」について定めています。

「人の存在」が新たにできた場合と考えても良いかもしれません。

条文は

「受益者等の存する信託について、適正な対価を負担せずに新たに当該信託の受益者等が存するに至った場合（第四項の規定の適用がある場合を除く。）には、当該受益者等が存するに至った時において、当該信託の受益者等となる者は、当該信託に関する権利を当該信託の受益者等であった者から贈与（当該受益者等であった者の死亡に基因して受益者等が存するに至った場合には、遺贈）により取得したものとみなす。」となっています。

（受益者等の存する信託）

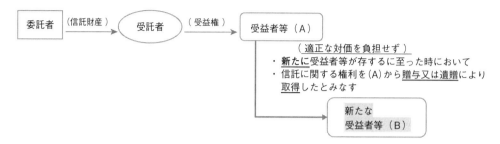

　なお、「新たに信託の受益者等が存するに至った場合」とは、相続税法基本通達9の2－3において、次のように例示しています。

　⑴　受益者Aのみ　⇒⇒　受益者A＋受益者Bとなった場合

　⑵　特定委託者Cのみ　⇒⇒　特定委託者C＋受益者Aとなった場合

　⑶　信託の権利を受益者A：50%、B：50%　⇒⇒　A：70%、B：30%

相続税法基本通達9の2－3（信託の受益者等が存するに至った場合）
　法第9条の2第2項に規定する「信託の受益者等が存するに至った場合」とは、例えば、次に掲げる場合をいうことに留意する。（平19課資2－5、課審6－3追加）
　⑴　信託の受益者等として受益者Aのみが存するものについて受益者Bが存することとなった場合（受益者Aが並存する場合を含む。）
　⑵　信託の受益者等として特定委託者Cのみが存するものについて受益者Aが存することとなった場合（特定委託者Cが並存する場合を含む。）
　⑶　信託の受益者等として信託に関する権利を各々半分ずつ有する受益者A及びBが存する信託についてその有する権利の割合が変更された場合

　国税庁は次のように説明をしています。

　法第9条の2第2項では、受益者等の存する信託について、適正な対価を負担せずに**新たに当該信託の受益者等が存するに至った場合**（法第9条の4第4項の規定の適用がある場合を除く。）には、当該受益者等が存するに至った時において、当該信託の受益者等となる者は、当該信託に関する権利を当該信託の受益者等であった者（以下「前受益者等」という。）から贈与（当該前受益者等の死亡に基因して受益者等が存することとなった場合には遺贈）により取得したものとみなされ、贈与税（遺贈の場合は

相続税）が課税されることとされた。

　そこで、相基通9の2-3では、法第9条の2第2項に規定する「信託の受益者等が存するに至った場合」とはどのような場合をいうかを留意的に明らかにした。

次は、同法第3項について説明します。

(3) 同法第3項について … 一部の受益者等が存しなくなった場合

　同法第3項は、同法第2項と同様に「受益者等の存する信託」と「適正な対価を負担せず」が条件となっており、「信託の一部の受益者等が存しなくなった場合、既に信託の受益者等である者がその信託に関する権利について新たに利益を受けることとなるときは、信託の一部の受益者等が存しなくなった時において、その利益を受ける者は、その利益をその信託の一部の受益者等であった者から贈与又は遺贈により取得したものとみなす場合」について定めています。

　受益者の中で「利益の移動」が新たに起きた場合と考えても良いかもしれません。

条文は

　「受益者等の存する信託について、当該信託の一部の受益者等が存しなくなった場合において、適正な対価を負担せずに既に当該信託の受益者等である者が当該信託に関する権利について新たに利益を受けることとなるときは、当該信託の一部の受益者等が存しなくなった時において、当該利益を受ける者は、当該利益を当該信託の一部の受益者等であった者から贈与（当該受益者等であった者の死亡に基因して当該利益を受けた場合には、遺贈）により取得したものとみなす。」となっています。

（受益者等の存する信託）

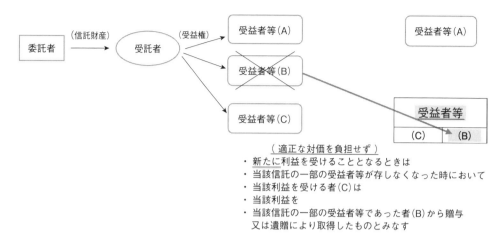

　　ところで、受益者は、受益権を放棄することができる（信託法99①）、また、受益者指定権が行使されると旧受益者は受益権を失うことになる（信託法89①）。

　　その結果、受益者等の存する信託に関する権利の一部について受益者等が存しない場合が発生することになる。

　　このようなケースの課税上の取扱いは、相続税法基本通達9の2−4（信託に関する権利の一部について放棄又は消滅があった場合）に定められている。

信託法第99条

　　受益者は、受託者に対し、受益権を放棄する旨の意思表示をすることができる。ただし、受益者が信託行為の当事者である場合は、この限りでない。

2　受益者は、前項の規定による意思表示をしたときは、当初から受益権を有していなかったものとみなす。ただし、第三者の権利を害することはできない。

信託法第89条（受益者指定権等）

　　受益者を指定し、又はこれを変更する権利（以下この条において「受益者指定権等」という。）を有する者の定めのある信託においては、受益者指定権等は、受託者に対する意思表示によって行使する。

相続税法基本通達9の2−4（信託に関する権利の一部について放棄又は消滅があった場合）

　　受益者等の存する信託に関する権利の一部について放棄又は消滅があった場合には、原則として、当該放棄又は消滅後の当該信託の受益者等が、その有する信託に関する権利の割合に応じて、当該放棄又は消滅した信託に関する権利を取得したものとみなされ

ることに留意する。（平19課資2-5、課審6-3追加）

国税庁は次のように説明をしています。

法第9条の2第3項では、受益者等の存する信託について、当該信託の一部の受益者等が存しなくなった場合において、適正な対価を負担せずに既に当該信託の受益者等である者が当該信託に関する権利について新たに利益を受けることとなるときは、当該信託の一部の受益者等が存しなくなった時において、当該利益を受ける者は、当該利益を当該信託の一部の受益者等であった者から贈与（当該受益者等であった者の死亡に基因して当該利益を受けた場合には遺贈）により取得したものとみなされ、贈与税（遺贈の場合は相続税）が課税されることとされた。

ところで、受益者は、信託行為の当事者（委託者が受益者である場合のいわゆる自益信託）である場合を除き、受託者に対し受益権を放棄する旨の意思表示をすることにより、受益権を放棄することができる（新信託法99①）。

また、信託行為で受益者指定権等を自己（委託者）又は第三者に与えたときは、当該受益者指定権等の行使により、受益者を指定し、変更することができることとされており、当該受益者指定権等が行使された場合には、旧受益者は受益権を失うこととなる（新信託法89①）。

したがって、その結果、受益者等の存する信託に関する権利の一部について受益者等が存しない場合が生じることとなるが、このような場合には、令第1条の12第3項の規定により、①当該信託についての受益者等（当該放棄又は受益者指定権等行使後の受益者等に限る。以下②において同じ。）が一であるときには、当該受益者等が当該信託に関する権利を全部を有するものと、また、②当該信託についての受益者等が二以上存するときには、当該信託に関する権利の全部をそれぞれの受益者等がその有する権利の内容に応じて有するものとされている。

そこで、相基通9の2-4では、信託に関する権利について放棄又は消

滅があった場合に利益を受けたものとみなされる受益者等及び受けた利益の算定方法について留意的に明らかにした。

　なお、受益者等の存する信託に関する権利の全部について放棄があった場合にも、上記と同様な課税関係が生ずることとなるが、信託に関する権利のすべてが放棄されたときは、信託の終了事由に該当することもあることなどから、相基通9の2-4では、当該権利の一部の放棄又は消滅の場合について課税関係を示したものである。

（参考）

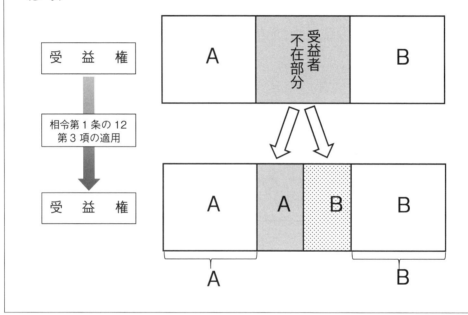

（受益者等が存しない信託の受託者の住所等）
相続税法施行令第1条の12
3　受益者等の有する信託に関する権利が当該信託に関する権利の全部でない場合における法第一章第三節の規定の適用については、次に定めるところによる。
　　一　当該信託についての受益者等が一である場合には、当該信託に関する権利の全部を当該受益者等が有するものとする。
　　二　当該信託についての受益者等が二以上存する場合には、当該信託に関する権利の全部をそれぞれの受益者等がその有する権利の内容に応じて有するものとする。

　次は、同法第4項について説明します。

214

⑷　同法第4項について … 信託が終了した場合

　同法第4項は、「受益者等の存する信託が終了した場合」で「適正な対価を負担せず」が条件となっており、「受益者等の存する信託が終了した場合、当該給付を受けるべき又は帰属すべき者となった時において、当該信託の残余財産の給付を受けるべき又は帰属すべき者となった者は、当該信託の残余財産を当該信託の受益者等から贈与又は遺贈により取得したものとみなす場合」について定めています。

　条文は

　　「受益者等の存する信託が終了した場合において、適正な対価を負担せずに当該信託の残余財産の給付を受けるべき、又は帰属すべき者となる者があるときは、当該給付を受けるべき、又は帰属すべき者となった時において、当該信託の残余財産の給付を受けるべき、又は帰属すべき者となった者は、当該信託の残余財産（当該信託の終了の直前においてその者が当該信託の受益者等であった場合には、当該受益者等として有していた当該信託に関する権利に相当するものを除く。）を当該信託の受益者等から贈与（当該受益者等の死亡に基因して当該信託が終了した場合には、遺贈）により取得したものとみなす。」となっています。

（受益者等の存する信託）

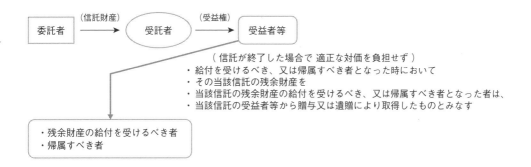

　ここで注意をしなければならないことは、税法上では、信託が終了した場合の残余財産の帰属先の捉え方が広くなっているということです。

　同法基本通達9の2－5で、税法上の適用を受ける者は「信託の残余財産受益者等に限らず、…」との文言になっています。

　実務上ではいろんなことが起き得ますので、課税漏れが生じないよう信託法上で定められている帰属先に限定せずに幅広に捉えることができるよう定められています。

相続税法基本通達9の2－5

　法第9条の2第4項の規定の適用を受ける者とは、<u>信託の残余財産受益者等に限らず、当該信託の終了により適正な対価を負担せずに当該信託の残余財産</u>（当該信託の終了直前においてその者が当該信託の受益者等であった場合には、当該受益者等として有していた信託に関する権利に相当するものを除く。）<u>の給付を受けるべき又は帰属すべき者となる者</u>をいうことに留意する。（平19課資2－5、課審6－3追加）

　国税庁は次のように説明をしています。

　法第9条の2第4項では、受益者等の存する信託が終了した場合において、適正な対価を負担せずに当該信託の残余財産の給付を受けるべき、又は帰属すべき者となる者があるときは、当該給付を受けるべき、又は帰属すべき者となった時において、当該信託の残余財産の給付を受けるべき、又は帰属すべき者となった者は、当該残余財産（当該信託の終了直前においてその者が当該信託の受益者等であった場合には、当該受益者等として有していた信託に関する権利に相当するものを除く。以下この項において同じ。）を当該信託の受益者等から贈与（当該受益者等であった者の死亡に基因して当該信託が終了した場合には遺贈）により取得したものとみなされ、贈与税（遺贈の場合は相続税）が課税されることとされた。

　ところで、法第9条の2第4項では、贈与税又は相続税の<u>課税対象とされる者を残余財産受益者等に限定していない</u>ことから、信託の終了により適正な対価を負担せずに当該信託の残余財産の給付を受けるべき又は帰属すべき者となる者、<u>例えば、受益権が複層化された信託（受益者連続型信託以外の信託に限る。）の元本受益者が、信託の終了により元本受益権相当部分以外の残余財産の給付を受けた場合には、同項の規定の適用がある</u>

216

ことになる。

そこで、相基通９の２－５では、信託が終了した場合において、法第９条の２第４項の規定の適用を受ける者の範囲を留意的に明らかにした。

⑸　同法第６項について

最後に、同法第６項では、「第一項から第三項までの規定により贈与又は遺贈により取得したものとみなされる信託に関する権利又は利益を取得した者は、当該信託の信託財産に属する資産及び負債を取得し、又は承継したものとみなして、この法律の規定を適用する。」と定め、信託に関する権利と信託財産との関係の明確化を図っています。

３　相続税法第９条の３について

この条文は、受益者連続型信託に関する特例の規定となっています。

まずは、閣議決定された「平成19年度税制改正の要綱（抄）」及び財務省作成の「平成19年度税制改正の解説」から関連するところを抜粋しました。

平成19年度税制改正の要綱（抄）（平成19年１月19日閣議決定）

信託税制

１　新たな類型の信託等への対応

⑶　受益者連続型信託等　……………… p 327

信託行為に、一定の場合に受益権が順次移転する定めのある信託、受益者指定権等を有する者の定めのある信託、その他これらの信託に類似する信託については、次のとおり課税する。

①　設定時において受益者等に対して、委託者から受益権を遺贈又は贈与により取得したものとみなして相続税、贈与税又は所得税を課税する。

②　次の受益者等以降の者に対しては、その直前の受益者等から遺贈又は贈与により受益権を取得したものと、その直前の受益者等は受益権を遺贈又は贈与したものと、それぞれみなして相続税、贈与税又は所得税を課税する。

「平成19年度税制改正の解説」（472頁）

受益者連続型信託等

信託行為に、一定の場合に受益権が順次移転する定めのある信託、受益者指定権等を有する者の定めのある信託、その他これらの信託に類似する信託については、次の

とおり課税されることとなりました。

(a) 設定時において受益者等に対して、委託者から受益権を遺贈又は贈与により取得したものとみなされて相続税、贈与税又は所得税が課税されることとなりました。

(b) 次の受益者等以降の者に対しては、その直前の受益者等から遺贈又は贈与により受益権を取得したものと、その直前の受益者等は受益権を遺贈又は贈与したものと、それぞれみなされて相続税、贈与税又は所得税が課税されることとなりまた。

「平成19年度税制改正の解説」（477頁）

改正後の相続税・贈与税における信託課税の特例

(1) 受益者連続型信託

① 特例創設の趣旨

受益者連続型信託とは、いわゆる後継ぎ遺贈型信託のことであり、代表例としては、委託者Aの相続人である受益者B、C、Dが順番に受益権を取得する信託をいいます。

この場合において、信託の受益権でなく他の財産（100）を相続人B、C、Dが順番に相続したとすると、先ずBは100の財産を相続し、その後CはBが費消しなかった50を相続し、最後にDはCが費消しなかった20を相続することになります。

同様のことを信託法第91条に規定する信託により行うとすると受益者Bは一旦は100の受益権を取得しますが、その死亡とともに受益権は消滅してしまうことから受益者Bが取得した受益権の価額が100となるかが問題となります（受益者Cについても同様です。）。

相続税では受益者Bが相続した財産の価額に基づき相続税課税が行われており、その後受益者Bが財産をいくら残そうと相続税の負担は変わりません。

そこで、この受益者連続型信託についても、他の相続財産と同様の課税とするためには、受益者B、Cが取得する信託の受益権を消滅リスクを加味しない価額で課税する必要があることから本特例が措置されました。

これにより、上記の例で言えば、委託者Aから受益者Bに50、受益者Cに30、受益者Dに20の受益権をそれぞれ取得したものとして相続税が課されるのではなく、受益者Bが100、受益者Cが50、受益者Dが20の受益権を取得したものとして課税されることとなります。

(注) 受益者連続型信託とは、次の信託をいいます（新相法９の３①、新相令１の８）。

 (1) 信託法第91条に規定する受益者の死亡により他の者が新たに受益権を取得する定めのある信託

 (2) 信託法第89条第１項に規定する受益者指定権等を有する者の定めのある信託

 (3) 受益者等の死亡その他の事由により、受益者等の有する信託に関する権利が消滅し、他の者が新たな信託に関する権利を取得する旨の定め（受益者等の死亡その他の事由により順次他の者が信託に関する権利を取得する旨の定めを含みます。）のある信託

 (4) 受益者等の死亡その他の事由により、その受益者等の有する信託に関する権利が他の者に移転する旨の定め（受益者等の死亡その他の事由により

順次他の者に信託に関する権利が移転する旨の定めを含みます。）のある
　　信託
　　(5)　(1)から(5)までの信託に類する信託

②　特例の概要
　　受益者連続型信託に関する権利を受益者（受益者が存しない場合にあっては、
　特定委託者）が適正な対価を負担せずに取得した場合において、次のような課税
　が行われることとなります（新相法9の2①～③、9の3）。
(a)　最初の受益者は、委託者から贈与により取得したものとみなされます。
　　　ただし、その委託者であった者の死亡に基因して最初の受益者が存するに至
　　った場合には、遺贈により取得したものとみなされます。
(b)　次の受益者は、最初の受益者から贈与により取得したものとみなされます。
　　　ただし、その最初の受益者であった者の死亡に基因して次の受益者が存する
　　に至った場合には、遺贈により取得したものとみなされます。
(c)　次の受益者以後の受益者についても、(b)と同様の課税を受けることになりま
　　す。
(d)　また、受益者連続型信託に関する権利については、受益者連続型信託の利益
　　を受ける期間の制限その他の受益者連続型信託に関する権利の価値に作用する
　　要因としての制約が付されているものについては、その制約は付されていない
　　ものとみなして権利の価額を計算することとされました。
　　　ただし、異なる受益者が性質の異なる受益者連続型信託に関する権利をそれ
　　ぞれ有している場合で、かつ、その権利の一方に収益に関する権利が含まれて
　　いる場合には、収益に関する権利が含まれている受益者連続型信託に関する権
　　利についてこの規定が適用されることになります。
　　　例えば、受益者連続型信託の受益権が信託の収益に関して受益する受益権と
　　信託財産そのものを受益する元本受益権の二種類であった場合に、受益者連続
　　型信託の課税に当たっては、収益に関する受益権の価値は、信託財産そのもの
　　の価値と等しいとして計算されることになります。
　　　これにより、元本受益権の価値はこの時点では0ということになります。

　　(注)　上記の規定は、(d)の規定の適用対象となる受益者連続型信託に関する
　　　　権利を有することとなる者が法人（人格なき社団等を含みます。）であ
　　　　る場合には、適用されないこととされています（新相法9の3①）。
　　　　　上記の例で言えば、収益に関する受益権を法人が有しており、元本受
　　　　益権を個人が有している場合には、個人が持つ元本受益権の価値は0と
　　　　はならないこととなります。

　ところで、信託は、組成の仕方によっては、受益権を「収益受益権」と「元
本受益権」とに分離して配分することも可能です。

　この同法第9条の3の規定は、受益者連続型信託の場合で「収益受益権」と
「元本受益権」を分けて組成した時のその評価の仕方について定めています。

　そして、規定では、収益受益権を有している者が、元本受益権を有していな

い状態であっても、言い換えると収益受益権しか有していなくても、評価に当たっては、一切の制約のない、あたかも信託財産全てを所有しているのと同様な評価を行うとしています。

相続税法第9条の3　（受益者連続型信託の特例）

　　受益者連続型信託（信託法（平成十八年法律第百八号）第九十一条（受益者の死亡により他の者が新たに受益権を取得する旨の定めのある信託の特例）に規定する信託、同法第八十九条第一項（受益者指定権等）に規定する受益者指定権等を有する者の定めのある信託その他これらの信託に類するものとして政令で定めるものをいう。以下この項において同じ。）に関する権利を受益者（受益者が存しない場合にあつては、前条第五項に規定する特定委託者）が適正な対価を負担せずに取得した場合において、当該受益者連続型信託に関する権利（異なる受益者が性質の異なる受益者連続型信託に係る権利（当該権利のいずれかに収益に関する権利が含まれるものに限る。）をそれぞれ有している場合にあつては、収益に関する権利が含まれるものに限る。）で当該受益者連続型信託の利益を受ける期間の制限その他の当該受益者連続型信託に関する権利の価値に作用する要因としての制約が付されているものについては、当該制約は、付されていないものとみなす。ただし、当該受益者連続型信託に関する権利を有する者が法人（代表者又は管理者の定めのある人格のない社団又は財団を含む。以下第六十四条までにおいて同じ。）である場合は、この限りでない。
2　前項の「受益者」とは、受益者としての権利を現に有する者をいう。

　まずは、相続税法でいう受益者連続型信託とはどのような信託なのかを説明します。

　受益者連続型信託とは、相続税法第9条の3第1項で、

① 「信託法第91条に規定する信託」、具体的には、受益者の死亡により当該受益者の有する受益権が消滅し、他の者が新たに受益権を取得する旨の定め（受益者の死亡により順次他の者が受益権を取得する旨の定めを含む。）のある信託（後継ぎ遺贈型受益者連続信託）と、

② 「信託法第89条第1項に規定する信託」、具体的には、受益者を指定し又はこれを変更する権利（受益者指定権等）を有する者の定めのある信託をいうと定めています。

　そして、さらに、

③ 「その他これらの信託に類するものとして政令で定めるもの」も含むとされており、信託法第91条と同法第89条第1項の定めよりも税法上ではその範

囲を広めていることが分かります。

そして、その広めた範囲は、相続税法施行令第1条の8で次のように定めています。

(1) 受益者等の死亡**その他の事由**により、当該受益者等の有する信託に関する権利が消滅し、他の者が新たな信託に関する権利を取得する旨の定め（受益者等の死亡その他の事由により順次他の者が信託に関する権利を取得する旨の定めを含む。）のある信託（信託法第91条（受益者の死亡により他の者が新たに受益権を取得する旨の定めのある信託の特例）に規定する信託を除く。）

(2) 受益者等の死亡**その他の事由**により、当該受益者等の有する信託に関する権利が他の者に移転する旨の定め（受益者等の死亡その他の事由により順次他の者に信託に関する権利が移転する旨の定めを含む。）のある信託

(3) 信託法第九十一条に規定する信託及び同法第八十九条第一項（受益者指定権等）に規定する受益者指定権等を有する者の定めのある信託並びに前二号に掲げる信託以外の信託で**これらの信託に類するもの**

このように、死亡以外であっても、現受益者の有する信託に関する権利が「一定の期間の経過」に伴って消滅し、他の者が新たな信託に関する権利を取得する旨の定めのある信託や「ある事象の発生」を条件に当該受益者等の有する信託に関する権利が他の者に移転する旨の定めのある信託などについても受益者連続型信託に含めています。

信託法第91条では「受益者の死亡」と限定されており、それをそのまま税法の課税対象範囲として準用してしまうと幅広な利用ができないことから、相続税法第9条の3第1項のかっこ書きの中で「その他これらの信託に類するものとして政令で定めるものをいう」と範囲を広げていることが分かります。

信託法第91条（受益者の死亡により他の者が新たに受益権を取得する旨の定めのある信託の特例）

受益者の死亡により、当該受益者の有する受益権が消滅し、他の者が新たな受益権を取得する旨の定め（受益者の死亡により順次他の者が受益権を取得する旨の定めを含

む。）のある信託は、当該信託がされた時から三十年を経過した時以後に現に存する受益者が当該定めにより受益権を取得した場合であって当該受益者が死亡するまで又は当該受益権が消滅するまでの間、その効力を有する。

信託法第89条（受益者指定権等）

　受益者を指定し、又はこれを変更する権利（以下この条において「受益者指定権等」という。）を有する者の定めのある信託においては、受益者指定権等は、受託者に対する意思表示によって行使する。

相続税法施行令第1条の8（受益者連続型信託）

　法第九条の三第一項に規定する政令で定めるものは、次に掲げる信託とする。

　一　受益者等（法第九条の二第一項に規定する受益者等をいう。以下この節において同じ。）の死亡その他の事由により、当該受益者等の有する信託に関する権利が消滅し、他の者が新たな信託に関する権利（当該信託の信託財産を含む。以下この号及び次号において同じ。）を取得する旨の定め（受益者等の死亡その他の事由により順次他の者が信託に関する権利を取得する旨の定めを含む。）のある信託（信託法（平成十八年法律第百八号）第九十一条（受益者の死亡により他の者が新たに受益権を取得する旨の定めのある信託の特例）に規定する信託を除く。）

　二　受益者等の死亡その他の事由により、当該受益者等の有する信託に関する権利が他の者に移転する旨の定め（受益者等の死亡その他の事由により順次他の者に信託に関する権利が移転する旨の定めを含む。）のある信託

　三　信託法第九十一条に規定する信託及び同法第八十九条第一項（受益者指定権等）に規定する受益者指定権等を有する者の定めのある信託並びに前二号に掲げる信託以外の信託でこれらの信託に類するもの

　以上で、相続税法上の受益者連続型信託の範囲の説明を終わりますが、ここで気になることは、受益者連続型信託の場合、受益権を引継ぐ者が新たに信託に関する権利を取得した時のその権利の評価はどのように行ったらよいのかということです。

　相続税法第9条の3の後半部分にそのことが定められています。

　受益者連続型信託で、「適正な対価を負担せずに取得した場合において、当該受益者連続型信託に関する権利（異なる受益者が性質の異なる受益者連続型信託に係る権利をそれぞれ有している場合にあっては、収益に関する権利が含まれるものに限る）で当該受益者連続型信託の利益を受ける期間の制限その他の当該受益者連続型信託に関する権利の価値に作用する要因としての制約が付されているものについては、当該制約は、付されていないものとみなす。」と定められています。

（イメージ図）

委託者	受益者等	→	受益者等	→	受益者等	┄┄┄►
	適正な対価を負担せず		適正な対価を負担せず		適正な対価を負担せず	

- 当該受益者連続型信託に関する権利で
- 当該受益者連続型信託の利益を受ける期間の制限その他の当該受益者連続型信託に関する権利の価値に作用する要因としての制約が付されているものについては、
- 当該制約は、付されていないものとみなす。
- ただし、当該受益者連続型信託に関する権利を有する者が法人である場合はこの限りでない。

これについて、説明をします。

贈与税等は税金ですので、数字で表すことが求められます。

「信託に関する権利」 ＝ 「受益権の価額」 ＝ 「贈与税や相続税の課税価格」
        └→ 評価しなければならない

では、「当該受益者連続型信託の利益を受ける期間の制限が付されているものについては、その制限は付されていないものとみなす」「その他の当該受益者連続型信託に関する権利の価値に作用する要因としての制約が付されているものは、その制約は付されていないものとみなす」について検討します。

(1) 「当該受益者連続型信託の利益を受ける期間の制限が付されているものについては、その制限は付されていないものとみなす」 とは

まず、「当該受益者連続型信託の利益を受ける期間の制限」とは、例えば、元本受益者（信託財産が収益不動産の場合には建物そのものの所有者）と収益受益者（家賃収入を受益する者）が同一人である信託の場合で、当初の受益者が、例えば20年後に受益権を消滅されるとか、他の受益者に受益権を渡すなど自分が死ぬまで信託の受益者として受益権を持ち続けることにしていない信託のことをいい、そのような場合の受益者連続型信託における信託財産の価額を評価するに当たっては、その利益を受ける期間の制限に関しては

何らの「制約」はないものとして取り扱うということです。

契約上で縛りのある期間の制限は無視して評価をしなさいということです。

(2)　「その他の当該受益者連続型信託に関する権利の価値に作用する要因としての制約が付されているものは、その制約は付されていないものとみなす」とは

次に、「その他の当該受益者連続型信託に関する権利の価値に作用する要因としての制約が付されているものは、その制約は付されていないものとみなす」について説明をします。

まず、元本の受益権と収益の受益権の所有者が異なる場合（複層化信託）の信託受益権の評価の方法は、財産評価基本通達202の(3)で定められています。

受益者連続でない通常の場合の評価では、収益の受益者は、その受益権（収益受益権）の価額を、受益者が将来受けるべき利益を課税時期（受益権を得た時期）の現況において推算し、その将来の利益につき一定の割引計算をして求める現在価値の合計額として算定することになっています。

また一方の元本の受益者は、その受益権（元本受益権）の価額を信託財産の価額から上記収益受益権の価額を控除した残額として算定することとされています。

財産評価基本通達202　（信託受益権の評価）

信託の利益を受ける権利の評価は、次に掲げる区分に従い、それぞれ次に掲げるところによる。（平11課評2－12外・平12課評2－4外改正）

(1)　元本と収益との受益者が同一人である場合においては、この通達に定めるところにより評価した課税時期における信託財産の価額によって評価する。

(2)　元本と収益との受益者が元本及び収益の一部を受ける場合においては、この通達に定めるところにより評価した課税時期における信託財産の価額にその受益割合を乗じて計算した価額によって評価する。

(3)　元本の受益者と収益の受益者とが異なる場合においては、次に掲げる価額によって評価する。

イ　元本を受益する場合は、この通達に定めるところにより評価した課税時期における信託財産の価額から、ロにより評価した収益受益者に帰属する信託の利益を受ける権利の価額を控除した価額

ロ　収益を受益する場合は、課税時期の現況において推算した受益者が将来受けるべき利益の価額ごとに課税時期からそれぞれの受益の時期までの期間に応ずる基

準年利率による複利現価率を乗じて計算した金額の合計額

　では、収益受益権と元本受益権が複層化されている受益者連続型信託の場合は、次に引継ぐ時の評価はどのように算定するのかとなりますが、基本通達でそのことを定めています。

　相続税法基本通達９の３－１(2)で、収益受益権の全部を適正な対価を負担せず取得した場合のその評価額は「信託財産の全部の価額」とする。

　また、同通達(3)で、その時に元本受益権の全部を適正な対価を負担せず取得した場合には、元本受益権の評価は「零」とすると定められています。

　このように、受益者連続型信託でその内容が複層化された場合の元本受益権は価値を有しないとみなされ、また、その他の制約が付されている場合があったとしても、それらは「付されていないものとみなす」ことにすると定めています。

　したがって、複層化されている信託で、適正な対価を負担せず取得した場合の元本受益権の価格は「０円」、収益受益権の価額は信託財産そのものの価額に等しいということになります。

　つまり、受益者連続型信託で複層化された信託の場合には、受益権の贈与税・相続税の負担は、収益受益権を持つ人に集約されることになっています。

相続税法基本通達９の３－１（受益者連続型信託に関する権利の価額）
　受益者連続型信託に関する権利の価額は、例えば、次の場合には、次に掲げる価額となることに留意する。
（平19課資２－５、課審６－３追加）
　⑴　受益者連続型信託に関する権利の全部を適正な対価を負担せず取得した場合　信託財産の全部の価額
　⑵　受益者連続型信託で、かつ、受益権が複層化された信託に関する収益受益権の全部を適正な対価を負担せず取得した場合　信託財産の全部の価額
　⑶　受益権が複層化された受益者連続型信託に関する元本受益権の全部を適正な対価を負担せず取得した場合　零
　（注）　法第９条の３の規定の適用により、上記⑵又は⑶の受益権が複層化された受益者連続型信託の元本受益権は、価値を有しないとみなされることから、相続税又は贈与税の課税関係は生じない。ただし、当該信託が終了した場合において、当該元本受益権を有する者が、当該信託の残余財産を取得したときは、法第９条の２第４項の規定の適用があることに留意する。

・受益者連続型信託に関する権利の価額

信　託　の　取　得　形　態	権　利　の　価　額
(1)　受益者連続型信託に関する権利の全部を適正な対価を負担せず取得した場合	信託財産の全部の価額
(2)　受益者連続型信託で、かつ、受益権が複層化された信託に関する収益受益権の全部を適正な対価を負担せず取得した場合	信託財産の全部の価額
(3)　受益権が複層化された受益者連続型信託に関する元本受益権の全部を適正な対価を負担せず取得した場合	零

> ### この通達に関して、国税庁は、次のように説明をしています。
>
> 　　法第９条の３第１項では、受益者連続型信託についての贈与税又は相続税の課税上、受益者連続型信託に関する権利（異なる受益者が性質の異なる受益者連続型信託に係る権利（当該権利のいずれかに収益受益権が含まれるものに限る。）をそれぞれ有している場合にあっては、収益受益権が含まれるものに限る。）に当該受益者連続型信託の利益を受ける期間の制限その他の当該受益者連続型信託に関する権利の価値に作用する要因としての制約が付されているものについては、当該制約は付されていないものとみなされることとされた。
>
> 　　したがって、例えば、受益権が複層化された受益者連続型信託の収益受益権を個人Ｘ１が、元本受益権を個人Ｙ１が有するものについて、収益受益権が個人Ｘ２に、元本受益権が個人Ｙ２に移転した場合における課税上のそれぞれの受益権の価額については、当該収益受益権の価額は、当該受益者連続型信託の信託財産そのものの価額と等しいとして計算され、当該元本受益権の価額は、零となる。
>
> 　　ただし、この規定は、この規定の適用対象となる受益者連続型信託に関する権利を有することとなる者が法人（人格なき社団等を含む。以下この項において同じ。）である場合には、適用されないこととされており、上記の例でいえば、収益受益権が個人Ｘ１から法人Ｚに、元本受益権が個人Ｙ１から個人Ｙ２に移転した場合には、個人Ｙ２が有する元本受益権の価

額は零とはならないこととなる（この場合には、財産評価基本通達202
（信託受益権の評価）により評価した上で課税関係が生ずる。）。

　そこで、相基通９の３―１では、受益者連続型信託に関する権利の価値
を例示的に明らかにした。

　なお、相基通９の３―１の注書では、受益権が複層化された受益者連続
型信託の元本受益権（当該元本受益権に対応する収益受益権を法人が有す
る場合又は当該収益受益権の全部又は一部の受益者等が存しない場合を除
く。）について、信託期間中は贈与税又は相続税の課税関係は生じないが、
当該信託が終了し、元本受益者が当該信託の残余財産の給付を受けること
となる場合には、法第９条の２第４項の規定に基づき贈与税又は相続税の
課税関係が生じることを留意的に明らかにした。

（参考）

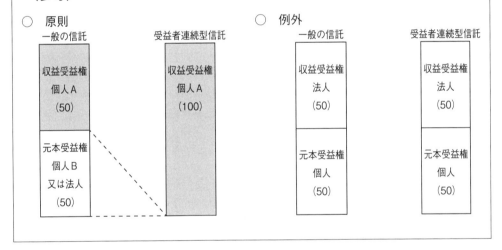

　改めて説明をしますと、同法基本通達９の３－１の規定の適用により、受
益者連続型信託で、かつ、受益権が複層化された信託に関する収益受益権の
全部を適正な対価を負担せず取得した場合の評価額は、「信託財産の全部の
価額」となり、元本受益権は「零」として扱うとされています。

　ただし、当該信託が終了した場合において、当該元本受益権を有する者が、
当該信託の残余財産を取得したときは、法第９条の２第４項の規定の適用が
あることに留意する必要があります。

⑶　法令解釈通達９−13　（信託が合意等により終了した場合）

　　なお、相続税法法令解釈通達９−13で、受益者連続型信託以外の信託では、当該信託に関する収益受益権を有する者と当該信託に関する元本受益権を有する者とが異なるもの（「受益権が複層化された信託」という）が、信託法第164条（委託者及び受益者の合意等による信託の終了）の規定により終了した場合には、原則として、当該元本受益者が、当該終了直前に当該収益受益者が有していた当該収益受益権の価額に相当する利益を当該収益受益者から贈与によって取得したものとして取り扱うものとするとされています。

相続税法第９条《その他の利益の享受》関係
法令解釈通達　９−13　（信託が合意等により終了した場合）

　　法第９条の３第１項に規定する受益者連続型信託（以下「受益者連続型信託」という。）以外の信託（令第１条の６に規定する信託を除く。以下同じ。）で、当該信託に関する収益受益権（信託に関する権利のうち信託財産の管理及び運用によって生ずる利益を受ける権利をいう。以下同じ。）を有する者（以下「収益受益者」という。）と当該信託に関する元本受益権（信託に関する権利のうち信託財産自体を受ける権利をいう。以下同じ。）を有する者（以下「元本受益者」という。）とが異なるもの（以下９の３−１において「受益権が複層化された信託」という。）が、信託法（平成18年法律第108号。以下「信託法」という。）第164条（委託者及び受益者の合意等による信託の終了）の規定により終了した場合には、原則として、当該元本受益者が、当該終了直前に当該収益受益者が有していた当該収益受益権の価額に相当する利益を当該収益受益者から贈与によって取得したものとして取り扱うものとする。（平19課資２−５、課審６−３追加）

　　このことについて、国税庁は次のように説明をしています。

　　旧信託法の下においては、委託者が信託に関する利益の全部を享受する場合、すなわち委託者と受益者が一致するとき（「自益信託」）には、信託を解除することとされていた（旧信託法57）が、新信託法第164条（委託者及び受益者の合意等による終了）では、自益信託に限らず、委託者と信託に関する利益を享受する受益者全員が共同して信託終了の意思表示をすれば、信託を終了することができることとされた。

　　ところで、受益者連続型信託以外の信託で、当該信託に関する収益受益

権（信託に関する権利のうち信託財産の管理及び運用によって生ずる利益を受ける権利をいう。）を有する者（以下「収益受益者」という。）と当該信託に関する元本受益権（信託に関する権利のうち信託財産自体を受ける権利をいう。）を有する者（以下「元本受益者」という。）とが異なるもの（「受益権が複層化された信託」）が、新信託法第164条の規定により終了（「合意終了」）した場合には、元本受益者は当初予定された信託期間の終了を待たずに信託財産の給付を受けることになり、その反面、収益受益者は当初予定された信託期間における収益受益権を失うこととなる。

したがって、当該元本受益者は、何らの対価も支払うことなく合意終了直前において当該収益受益者が有していた収益受益権の価額に相当する利益を受けることとなるから、法第9条の規定により、当該利益を贈与又は遺贈により取得したものとみなされることとなる。

そこで、相基通9—13では、そのことを留意的に明らかにした。

（旧信託法）　第五十七条
　　委託者カ信託利益ノ全部ヲ享受スル場合ニ於テハ委託者又ハ其ノ相続人ハ何時ニテモ信託ヲ解除スルコトヲ得此ノ場合ニ於テハ民法第六百五十一条第二項ノ規定ヲ準用ス

信託法第164条　（委託者及び受益者の合意等による信託の終了）
　　委託者及び受益者は、いつでも、その合意により、信託を終了することができる。
2　委託者及び受益者が受託者に不利な時期に信託を終了したときは、委託者及び受益者は、受託者の損害を賠償しなければならない。ただし、やむを得ない事由があったときは、この限りでない。
3　二項の規定にかかわらず、信託行為に別段の定めがあるときは、その定めるところによる。
4　委託者が現に存しない場合には、第一項及び第二項の規定は、適用しない。

相続税法第9条
　　第五条から前条まで及び次節に規定する場合を除くほか、対価を支払わないで、又は著しく低い価額の対価で利益を受けた場合においては、当該利益を受けた時において、当該利益を受けた者が、当該利益を受けた時における当該利益の価額に相当する金額（対価の支払があつた場合には、その価額を控除した金額）を当該利益を受けさせた者から贈与（当該行為が遺言によりなされた場合には、遺贈）により取得したものとみなす。

4　相続税法第9条の4について

　この条文は、租税回避を防止するため、信託法にはない「受益者等が存しない信託」という独自の概念を設け、租税回避を防止する目的で課税関係を整理した規定になっています。

　これに関する財務省の考えは次のとおりです。

「平成19年度税制改正の解説」（471頁）

一　信託法の改正に伴う相続税・贈与性の改正
　3　信託法の改正に伴う信託税制の整備
　(1)　新たな類型の信託等への対応
　　②　受益者等の存在しない信託
　　(a)　受益者等の存在しない信託（遺言により設定された目的信託、委託者の地位を有する者のいない信託で受益者が特定されていないもの等）については、その受託者に対し、<u>信託財産に係る所得について</u>、当該受託者の固有財産に係る所得とは<u>区別して法人税が課税される</u>こととなりました。
　　　　この場合、信託の設定時に、受託者に対しその信託財産の価額に相当する金額について<u>受贈益課税が行われます</u>。
　　(b)　受益者等の存在しない信託を設定した場合には、<u>委託者においては</u>信託財産の価額に相当する金額による<u>譲渡があったものとされました</u>。
　　(c)　受益者等の存在しない信託に<u>受益者等が存する</u>こととなった場合には、当該受益者等の受益権の取得による<u>受贈益について、所得税又は法人税が課税されない</u>こととなりました。
　　(d)　受益者等の存在しない信託が<u>終了した場合</u>には、<u>残余財産を取得した帰属権利者に対して所得税又は法人税が課税される</u>こととなりました。
　　(e)　受益者等の存在しない信託を利用した相続税又は贈与税の租税回避に対しては、次の措置が講じられました。
　　　a　信託により受託者に適用される法人税率と相続等により適用される相続税率等の差を利用した租税回避については、<u>受託者に相続税等が課税される</u>こととなりました（法人税等は控除されます。）。
　　　b　受益者等が<u>特定した時</u>に、当該受益者等が委託者の**孫等**である場合には、当該受益者等に<u>贈与税が課税される</u>こととなりました。
　　(f)　公益信託については、改正前と同様の取扱いが維持されることとなりました。

「平成19年度税制改正の解説」（478頁）

　受益者等が存しない信託等についての受益者等が存しないこととなった時における相続税・贈与税の課税
　①　特例創設の趣旨
　　受益者等が存しない信託における受託者への法人課税は、その後存在すること

なる受益者等に代わって課税されるという考えによるものです。

　具体的には、受益者等が存しない場合に受託者に対し受贈益について課税し、その後の運用益についても受託者に課税します。

　その後において、受益者が存することになった場合には、受益者が受託者の課税関係を引き継ぐことになり、この段階で特に課税関係は生じさせないこととされています。

　そこでこのような仕組みを使った相続税等の課税回避策としては、例えば、相続人Ａに半年後に受益権が生ずる停止条件を付した信託をすることにより、相続税（最高税率：50％）ではなく、法人税（実効税率：約40％）の負担で済ませてしまうことが考えられます。

　課税の公平を確保する観点からこのような課税回避に対応するため、受託者への受贈益が生じる段階において、将来、受益者となる者が委託者の親族であることが判明している場合等において、受託者に課される法人税等に加えて相続税等を課することとされました。

② 特例の概要

(a) 受益者等が存しない信託の効力が生ずる場合において、その信託の受益者等となる者がその信託の委託者の親族等であるときは、その信託の効力が生ずる時において、その信託の受託者は、その委託者からその信託に関する権利を贈与により取得したものとみなされ、贈与税が課税されることになります。

　ただし、その信託の委託者の死亡に基因してその信託の効力が生ずる場合には、遺贈により取得したものとみなされ、相続税が課税されることになります。

　なお、受益者等が存しない信託の受益者等となる者が明らかでない場合にあっては、その信託が終了した場合にその信託の委託者の親族等がその信託の残余財産の給付を受けることとなるときにも上記の規定の適用があります（新相法9の4①）。

(b) 受益者等が存する信託について、その信託の受益者等が存しないこととなった場合において、その受益者等の次に受益者等となる者がその信託の効力が生じた時の委託者又はその次に受益者等となる者の前の受益者等の親族等であるときは、受益者等が存しないこととなった場合に該当することとなった時において、その信託の受託者は、その次に受益者等となる者の前の受益者等からその信託に関する権利を贈与により取得したものとみなされ、贈与税が課税されることになります。

　ただし、その次に受益者等となる者の前の受益者等の死亡に基因してその次に受益者等となる者の前の受益者等が存しないこととなった場合には、遺贈により取得したものとみなされ、相続税が課税されることになります。

　なお、受益者等が存しなこととなった信託の次に受益者等となる者が明らかでない場合にあっては、その信託が終了した場合にその信託の委託者又はその次に受益者等となる者の前の受益者等の親族等がその信託の残余財産の給付を受けることとなるときにも上記の規定の適用があります（新相法9の4②）。

(注) 上記の親族等とは、次の者をいいます（新相令1の9）。

　① 民法第725条各号に掲げる6親等内の血族、配偶者及び3親等内の姻族

　② 信託の受益者等となる者が信託の効力が生ずる時において存しない場合には、その者が存するものとしたときにおいて、その信託の委託者の上記①に掲げる者に該当する者

　③ 信託が終了した場合においてその信託の残余財産の給付を受けることとなる者

が、信託の効力が生じた時において存しない場合には、その者が存するものとしたときにおいて、その信託の委託者の上記①に掲げる者に該当する者

④　信託の受益者等が存しないこととなった場合に受益者等の次に受益者等なる者が、受益者等が存しないこととなった時において存しないときは、その者が存するものとしたときにおいて、その信託の委託者又はその次に受益者等となる者の前の受益者等の上記①に掲げる者に該当する者

⑤　信託が終了した場合においてその信託の残余財産の給付を受けることとなる者が、その信託の受益者等が存しないこととなった時において存しない場合には、その者が存するものとしたときにおいて、その信託の委託者又はその信託の次に受益者等となる者の前の受益者等の上記①に掲げる者に該当する者

⑥　信託の受益者等となる者が、その信託契約の締結時等（信託契約の締結の時、遺言者の死亡の時、公正証書の作成の時等をいいます。）において存しない場合には、その者が存するものとしたときにおいて、その信託の委託者の上記①に掲げる者に該当する者

⑦　信託の委託者が、その信託の効力が生じた時において存しない場合には、その者が存するものとしたときにおいて、その信託の受益者等となる者又は残余財産の給付を受けることとなる者の上記①に掲げる者に該当する者

⑧　信託の効力が生じた時の信託の委託者又は信託の受益者等の次に受益者等となる者の前の受益者等が、その信託の受益者等が存しないこととなった時において存しない場合には、その者が存するものとしたときにおいて、その信託の受益者等の次に受益者等となる者又は残余財産の給付を受けることとなる者の上記①に掲げる者に該当する者

⑨　信託の委託者が、その信託契約の締結時等（遺言者の死亡の時、受益者となるべき者への通知の時等をいいます。）において存しない場合には、その者が存するものとしたときにおいて、その信託の受益者等となる者の上記①に掲げる者に該当する者

「平成19年度税制改正の解説」（482頁）

上記により受託者へ課税される場合の相続税法の適用
①　相続税等の納税義務
　　上記により受託者に贈与税又は相続税が課される場合において、受託者が個人以外の者（法人、人格なき社団等）である場合には、その受託者は、相続税法上は個人とみなすこととされました（新相法9の4③）。
（注）　上記のとおり、受託者は個人とみなされることにより相続税法上の納税義務者となることになります。
②　贈与により取得したものとみなされる場合の贈与税課税
　　信託の受託者として贈与により取得したものとみなされる財産とそれ以外の贈与により取得した財産をそれぞれ別の者とみなして贈与税額を計算することとされました。
　　また、委託者が異なる信託を受託している場合には、それぞれの信託ごとに別の者とみなすこととされました（新相令1の10①②）。
　　上記(2)の課税の適用を受ける信託が2以上あり、かつ、その受託者も2以上ある場合には、これらの受託者を1人の者とみなして贈与税額を計算した上で、それぞ

れの受託者の課税価格の割合に応じて贈与税額を按分して納めることとされました（新相令1の10③）。
　（注）　これらの信託の信託財産責任負担債務の額も同様の額となることが明らかにされました（新相令1の10⑧⑨）。
③　遺贈により取得したものとみなされる場合の相続税課税
　　信託の受託者として遺贈により取得したものとみなされる財産とそれ以外の相続又は遺贈により取得した財産をそれぞれ別の者とみなして相続税額を計算することとされました（新相令1の10④）。
　　なお、受託者が複数いる場合も同様に計算することとされています。
　（注）　信託の信託財産責任負担債務の額も同様の額となることが明らかにされました（新相令1の10⑩）。
④　法人税相当額等の控除
　　上記②又は③により計算した贈与税額又は相続税額については、次に掲げる額の合計額が控除することとされました。
　　ただし、次に掲げる額の合計額が贈与税額又は相続税額を超えるときには、その贈与税額又は相続税額を限度とすることとされました（新相令1の10⑤）。
　(a)　受託者が上記(2)により贈与又は遺贈により取得したものとみなされる信託に関する 権利の価額から翌期控除事業税相当額を控除した価額をその信託の受託者の事業年度 の所得とみなして、法人税法の規定を適用して計算した法人税の額及び地方税法の規定を適用して計算した事業税の額
　　（注）　「翌期控除事業税相当額」とは、上記②により贈与又は遺贈により取得したものとみなされる信託に関する権利の価額を信託の受託者の事業年度の所得とみなして 地方税法の規定を適用して計算した事業税の額をいいます（新相令1の10⑤二）。
　(b)　(a)により計算された法人税の額を基に地方税法の規定を適用して計算した受託者の 道府県民税の額及び市町村民税の額

では、要点について説明いたします。

　まず、どのような場合かというと、「受益者等が存しない信託の効力が生ずる場合」や「受益者等が存する信託で受益者等が存しないこととなった場合」で、次の受益者等が委託者又は前の受益者等の親族である場合の税法上の取り扱いに関する規定となっています。

　条件として、受益者等となる者が委託者（又は前の受益者等）の親族である場合となっています。

　要は、信託制度を利用して、信託財産が親族間でやり取りされるようなケースについて、租税回避が行われることができないように定められたものであります。

　条文からも分かりますが、「受益者等が存しない信託」では、受託者に対して相続・贈与課税を適用することにしています。

相続税法第9条の4　（受益者等が存しない信託等の特例）

　　受益者等が存しない信託の効力が生ずる場合において、当該信託の受益者等となる者が当該信託の委託者の親族として政令で定める者（以下この条及び次条において「親族」という。）であるとき（当該信託の受益者等となる者が明らかでない場合にあつては、当該信託が終了した場合に当該委託者の親族が当該信託の残余財産の給付を受けることとなるとき）は、当該信託の効力が生ずる時において、当該信託の受託者は、当該委託者から当該信託に関する権利を贈与（当該委託者の死亡に基因して当該信託の効力が生ずる場合にあつては、遺贈）により取得したものとみなす。

2　受益者等の存する信託について、当該信託の受益者等が存しないこととなつた場合（以下この項において「受益者等が不存在となつた場合」という。）において、当該受益者等の次に受益者等となる者が当該信託の効力が生じた時の委託者又は当該次に受益者等となる者の前の受益者等の親族であるとき（当該次に受益者等となる者が明らかでない場合にあつては、当該信託が終了した場合に当該委託者又は当該次に受益者等となる者の前の受益者等の親族が当該信託の残余財産の給付を受けることとなるとき）は、当該受益者等が不存在となつた場合に該当することとなった時において、当該信託の受託者は、当該次に受益者等となる者の前の受益者等から当該信託に関する権利を贈与（当該次に受益者等となる者の前の受益者等の死亡に基因して当該次に受益者等となる者の前の受益者等が存しないこととなつた場合にあつては、遺贈）により取得したものとみなす。

3　前二項の規定の適用がある場合において、これらの信託の受託者が個人以外であるときは、当該受託者を個人とみなして、この法律その他相続税又は贈与税に関する法令の規定を適用する。

4　前三項の規定の適用がある場合において、これらの規定により第一項又は第二項の受託者に課される贈与税又は相続税の額については、政令で定めるところにより、当該受託者に課されるべき法人税その他の税の額に相当する額を控除する。

　なお、相続税法第9条の4第1項の「委託者の親族として政令で定める者」については、同法施行令第1条の9で、六親等内の血族、配偶者、三親等内の姻族等と定められています。

相続税法施行令第1条の9　（親族の範囲）

　　法第九条の四第一項に規定する政令で定める者は、次に掲げる者とする。
　　一　六親等内の血族
　　二　配偶者　　　　　　　　┐　【民法第725条（親族の範囲）と同じ】
　　三　三親等内の姻族　　　　┘
　　四　当該信託の受益者等となる者（法第九条の四第一項又は第二項の信託の残余財産の給付を受けることとなる者及び同項の次に受益者等となる者を含む。）が信託の

効力が生じた時（同項に規定する受益者等が不存在となつた場合に該当することとなつた時及び法第九条の五に規定する契約締結時等を含む。次号において同じ。）において存しない場合には、その者が存するものとしたときにおいて前三号に掲げる者に該当する者

五　当該信託の委託者（法第九条の四第二項の次に受益者等となる者の前の受益者等を含む。）が信託の効力が生じた時において存しない場合には、その者が存するものとしたときにおいて第一号から第三号までに掲げる者に該当する者

　また、同法第3項では、「受託者が個人以外であるときは、当該受託者を個人とみなすとして、この法律その他相続税又は贈与税に関する法令の規定を適用する」と定められています。

　これは贈与税等の課税は個人間の取引を前提としていることから、当然の措置と考えられます。

　それから、**同法第4項**の定めも重要です。

　受益者が存しない信託においては、別途法人税法の規定により、受託者に対し受贈益について法人税課税がされているわけです。

　その上で、受益者等が親族となっている場合には、受託者に対しさらに贈与税（又は相続税）を課税するという規定となっており、一つの行為に対し2度課税することになることから、当初の法人税課税で行われた税金は相続税法に基づいて算定された税金から控除するという定めをしています。

　ただし、控除しきれない金額が生じた時はその控除しきれない金額相当は還元されません。

図表で表すと次のようになります。

相続税法9条の4が適用される場合	みなし遺贈者	みなし受遺者	該当法令
（受益者等が存しない信託の効力が生ずる場合） ・信託の受益者等となる者が当該信託の委託者の<u>親族</u>として政令で定める者であるとき ・<u>当該信託の効力が生ずる時</u>に ・受託者は委託者から信託に関する権利を贈与（遺贈）により取得したものとみなす	委託者	受託者	相続税法9の4①

（受益者等が存しない信託の効力が生ずる場合） ・信託の受益者等となる者が明らかでない場合で ・<u>信託が終了した場合に</u> ・委託者の<u>親族</u>が当該信託の残余財産の給付を受けることとなるとき ・<u>当該信託の効力が生ずるときに</u> ・受託者は委託者から信託に関する権利を贈与（遺贈）により取得したものとみなす	委託者	受託者	相続税法 9の4① かっこ書き
（受益者等が存する信託について） ・信託の受益者等が存しないこととなった場合において ・受益者等の次に受益者等となる者が当該信託の効力が生じた時の ・委託者又は当該次に受益者等となる者の前の受益者等の<u>親族</u>であるとき ・当該受益者等が不存在となった場合に該当することとなった時に ・信託の受託者は次に受益者等となる者の前の受益者等から当該信託に関する権利を贈与（遺贈）により取得したものとみなす	前受益者等	受託者	相続税法 9の4②
（受益者等が存する信託について） ・信託の受益者等が存しないこととなった場合において ・次に受益者等となる者が明らかでない場合に ・<u>信託が終了した場合に</u> ・委託者又は次に受益者等となる者の前の受益者等の<u>親族</u>が信託の残余財産の給付を受けることとなるとき ・<u>当該受益者等が不存在となった場合に該当することとなった時に</u> ・信託の受託者は次に受益者等となる者の前の受益者等から当該信託に関する権利を贈与（遺贈）により取得したものとみなす	前受益者等	受託者	相続税法 9の4② かっこ書き
・<u>これらの信託の受託者が個人以外である</u>ときは、当該受託者を<u>個人とみなして</u>、この法律その他相続税又は贈与税に関する法令の規定を適用する。		'	相続税法 9の4③
・前三項の規定の適用がある場合において、第一項又は第二項の受託者に課される贈与税又は相続税の額については、政令で定めるところにより、<u>当該受託者に課されるべき法人税その他の税の額に相当する額を控除する。</u>			相続税法 9の4④

　　次に、これらに関連する相続税法基本通達を見てみましょう。

⑴　相続税法基本通達９の４−１について

相続税法基本通達９の４−１で、「目的信託についての法第１章第３節の規定の不適用」ということが定められています。

相続税法基本通達９の４−１（目的信託についての法第１章第３節の規定の不適用）

信託法第258条第１項（受益者の定めのない信託の要件）に規定する受益者の定め（受益者を定める方法の定めを含む。）のない信託で、かつ、特定委託者の存しないものについては、相続税法第１章第３節の規定の適用がないことに留意する。

> これについて、国税庁は次のように説明しています。
>
> 新信託法第258条第１項（受益者の定めのない信託の要件）に規定する受益者の定めのない信託（以下「目的信託」という。）で、かつ、特定委託者の存しないものについては、受益者等が存しない信託に該当することから、受託者（受託者が個人である場合には法人とみなされる。）に法人税が課税されることとなる（法法４の２①）。
>
> そして、当該信託の終了後、当該信託に係る信託財産は、当該信託の帰属権利者（新信託法182①二）である個人に帰属する場合があり得るが、当該受託者は法人である（又は法人とみなされる）ことから、<u>法人から個人への贈与に該当することとなる</u>（所得税の課税関係が生じる。）。
>
> そこで、相基通９の４−１では、目的信託で、かつ、特定委託者の存しないものについては、相続税又は贈与税の課税関係が生じ得ないことから、法第１章第３節（信託に関する特例）の適用がないことを留意的に明らかにした。

信託法第258条第１項　（受益者の定めのない信託の要件）

受益者の定め（受益者を定める方法の定めを含む。以下同じ。）のない信託は、<u>第三条第一号又は第二号に掲げる方法</u>によってすることができる。

信託法第３条（信託の方法）

信託は、次に掲げる方法のいずれかによってする。

一　特定の者との間で、当該特定の者に対し財産の譲渡、担保権の設定その他の財産の処分をする旨並びに当該特定の者が一定の目的に従い財産の管理又は処分及びそ

237

　　の他の当該目的の達成のために必要な行為をすべき旨の契約（以下「信託契約」という。）を締結する方法

　二　特定の者に対し財産の譲渡、担保権の設定その他の財産の処分をする旨並びに当該特定の者が一定の目的に従い財産の管理又は処分及びその他の当該目的の達成のために必要な行為をすべき旨の遺言をする方法

　三　省　略

法人税法第4条の2　（法人課税信託の受託者に関するこの法律の適用）

　　法人課税信託の受託者は、各法人課税信託の信託資産等（信託財産に属する資産及び負債並びに当該信託財産に帰せられる収益及び費用をいう。以下この章において同じ。）及び固有資産等（法人課税信託の信託資産等以外の資産及び負債並びに収益及び費用をいう。次項において同じ。）ごとに、それぞれ別の者とみなして、この法律（第二条第二十九号の二（定義）、第四条（納税義務者）及び第十二条（信託財産に属する資産及び負債並びに信託財産に帰せられる収益及び費用の帰属）並びに第六章（納税地）並びに第五編（罰則）を除く。以下この章において同じ。）の規定を適用する。

2　前項の場合において、各法人課税信託の信託資産等及び固有資産等は、同項の規定によりみなされた各別の者にそれぞれ帰属するものとする。

信託法第182条　（残余財産の帰属）

　　残余財産は、次に掲げる者に帰属する。

　一　信託行為において残余財産の給付を内容とする受益債権に係る受益者（次項において「残余財産受益者」という。）となるべき者として指定された者

　二　信託行為において残余財産の帰属すべき者（以下この節において「帰属権利者」という。）となるべき者として指定された者

所得税基本通達34-1　（一時所得の例示）

　　次に掲げるようなものに係る所得は、一時所得に該当する。

⑴　～　⑷　省略

⑸　法人からの贈与により取得する金品（業務に関して受けるもの及び継続的に受けるものを除く。）

⑵　相続税法基本通達9の4-2について

　　また、相続税法基本通達9の4-2で、「受益者等が存しない信託の委託者が死亡した場合」には、当該信託に関する権利は当該死亡した委託者の相続税の課税財産を構成しないと定めています。

相続税法基本通達9の4-2　（受益者等が存しない信託の委託者が死亡した場合）

　　受益者等が存しない信託の委託者が死亡した場合には、法第9条の4第1項の規定の適用により当該信託の受託者が当該信託に関する権利を遺贈によって取得したものとみなされる場合を除き、当該信託に関する権利は当該死亡した委託者の相続税の課税財産

を構成しないことに留意する。

> これについて、国税庁は次のように説明をしています。
>
> 　受益者等の存しない信託については、次のような課税が行われることとされた（所法6の3、67の3、法法4の2、4の3、64の3）。
> (1)　受託者（個人の場合には法人とみなされる。以下同じ。）に対し、信託財産に係る<u>所得</u>について、当該受託者の固有財産に係る所得と<u>区別して法人税が課税される</u>こととなる。この場合、<u>信託の設定時に、受託者</u>に対し、その信託財産に相当する金額について<u>受贈益課税が行われる</u>。
> (2)　受益者等の存しない信託を設定した場合には、<u>委託者においては信託財産の価額に相当する金額による譲渡があったものとみなされる</u>。
> (3)　受益者等の存しない信託に<u>受益者等が存する</u>こととなった場合には、当該受益者等の受益権の取得による受贈益について、<u>所得税又は法人税は課税されないこととされた</u>。
> (4)　受益者等の存しない信託が<u>終了</u>した場合には、<u>残余財産を取得した帰属権利者に対し</u>、<u>所得税又は法人税が課税される</u>こととされた。
> (5)　受益者等の存しない信託を利用した相続税又は贈与税の租税回避に対しては、法第9条の4及び第9条の5の規定が整備された。
> 　したがって、受益者等が存しない信託の委託者が死亡した場合には、相続税法第9条の4第1項の規定の適用により当該信託の受託者が当該信託に関する権利を遺贈によって取得したものとみなされる場合を除き、当該信託に関する権利が、当該死亡した委託者の相続税の課税財産を構成しないのは明らかである。そこで、相続税法基本通達9の4―2は、そのことを留意的に明らかにした。

所得税法第6条の3　（受託法人等に関するこの法律の適用） ⇦法法4－3と同じ
　受託法人（法人課税信託の受託者である法人（その受託者が個人である場合にあつては、当該受託者である個人）について、前条の規定により、当該法人課税信託に係る信

託資産等が帰属する者としてこの法律の規定を適用する場合における当該受託者である法人をいう。以下この条において同じ。）又は法人課税信託の<u>委託者若しくは</u>受益者についてこの法律の規定を適用する場合には、次に定めるところによる。

　　一　～　二　省　略

　　三　受託法人（会社でないものに限る。）は、会社とみなす。

第九款　信託に係る所得の金額の計算
所得税法第67条の3

　　居住者が法人課税信託（法人税法第二条第二十九号の二ロ（定義）に掲げる信託に限る。）の第十三条第一項（信託財産に属する資産及び負債並びに信託財産に帰せられる収益及び費用の帰属）に規定する受益者（同条第二項の規定により同条第一項に規定する受益者とみなされる者を含むものとし、清算中における受益者を除く。）となつたことにより当該法人課税信託が同号ロに掲げる信託に該当しないこととなつた場合（同号イ又はハに掲げる信託に該当する場合を除く。）には、その受託法人（第六条の三（受託法人等に関するこの法律の適用）に規定する受託法人をいう。）からその信託財産に属する資産及び負債をその該当しないこととなつた時の<u>直前の帳簿価額を基礎として政令で定める金額により引継ぎを受けたものとして</u>、当該居住者の各年分の各種所得の金額を計算するものとする。

2　前項の居住者が同項の規定により資産及び負債の引継ぎを受けたものとされた場合におけるその<u>引継ぎにより生じた収益の額</u>は、当該居住者のその引継ぎを受けた日の属する年分の各種所得の金額の計算上、<u>総収入金額に算入しない</u>。

3　信託（第十三条第一項ただし書に規定する集団投資信託、退職年金等信託又は法人課税信託を除く。以下この条において同じ。）の委託者（居住者に限る。以下この項において同じ。）がその有する資産を信託した場合において、当該信託の受益者等となる者（法人に限る。以下この項において同じ。）が適正な対価を負担せずに受益者等となる者であるときは、当該資産を信託した時において、当該信託の委託者から当該信託の受益者等となる者に対して贈与（当該受益者等となる者が対価を負担している場合には、当該対価の額による譲渡）により当該信託に関する権利に係る資産の移転が行われたものとして、当該信託の委託者の各年分の各種所得の金額を計算するものとする。

4　信託に<u>新たに受益者等が存するに至つた場合</u>（前項及び第六項の規定の適用がある場合を除く。）において、当該信託の新たな受益者等となる者（法人に限る。以下この項において同じ。）が適正な対価を負担せずに受益者等となる者であり、かつ、当該信託の受益者等であつた者が居住者であるときは、当該新たに受益者等が存するに至つた時において、当該信託の受益者等であつた者から当該新たな受益者等となる者に対して贈与（当該受益者等となる者が対価を負担している場合には、当該対価の額による譲渡）により当該信託に関する権利に係る資産の移転が行われたものとして、当該信託の受益者等であつた者の各年分の各種所得の金額を計算するものとする。

5　信託の<u>一部の受益者等が存しなくなつた場合</u>において、既に当該信託の受益者等である者（法人に限る。以下この項において同じ。）が適正な対価を負担せずに当該信託に関する権利について新たに利益を受ける者となる者であり、かつ、当該信託の一部の受益者等であつた者が居住者であるときは、当該信託の一部の受益者等が存しなくなつた時において、当該信託の一部の受益者等であつた者から当該利益を受ける者となる者に対して贈与（当該利益を受ける者となる者が対価を負担している場合には、当該対価の

額による譲渡）により当該信託に関する権利に係る資産の移転が行われたものとして、当該信託の一部の受益者等であつた者の各年分の各種所得の金額を計算するものとする。

6　信託が終了した場合において、当該信託の残余財産の給付を受けるべき、又は帰属すべき者となる者（法人に限る。以下この項において同じ。）が適正な対価を負担せずに当該給付を受けるべき、又は帰属すべき者となる者であり、かつ、当該信託の終了の直前において受益者等であつた者が居住者であるときは、当該給付を受けるべき、又は帰属すべき者となつた時において、当該受益者等であつた者から当該給付を受けるべき、又は帰属すべき者となる者に対して贈与（当該給付を受けるべき、又は帰属すべき者となる者が対価を負担している場合には、当該対価の額による譲渡）により当該信託の残余財産（当該信託の終了の直前においてその者が当該信託の受益者等であつた場合には、当該受益者等として有していた当該信託に関する権利に相当するものを除く。）の移転が行われたものとして、当該受益者等であつた者の各年分の各種所得の金額を計算するものとする。

7　第三項から前項までに規定する受益者等とは、第十三条第一項に規定する受益者（同条第二項の規定により同条第一項に規定する受益者とみなされる者を含む。）をいう。

8　第一項の規定による引継ぎにより生じた損失の額がある場合の所得の金額の計算、第三項に規定する信託に関する権利が当該信託に関する権利の全部でない場合における同項の規定の適用その他第一項から第六項までの規定の適用に関し必要な事項は、政令で定める。

第二章の三　法人課税信託
法人税法第4条の2（法人課税信託の受託者に関するこの法律の適用）

　　法人課税信託の受託者は、各法人課税信託の信託資産等（信託財産に属する資産及び負債並びに当該信託財産に帰せられる収益及び費用をいう。以下この章において同じ。）及び固有資産等（法人課税信託の信託資産等以外の資産及び負債並びに収益及び費用をいう。次項において同じ。）ごとに、それぞれ別の者とみなして、この法律（第二条第二十九号の二（定義）、第四条（納税義務者）及び第十二条（信託財産に属する資産及び負債並びに信託財産に帰せられる収益及び費用の帰属）並びに第六章（納税地）並びに第五編（罰則）を除く。以下この章において同じ。）の規定を適用する。

2　前項の場合において、各法人課税信託の信託資産等及び固有資産等は、同項の規定によりみなされた各別の者にそれぞれ帰属するものとする。

法人税法第4条の3（受託法人等に関するこの法律の適用）⇦所法6条の3と同じ

　　受託法人（法人課税信託の受託者である法人（その受託者が個人である場合にあつては、当該受託者である個人）について、前条の規定により、当該法人課税信託に係る信託資産等が帰属する者としてこの法律の規定を適用する場合における当該受託者である法人をいう。以下この条において同じ。）又は法人課税信託の受益者についてこの法律の規定を適用する場合には、次に定めるところによる。
　　一　～　二　省　略
　　三　受託法人（会社でないものに限る。）は、会社とみなす。

第九款　法人課税信託に係る所得の金額の計算
法人税法第64条の３

1　省略

2　法人課税信託（<u>第二条第二十九号の二ロに掲げる信託に限る。</u>）に第十二条第一項（信託財産に属する資産及び負債並びに信託財産に帰せられる収益及び費用の帰属）に規定する<u>受益者</u>（同条第二項の規定により同条第一項に規定する受益者とみなされる者を含むものとし、清算中における受益者を除く。）<u>が存することとなつたことにより</u>当該法人課税信託が同号ロに掲げる信託に<u>該当しないこととなつた場合</u>（同号イ又はハに掲げる信託に該当する場合を除く。）には、当該法人課税信託に係る受託法人は当該受益者に対しその信託財産に属する資産及び負債のその該当しないこととなつた時の<u>直前の帳簿価額による引継ぎをしたものとして</u>、当該受託法人の各事業年度の所得の金額を計算する。

3 ～ 5　省　略

（贈与等の場合の譲渡所得等の特例）
所得税法第59条

　次に掲げる事由により居住者の有する山林（事業所得の基因となるものを除く。）又は譲渡所得の基因となる資産の移転があつた場合には、その者の山林所得の金額、譲渡所得の金額又は雑所得の金額の計算については、その事由が生じた時に、その時における価額に相当する金額により、<u>これらの資産の譲渡があつたものとみなす。</u>

　一　<u>贈与（法人に対するものに限る。）</u>又は相続（限定承認に係るものに限る。）若しくは遺贈（法人に対するもの及び個人に対する包括遺贈のうち限定承認に係るものに限る。）

　二　著しく低い価額の対価として政令で定める額による譲渡（法人に対するものに限る。）

所得税基本通達34－１　（一時所得の例示）

　次に掲げるようなものに係る所得は、<u>一時所得に該当する。</u>

　(1)～(4)　省略

　(5)　<u>法人からの贈与により取得する金品</u>（業務に関して受けるもの及び継続的に受けるものを除く。）

(3)　相続税法基本通達９の４－３について

　さらに、「受益者等が存しない信託の<u>受益者等となる者が複数名存する場合でそのうち一人でも親族が存するとき</u>」について、同法基本通達９の４－３を定めています。

相続税法基本通達９の４－３　（受益者等が存しない信託の受益者等となる者）

　法第９条の４第１項に規定する「当該信託の受益者等となる者」又は第２項に規定する「当該受益者等の次に受益者等となる者」が<u>複数名存する場合</u>で、<u>そのうちに１人で</u>

も当該信託の委託者（同項の次に受益者等となる者の前の受益者等を含む。）の親族（令第１条の９に規定する者をいう。以下９の５―１において同じ。）が存するときは、法第９条の４第１項又は第２項の規定の適用があることに留意する。

これについて、国税庁は次のように説明をしています。

受益者等の存しない信託の効力が生ずる場合又は受益者等の存する信託について当該信託の受益者等が存しなくなった場合には、当該信託の受託者に対して当該信託財産に相当する金額について受贈益課税が行われるほか、次のいずれかに該当するときには、当該受託者に対し贈与税又は相続税が課税されることとされた（法９の４）。

(1) 受益者の存しない信託の効力が生ずる場合において、当該信託の受益者等となる者が当該信託の委託者の親族等（令第１条の９に規定する親族等をいう。以下同じ。）であるとき（受益者等が存しない信託の受益者等となる者が明らかでない場合にあっては、当該信託が終了した場合に当該信託の委託者の親族等が当該信託の残余財産の給付を受けることとなるとき）

(2) 受益者等の存する信託について、当該信託の受益者等が存しないこととなった場合において、当該受益者等の次に受益者等となる者が当該信託の効力が生じた時の委託者又はその次に受益者等となる者の前の受益者等の親族等であるとき（受益者等の存しないこととなった信託の次に受益者等となる者が明らかでない場合にあっては、当該信託が終了した場合に当該信託の委託者又はその次に受益者等となる者の前の受益者等の親族等が当該信託の残余財産の給付を受けることとなるとき）

ところで、上記(1)又は(2)の将来の受益者等については、複数名存する場合もあり得るが、その場合において、上記の規定が適用されるのは、当該複数名の受益者等全員が委託者（法第９条の４第２項の次に受益者等となる者の前の受益者等を含む。以下この項において同じ。）の親族等である場合に限られるのではないかという疑義が生ずる。

　しかしながら、条文上、そのような条件は付されていないのは明らかであることから、当該複数名の受益者等のうち1人でも委託者の親族等が存すれば上記の規定が適用されることになる。

　そこで、相基通9の4－3は、そのことを留意的に明らかにした。

相続税法施行令第1条の9（親族の範囲）

　法第九条の四第一項に規定する政令で定める者は、次に掲げる者とする。
　　一　六親等内の血族
　　二　配偶者　　　　　　　【民法第725条（親族の範囲）と同じ】
　　三　三親等内の姻族
　　四　当該信託の受益者等となる者（法第九条の四第一項又は第二項の信託の残余財産の給付を受けることとなる者及び同項の次に受益者等となる者を含む。）が信託の効力が生じた時（同項に規定する受益者等が不存在となつた場合に該当することとなつた時及び法第九条の五に規定する契約締結時等を含む。次号において同じ。）において存しない場合には、その者が存するものとしたときにおいて前三号に掲げる者に該当する者
　　五　当該信託の委託者（法第九条の四第二項の次に受益者等となる者の前の受益者等を含む。）が信託の効力が生じた時において存しない場合には、その者が存するものとしたときにおいて第一号から第三号までに掲げる者に該当する者

⑷　相続税法基本通達9の4－4について

　また、同法基本通達9の4－4において、「受益者等が存しない信託の受託者が死亡した場合」の当該信託に関する権利については、当該死亡した受託者の相続税の課税財産を構成しないと定めています。

相続税法基本通達9の4－4（受益者等が存しない信託の受託者が死亡した場合）

　法第9条の4第1項又は第2項の規定の適用により、信託に関する権利を贈与又は遺贈により取得したものとみなされた受託者が死亡した場合であっても、当該信託に関する権利については、当該死亡した受託者の相続税の課税財産を構成しないことに留意する。

　これについて、国税庁は次のように説明をしています。

　受益者等の存しない信託の効力が生ずる場合又は受益者等の存する信託について当該信託の受益者等が存しなくなつた場合には、当該信託の受託者に対して当該信託財産に相当する金額について受贈益課税が行われるほ

か、将来、受益者等となる者が委託者（法第9条の4第2項の次に受益者等となる者の前の受益者等を含む。以下同じ。）の親族等であるときは、当該受託者に対し贈与税又は相続税が課税されることから、当該受託者が死亡したときには、当該信託に係る信託財産は死亡した当該受託者の相続財産を構成するのではないかという疑義が生ずる。

しかしながら、旧信託法第15条は、「信託財産ハ受託者ノ相続財産に属セス」と定めており、また、新信託法では、当該規定は削除されているが、受託者の死亡によってその任務は終了し（新信託法56①）、信託財産は法人とみなす旨（条文では「とする。」となっている）の規定（新信託法74①）が設けられていることからすれば、信託財産が受託者の相続財産を構成しないのは明らかである。

そこで、相続税法基本通達9の4―4は、そのことを留意的に明らかにしている。

（旧）信託法第15条
　信託財産ハ受託者ノ相続財産ニ属セス

信託法第56条（受託者の任務の終了事由）
　受託者の任務は、信託の清算が結了した場合のほか、次に掲げる事由によって終了する。ただし、第二号又は第三号に掲げる事由による場合にあっては、信託行為に別段の定めがあるときは、その定めるところによる。
　一　受託者である個人の死亡
　二　～　七　省略

信託法第74条　（受託者の死亡により任務が終了した場合の信託財産の帰属等）
　第五十六条第一項第一号に掲げる事由により受託者の任務が終了した場合には、信託財産は、法人とする。

5　相続税法第9条の5について

　この条文は、「未だ生まれていない孫等を受益者等とする信託を設定した場合」の、租税回避を防止する規定です。

　一説では、信託を利用して相続税の世代飛ばしに対応させた規定と言われています。

未だ生まれていない孫等を受益者等として信託を組成すれば、委託者の財産を課税することなく世代を飛ばして孫等に渡すことが可能になるからです。

まずは財務省の考え方を見てみましょう。

「平成19年度税制改正の解説」（480頁）

受益者等が存しない信託について、受益者等が存することとなった時における贈与税の課税

① 特例創設の趣旨

　　未だ生まれていない**孫等**を受益者とする信託を設定した場合等には受託者段階での負担（相続税法第9条の4による贈与税等の負担を含みます。）だけで**孫等**への財産移転が可能となります。

　　ところで、通常の相続では生まれていない孫等へ財産を承継させるためには、少なくともその前に誰かに一旦財産を帰属させ、その後に、生まれてきた孫等に承継することとなります。

　　このような場合に少なくとも2回の相続を経る必要がありますが、上記のように信託で行うと相続の回数を減らすことができ、その分の相続税負担を免れることとなります。

　　また、受益者指定権を有する者を定め、信託の設定時において相続税法第9条の4の課税を回避し、その後親族等を指定するような場合についても同様の問題が生じます。

　　このようなことに対して、課税の公平を確保する観点から、本特例により適正化措置を講ずるものです。

② 特例の概要

　　受益者等が存しない信託について、その信託の契約締結時等において存しない者がその信託の受益者等となる場合において、その信託の受益者等となる者がその信託の契約締結時等における委託者の親族等であるときは、その存しない者がその信託の受益者等となる時において、その信託の受益者等なる者は、その信託に関する権利を個人から贈与により取得したものとみなされ、贈与税が課税されることとなります（新相法9の5）。

　　なお、この特例の適用に当たっては、前述の特例（受益者等が存しない信託等についての受益者等が存しないこととなった時における相続税・贈与税の課税）の適用の有無とは関連がありません。

　　すなわち、受益者等の存しない信託となり、法人課税信託となった時点において、前述の特例（受益者等が存しない信託等についての受益者等が存しないこととなった時における相続税・贈与税の課税）の適用を受けて相続税又は贈与税が課税された場合であっても、受益者等が特定された時点において、この特例の適用により、贈与税が課税される場合があります。

(注)1　契約締結時等とは、次に掲げる区分に応じ次に定める時をいいます（新相令1の11）。

　　　① 契約によってされる信託　　信託契約の締結の時

　　　② 遺言によってされる信託　　遺言者の死亡の時

　　　③ 自己信託　　公正証書等の作成の時又は受益者となるべき者と指定してされた

第三者に対する確定日付のある証書による通知の時

2　上記の親族等には、民法第725条各号に掲げる6親等内の血族、配偶者及び3親等内の姻族である親族のほか、親等を数える一方の者が存しない場合にあっては、存するものとして親等を数えた場合において、前述の親族に該当する者が含まれます（上記(2)注）を参照。新相令1の9）。

3　「存しない者」とは、契約終結時において出生していない者のほか、養子縁組前の者、受益者として指定されていない者などが含まれ、単に条件が成就していないため受益者としての地位を有していない者などは除かれます。

4　この課税において、贈与する者を特定する必要性がないことから、個人からの贈与と規定されていますが、この個人の住所は、その信託の委託者の住所にあるものとされています（新相令1の12②）。

　この相続税の世代飛ばしに関しては、通常では相続税法第18条で「相続税額の20％加算規定」が設けられていますが、信託に関しては、相続税法第9条の5で対応することになりました。

　条文を見てみますと、「受益者等が存しない信託について、当該信託の契約が締結された時その他の時として政令で定める時において存しない者が当該信託の受益者等となる場合において、当該信託の受益者等となる者が当該信託の契約締結時等における委託者の親族であるときは、当該存しない者が当該信託の受益者等となる時において、当該信託の受益者等となる者は、当該信託に関する権利を個人から贈与により取得したものとみなす。」となっています。

　分かりやすく説明をしますと、未だ生まれていない孫を受益者と定め、信託契約を組成すれば、税法上では、受益者等の存しない信託となり、信託契約時においてはその孫に課税されることはありません。

　実在しないのですから当然のことです。

　その実在しない孫が誕生すれば、信託の受益者が存することになるわけですから、信託の受益権は孫に移ることになります。

　それをそのまま放置すると、相続税の世代飛ばしとして利用されることになります。

　そこで、税制では、相続税の租税回避に当たるそのことに蓋をしたというわけです。その規定が相続税法第9条の5となります。

　条件があります。「信託の受益者等となる者がその信託の契約締結時等における委託者の親族であるとき」となっています。

　あくまでも、「受益者等となる者が、信託の契約時等において、委託者の親族である」ということです。

　ここで少し疑問が生じます。

　受益者等の存しない信託では、同法第9条の4の定めにより、その契約時に受託者に贈与税等が課税されることになっています。

　受託者は、受益権を有したわけでもないのに受益者が委託者の親族であるというだけで課税をされることになります。

　そして、存しない者が誕生等で受益者等となる時に、その者が信託の契約締結時等における委託者の親族関係になるときは、今度は受益者等に対して贈与税が課されることになるわけです。

　納税の対象者は異なりますが、一つのことに関して二度課税されているように感じます。

　また、一説で言われているように相続税の世代飛ばしへの対応であるならば、条文上で受益者等となる者を「委託者の親族」ではなく「委託者の孫」と定めるべきではないか、条文の「委託者の親族」という表現であれば、委託者の子であっても同法第9条の5により課税されることになり、相続税の世代飛ばしに当たらなくても課税されることになります。

相続税法第18条　（相続税額の加算）
　　　相続又は遺贈により財産を取得した者が当該相続又は遺贈に係る被相続人の一親等の血族（当該被相続人の直系卑属が相続開始以前に死亡し、又は相続権を失つたため、代襲して相続人となつた当該被相続人の直系卑属を含む。）及び配偶者以外の者である場合においては、その者に係る相続税額は、前条の規定にかかわらず、同条の規定により算出した金額にその百分の二十に相当する金額を加算した金額とする。
2　前項の一親等の血族には、同項の被相続人の直系卑属が当該被相続人の養子となつている場合を含まないものとする。ただし、当該被相続人の直系卑属が相続開始以前に死亡し、又は相続権を失つたため、代襲して相続人となつている場合は、この限りでない。

相続税法第17条　（各相続人等の相続税額）

　　相続又は遺贈により財産を取得した者に係る相続税額は、その被相続人から相続又は遺贈により財産を取得したすべての者に係る相続税の総額に、それぞれこれらの事由により財産を取得した者に係る相続税の課税価格が当該財産を取得したすべての者に係る課税価格の合計額のうちに占める割合を乗じて算出した金額とする。

相続税法第9条の5

　　受益者等が存しない信託について、当該信託の契約が締結された時その他の時として政令で定める時（以下この条において「契約締結時等」という。）において存しない者が当該信託の受益者等となる場合において、当該信託の受益者等となる者が当該信託の契約締結時等における<u>委託者の親族</u>であるときは、当該存しない者が当該信託の<u>受益者等となる時</u>において、<u>当該信託の受益者等となる者</u>は、<u>当該信託に関する権利を個人から贈与により取得したものとみなす</u>。

相続税法施行令第1条の11（契約締結時等の範囲）　⇒　⇒（信託法第4条（信託の効力の発生）と同一な考え）

　　法第九条の五に規定する政令で定める時は、次の各号に掲げる信託の区分に応じ当該各号に定める時とする。
　　一　信託法第三条第一号（信託の方法）に掲げる方法によつてされる信託　委託者となるべき者と受託者となるべき者との間の<u>信託契約の締結の時</u>
　　二　信託法第三条第二号に掲げる方法によつてされる信託　<u>遺言者の死亡の時</u>
　　三　信託法第三条第三号に掲げる方法によつてされる信託　次に掲げる場合の区分に応じそれぞれ次に定める時
　　　イ　公正証書又は公証人の認証を受けた書面若しくは電磁的記録（イ及びロにおいて「公正証書等」と総称する。）によつてされる場合　<u>当該公正証書等の作成の時</u>
　　　ロ　公正証書等以外の書面又は電磁的記録によつてされる場合　<u>受益者となるべき者として指定された第三者（当該第三者が二人以上ある場合にあつては、その一人）に対する確定日付のある証書による当該信託がされた旨及びその内容の通知の時</u>

（参考）

信託法第4条（信託の効力の発生）

　　前条第一号に掲げる方法によってされる信託は、委託者となるべき者と受託者となるべき者との間の<u>信託契約の締結</u>によってその効力を生ずる。
2　前条第二号に掲げる方法によってされる信託は、当該<u>遺言の効力の発生によってその効力を生ずる</u>。
3　前条第三号に掲げる方法によってされる信託は、次の各号に掲げる場合の区分に応じ、当該各号に定めるものによってその効力を生ずる。
　　一　公正証書又は公証人の認証を受けた書面若しくは電磁的記録（以下この号及び次号において「公正証書等」と総称する。）によってされる場合　<u>当該公正証書等の作成</u>
　　二　公正証書等以外の書面又は電磁的記録によってされる場合　受益者となるべき者

として指定された第三者（当該第三者が二人以上ある場合にあっては、その一人）に対する<u>確定日付のある証書</u>による当該信託がされた旨及びその内容の通知

4　前三項の規定にかかわらず、信託は、信託行為に停止条件又は始期が付されているときは、当該停止条件の成就又は当該始期の到来によってその効力を生ずる。

(1)　相続税法基本通達9の5-1について

これらのことについて、相続税法基本通達9の5-1では「法第9条の5の規定の適用がある場合」と題して次のように定めています。

相続税法基本通達9の5-1　（法第9条の5の規定の適用がある場合）

受益者等が存しない信託については、法第9条の4第1項又は第2項の規定の適用の有無にかかわらず、当該信託について受益者等（同条第1項又は第2項の信託の残余財産の給付を受けることとなる者及び同項の次に受益者等となる者を含む。）が存することとなり、かつ、当該受益者等が、当該信託の契約締結時（令第1条の11各号に規定する時をいう。）における委託者の親族であるときは、法第9条の5の規定の適用があることに留意する。

> これについて、国税庁は次のように説明をしています。
>
> 法第9条の4では、受益者等の存しない信託の効力が生ずる場合又は受益者等の存する信託について当該信託の受益者等が存しなくなった場合において、将来、受益者等となる者が委託者（法第9条の4第2項の次に受益者等となる者の前の受益者等を含む。以下同じ。）の親族等であるときは、当該受託者に対し贈与税又は相続税が課税されることとされた。
>
> また、法第9条の5では、受益者等の存しない信託について、当該信託の契約締結時において存しない者が当該信託の受益者等となる場合において、当該信託の受益者等となる者が当該信託の契約締結時等における委託者の親族等であるときは、その存しない者が、当該信託の受益者等となる時において、当該信託の受益者等となる者は、当該信託に関する権利を個人から贈与により取得したものとみなされ贈与税が課税されることとされた。
>
> ところで、法第9条の5の規定については、法第9条の4の規定の適用があったもの、例えば、まだ生まれていない子を受益者とする信託を設定

し、当該信託の効力が生じた時に当該信託の受託者に対して贈与税又は相続税が課税されたものについて、当該生まれていない子が出生し、当該信託の受益者となった時に適用されるのか疑義が生ずる。しかしながら、法第９条の５の規定の適用については、条文上、法第９条の４の規定の適用があったものについて適用しない旨の規定がないことからすれば、当該生まれていない子が出生し、当該信託の受益者となった時に贈与税が課税されるのは明らかである。

そこで、相基通９の５−１では、そのことを留意的に明らかにした。

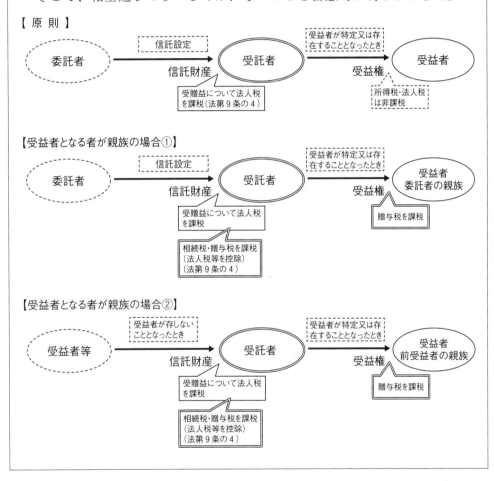

更に、国税庁の資産課税課情報第14号（平成19年７月４日付）の相続税法基本通達９の２−１の解説の中では、次のような説明がされています。

「受益者等の存しない信託について、受益者等が存することとなった時における贈与税の課税」

　未だ生まれていない孫等を受益者とする信託を設定した場合等には、受託者段階での負担（法人税法等の課税及び法第9条の4の規定の適用による相続税又は贈与税の課税）のみになることから、<u>将来発生する相続税の課税回数を減らすことが可能となり</u>、また、<u>信託の設定時に受益者等を定めずに受益者指定権を有する者を定め、信託の効力が生じた後に親族等を指定すれば、法第9条の4の課税を回避することが可能となる</u>。

　そこで、課税の公平確保の観点から、受益者等が存しない信託について、当該信託の契約締結時等において存しない者が当該信託の受益者等となる場合において、当該信託の受益者等となる者が当該信託の契約締結時等における委託者の親族等であるときは、当該存しない者が当該信託の受益者等となる時において、当該信託の受益者等となる者は、当該信託に関する権利を個人から贈与により取得したものとみなして贈与税を課税することとされた（法9の5）。

（注）「存しない者」とは、例えば次のような者をいう。
　　①　契約締結時において出生していない者
　　②　養子縁組前の者
　　③　受益者として指定されていない者

　この通達等によると、相続税法第9条の4の適用がされていたとしても、そのことは全く考慮せずに同法第9条の5の適用は行われるということになります。

　また、この規定が相続税の世代飛ばし対策であるという一説に対しては、受益者等は孫を含めた委託者の親族であるということですので、世代飛ばし防止を含めた幅広な規定になっていると考えるべきです。

以上で、「贈与税（相続税）関係」の説明を終わります。

次は、「家族信託に関係するその他の税金」について説明します。

【家族信託に関係するその他の税金】

　家族信託の税金関係については、国税関係では、所得税、法人税、贈与税、相続税、印紙税及び登録免許税が、地方税関係では、不動産取得税、固定資産税が中心となります。

　特に、不動産を信託財産にした場合には、いろいろな税金が関わってきますので、これまで説明してきた税以外の税について、順次、説明いたします。

1　登録免許税　（国税）

　登録免許税は、不動産等の登記、登録などを行う場合に課税される税金で、登記等を受ける者が納税義務を負っています。

　また、登記等を受ける者が二人以上いるときは、これらの者は連帯して登録免許税を納付する義務を負うことになっています。

　そのような登録免許税ですが、土地の所有権の信託登記を行う場合は、通常の登記を行う場合よりも**税率が5分の1**になっています。

　そして、時限立法ですが、租税特別措置法第72条（土地の売買による所有権の移転登記等の税率の軽減）において、登録免許税の税率の軽減措置が図られ、その適用期限の延長が繰り返され、現在では令和8年3月31日までとされています。

　現在の「土地の売買による所有権の移転登記等」の登録免許税の税率は、軽減措置のお陰もあり、通常の「所有権の移転の登記」では1.5%、「**所有権の信託の登記**」の場合は**0.3%**となっています。

登録免許税法第2条（課税の範囲）
　登録免許税は、別表第一に掲げる登記、登録、特許、免許、許可、認可、認定、指定及び技能証明（以下「登記等」という。）について課する。

登録免許税法第3条（納税義務者）
　登記等を受ける者は、この法律により登録免許税を納める義務がある。この場合において、当該登記等を受ける者が二人以上あるときは、これらの者は、連帯して登録免許税を納付する義務を負う。

登録免許税法第9条（課税標準及び税率）

　　登録免許税の課税標準及び税率は、この法律に別段の定めがある場合を除くほか、登記等の区分に応じ、別表第一の課税標準欄に掲げる金額又は数量及び同表の税率欄に掲げる割合又は金額による。

別表第一　課税範囲、課税標準及び税率の表

　一　不動産の登記（不動産の信託の登記を含む。）

　（注）　この号において「不動産」とは、土地及び建物並びに立木に関する法律に規定する立木をいう。

　（一）　省　略

　（二）　所有権の移転の登記

　　　イ　～　ロ　省　略

　　　ハ　（相続、法人の合併、共有物の分割）以外の原因による移転の登記　不動産の価額　千分の二十

　（三）　～　（九）省　略

　（十）　信託の登記

　　　イ　所有権の信託の登記　不動産の価額　千分の四

　　　ロ　～　ハ　省　略

租税特別措置法第72条（土地の売買による所有権の移転登記等の税率の軽減）

　　個人又は法人が、平成二十五年四月一日から令和八年三月三十一日までの間に、土地に関する登記で次の各号に掲げるものを受ける場合には、当該各号に掲げる登記に係る登録免許税の税率は、登録免許税法第九条の規定にかかわらず、当該各号に掲げる登記の区分に応じ、当該各号に定める割合とする。

　一　売買による所有権の移転の登記　千分の十五

　二　所有権の信託の登記　千分の三

2　～　3　省　略

★　土地の売買による所有権の移転登記等の税率の軽減（租税特別措置法第72条第1項）

登　記　の　種　類	本　則	軽　減　措　置
所有権の移転の登記	2.0%	1.5%
所有権の信託の登記	0.4%	0.3%

出典：国税庁のパンフレット「登録免許税の税率の軽減措置に関するお知らせ」より抜粋

　　また、登録免許税法第7条で、信託による財産権の移転の登記又は登録に関しては、形式的に所有権が移転したにすぎないことから登録免許税は課されないと定められています。

登録免許税法第７条（信託財産の登記等の課税の特例）
　　信託による財産権の移転の登記又は登録で次の各号のいずれかに該当するものについては、登録免許税を課さない。
　　一　委託者から受託者に信託のために財産を移す場合における財産権の移転の登記又は登録
　　二　信託の効力が生じた時から引き続き委託者のみが信託財産の元本の受益者である信託の信託財産を受託者から当該受益者（当該信託の効力が生じた時から引き続き委託者である者に限る。）に移す場合における財産権の移転の登記又は登録
　　三　受託者の変更に伴い受託者であつた者から新たな受託者に信託財産を移す場合における財産権の移転の登記又は登録
２　信託の信託財産を受託者から受益者に移す場合であつて、かつ、当該信託の効力が生じた時から引き続き委託者のみが信託財産の元本の受益者である場合において、当該受益者が当該信託の効力が生じた時における委託者の相続人（当該委託者が合併により消滅した場合にあつては、当該合併後存続する法人又は当該合併により設立された法人）であるときは、当該信託による財産権の移転の登記又は登録を相続（当該受益者が当該存続する法人又は当該設立された法人である場合にあつては、合併）による財産権の移転の登記又は登録とみなして、この法律の規定を適用する。

２　不動産取得税　（地方税）

　　不動産を信託財産とする信託契約に基づき登記を行うと、登記簿の所有者欄に受託者の名前が記載されることになりますが、信託では、受託者が実際に不動産を取得したわけではないので、不動産取得税は課されないことになっています。

　　地方税法第73条の７で、「委託者から受託者に信託財産を移す場合における不動産の取得には不動産取得税を課すことができない。」と定められています。

　　法は、形式的な所有権の移転等に対する不動産取得税は非課税扱いにしているわけです。

　　信託の所有権の移転は、まさに実質を伴わない形だけの移転ですから当然ではあります。

地方税法第73条の２　（不動産取得税の納税義務者等）
　　不動産取得税は、不動産の取得に対し、当該不動産所在の道府県において、当該不動産の取得者に課する。

地方税法第73条の7（形式的な所有権の移転等に対する不動産取得税の非課税）

　道府県は、次に掲げる不動産の取得に対しては、<u>不動産取得税を課することができない</u>。

　　二　省　略
　　三　<u>委託者から受託者に信託財産を移す場合における不動産の取得</u>
　　四　～　二十一　省　略

3　固定資産税　（地方税）

　固定資産税は、土地や建物などの所有者に課税される税のことです。

　その所有者の把握は、主に登記簿で行われています。

　土地や建物を信託した場合でも、法務局において登記名義の変更をしなければなりません。

　「信託」をその原因として、所有者欄には受託者名が記載されます。

　受託者が信託財産の所有者になるわけです。

　当然ですが、登記名義が変わると固定資産税台帳の名義も変わります。

　そして、固定資産税の納税者義務者は受託者になります。

　ただ、これまでも説明しましたように、信託の受託者はその信託財産を管理・処分するだけであり、形式的に預かっていることと変わりありません。

　信託財産の真の所有者は受益者であります。

　しかし、固定資産税は登記名義人（所有者）に対し課税されるものですから、納税義務者は名義人である受託者であり、納付書も受託者に届くことになります。

　そこで、実務的な対応ですが、受託者が納付した固定資産税は、受託者が受益者に代わって手続きを行ったということで、信託として預かっている受益者の財産（例えば、現金又は預金等）の中から支払うことになろうかと思います。

　もちろん、そのことも記帳することになります。

地方税法第342条（固定資産税の課税客体等）

　固定資産税は、固定資産に対し、当該固定資産所在の市町村において課する。

　2～3　省　略

地方税法第343条（固定資産税の納税義務者等）
　　固定資産税は、固定資産の所有者に課する。
2　前項の所有者とは、土地又は家屋については、登記簿又は土地補充課税台帳若しくは家屋補充課税台帳に所有者（区分所有に係る家屋については、当該家屋に係る建物の区分所有等に関する法律第二条第二項の区分所有者とする。）として登記又は登録されている者をいう。この場合において、所有者として登記又は登録されている個人が賦課期日前に死亡しているとき、若しくは所有者として登記又は登録されている法人が同日前に消滅しているとき、又は所有者として登記されている第三百四十八条第一項の者が同日前に所有者でなくなつているときは、同日において当該土地又は家屋を現に所有している者をいうものとする。
3　～　4　省　略

4　印紙税　（国税）

　　ここでは、信託不動産を売却した場合、印紙税はどのようになるのかを説明します。

　　通常、不動産を売却した場合、その契約書には多額の印紙税が課税されます。

　　では、不動産が信託財産の場合はどのようになるのかということです。

　　信託された不動産等は、信託財産として受託者の管理下にあり、信託が継続している中にあっては、別段の定めがされていなければ、基本的には売却はできません。

　　ところで、信託は財産の転換機能を有しており、**「物権の債権化」** が図られ受益権という債権に変わります。

金融商品取引法第二条（定義）
　　この法律において「有価証券」とは、次に掲げるものをいう。
　　…詳細略
2　前項第一号から第十五号までに掲げる有価証券、同項第十七号に掲げる有価証券及び同項第十八号に掲げる有価証券に表示されるべき権利並びに同項第十六号に掲げる有価証券、同項第十七号に掲げる有価証券及び同項第十九号から第二十一号までに掲げる有価証券であつて内閣府令で定めるものに表示されるべき権利は、有価証券表示権利について当該権利を表示する当該有価証券が発行されていない場合においても、当該権利を当該有価証券とみなし、電子記録債権のうち、流通性その他の事情を勘案し、社債券その他の前項各号に掲げる有価証券とみなすことが必要と認められるものとして政令で定めるものは、当該電子記録債権を当該有価証券とみなし、<u>次に掲げる権利は、証券又は証書に表示されるべき権利以外の権利であつても有価証券とみなして、この法律の規定を適用する。</u>

一　信託の受益権

　信託財産の売却に当たっては、この債権（受益権）の売却をもって行うことができるわけです。

　そこで印紙税との関係です。

　売買される対象物が、不動産という物権から受益権という債権に変わることになりますと、印紙税法上の取り扱いが異なってきます。

　通常の不動産売買契約書は、印紙税法上では「１号文章」の扱いとなり、取引金額に応じて納付することになります。

　例えば、契約金額２億円では印紙税が10万円、契約金額が12億円の場合は40万円の印紙税を納税しなければなりません。

　しかし、信託の受益権の売買では、印紙税法上は「15号文章」に該当することから、売買金額の多寡に関わらず一律に200円（ただし売買金額が１万円未満は非課税）の印紙税となります。

　このように、印紙税では、受益権の売買は通常の不動産の売買よりも割安（節税）になります。

　不動産を売買する場合には、信託の転換機能で生じた受益権という債権を売買すれば印紙税が節約できることを知っておいてください。

　なお、信託を契約で行う場合のその契約書は「12号文書」に該当することから金額の多寡にかかわらず一律200円の印紙税が課税されます。

（印紙税法より抜粋）

12	信託行為に関する契約書 （注）　信託証書を含みます。	200円		
15	債権譲渡又は債務引受けに関する契約書	記載された契約金額が １万円未満 １万円以上 契約金額の記載のないもの	非課税 200円 200円	

※　12、15の数字は印紙税の文書番号を示す。

【信託に関する帳簿の作成及びその保存】

　信託は、委託者が受益者のために委託者の財産を受託者に託し、管理・処分を行ってもらう制度となっています。

　それも、結構長い期間続くことになります。

　その間、受託者が委託者の指示どおりに託された財産を運用しているかどうかの確認はどうするのかということになります。

　そこで、法は、そのことを確認できる権限を委託者又は受益者に与えています。

　信託法第36条で、「<u>委託者又は受益者</u>は、受託者に対し、信託事務の処理の状況並びに信託財産に属する財産及び信託財産責任負担債務の状況について<u>報告を求めることができる。</u>」としています。

　この規定に基づき、委託者又は受益者は、信託財産の処理の状況やその他の情報等を必要に応じて知ることが可能となっています。

　また、受託者の立場では、委託者の財産を預かる以上は信託財産を管理することはもちろんのこと、それに関する帳簿等を作成し、保存し、財産の状況を委託者又は受益者の求めに応じて説明しなければならない義務が課されています。

　では、受託者はどのような書類を作らなければならないかということになります。

　信託法第37条第1項にその定めがされており、「<u>受託者</u>は、信託事務に関する計算並びに信託財産に属する財産及び信託財産責任負担債務の状況を明らかにするため、法務省令に定めるところにより、<u>信託財産に係る帳簿その他の書類又は電磁的記録を作成しなければならない。</u>」と規定されています。

　また、同条第2項では、「受託者は、毎年1回、一定の時期に、法務省令で定めるところにより、貸借対照表、損益計算書その他の法務省令で定める書類又は電磁的記録を作成しなければならない。」とも定められています。

　ここでいう法務省令とは、信託法とともに施行された、「信託計算規則」（平

成19年法務省令第42号）のことを指します。

さらに、同条第3項で、「受託者は、前項の書類又は電磁的記録を作成した**ときは、その内容について受益者（信託管理人が現に存する場合にあっては、信託管理人）に報告しなければならない。」**と定められており、書類を作成し終えたら受託者自ら受益者にその内容について報告しなければならないという義務を負っていることになります。

そして、このようにして作られた書類等は、下記のとおり、一定期間保存しておくことも義務付けられています。（信託法37④～⑥）

【帳簿の保存義務等】

帳簿等の種類	保存期間	関連条文
信託帳簿（1項の書類）	作成の日から10年間	信託法37条4項
信託財産に属する財産の処分に係る契約書その他の信託事務の処理に関する書類又は電磁的記録	作成又は取得の日から10年間	信託法37条5項
貸借対照表、損益計算書その他の法務省令で定める書類又は電磁的記録（財産状況開示資料となるもの）（2項の書類）	信託の清算の結了の日までの間	信託法37条6項

「信託計算規則のこと」

信託法第37条　（帳簿等の作成等、報告及び保存の義務）
　　受託者は、信託事務に関する計算並びに信託財産に属する財産及び信託財産責任負担債務の状況を明らかにするため、法務省令で定めるところにより、信託財産に係る帳簿その他の書類又は電磁的記録を作成しなければならない。
　※　信託財産責任負担債務とは、受託者が信託財産に属する財産をもって履行する責任を負う債務。
2　受託者は、毎年一回、一定の時期に、法務省令で定めるところにより、貸借対照表、損益計算書その他の法務省令で定める書類又は電磁的記録を作成しなければならない。
3　受託者は、前項の書類又は電磁的記録を作成したときは、その内容について受益者（信託管理人が現に存する場合にあっては、信託管理人）に報告しなければならない。ただし、信託行為に別段の定めがあるときは、その定めるところによる。
4　受託者は、第一項の書類又は電磁的記録を作成した場合には、その作成の日から十年間（当該期間内に信託の清算の結了があったときは、その日までの間。次項において同じ。）、当該書類（当該書類に代えて電磁的記録を法務省令で定める方法により作成した場合にあっては、当該電磁的記録）又は電磁的記録（当該電磁的記録に代えて書面を作成した場合にあっては、当該書面）を保存しなければならない。ただし、受益者（二人以上の受益者が現に存する場合にあってはそのすべての受益者、信託管理人が現に存する場合にあっては信託管理人。第六項ただし書において同じ。）に対し、当該書類若し

くはその写しを交付し、又は当該電磁的記録に記録された事項を法務省令で定める方法により提供したときは、この限りでない。

5　受託者は、信託財産に属する財産の処分に係る契約書その他の信託事務の処理に関する書類又は電磁的記録を作成し、又は取得した場合には、その作成又は取得の日から十年間、当該書類（当該書類に代えて電磁的記録を法務省令で定める方法により作成した場合にあっては、当該電磁的記録）又は電磁的記録（当該電磁的記録に代えて書面を作成した場合にあっては、当該書面）を保存しなければならない。この場合においては、前項ただし書の規定を準用する。

6　受託者は、第二項の書類又は電磁的記録を作成した場合には、信託の清算の結了の日までの間、当該書類（当該書類に代えて電磁的記録を法務省令で定める方法により作成した場合にあっては、当該電磁的記録）又は電磁的記録（当該電磁的記録に代えて書面を作成した場合にあっては、当該書面）を保存しなければならない。ただし、その作成の日から十年間を経過した後において、受益者に対し、当該書類若しくはその写しを交付し、又は当該電磁的記録に記録された事項を法務省令で定める方法により提供したときは、この限りでない。

信託計算規則第4条　（信託帳簿等の作成）

　法第三十七条第一項の規定による信託財産に係る帳簿その他の書類又は電磁的記録（以下この条及び次条において「信託帳簿」という。）の作成及び法第三十七条第二項の規定による同項の書類又は電磁的記録の作成については、この条に定めるところによる。

2　信託帳簿は、一の書面その他の資料として作成することを要せず、他の目的で作成された書類又は電磁的記録をもって信託帳簿とすることができる。

　　※　預金通帳のコピーなど

3　法第三十七条第二項に規定する法務省令で定める書類又は電磁的記録は、この条の規定により作成される財産状況開示資料とする。

4　財産状況開示資料は、信託財産に属する財産及び信託財産責任負担債務の概況を明らかにするものでなければならない。

5　財産状況開示資料は、信託帳簿に基づいて作成しなければならない。

6　信託帳簿又は財産状況開示資料の作成に当たっては、信託行為の趣旨をしん酌しなければならない。

（参考）

（信託帳簿と財産状況開示資料　信託計算規則第4条（信託帳簿等の作成）を要約）

　1「信託帳簿」‥信託法第三十七条第一項の規定による信託財産に係る帳簿その他の書類等

　2「信託帳簿」‥一の書面その他の資料として作成することを要せず、他の目的で作成された書類又は電磁的記録をもって信託帳簿とすることができる。

　　※　預金通帳のコピーなど

　3「財産状況開示資料」‥信託法第三十七条第二項に規定する法務省令で定める書類等

　4「財産状況開示資料」は、信託財産に属する財産及び信託財産責任負担債務の概況を明らかにするものでなければならない。

　5「財産状況開示資料」は、信託帳簿に基づいて作成しなければならない。

6 「信託帳簿又は財産状況開示資料」の作成に当たっては、信託行為の趣旨をしん酌しなければならない。

信託法第2条（定義）
9 この法律において「信託財産責任負担債務」とは、受託者が信託財産に属する財産をもって履行する責任を負う債務をいう。

　これらのことをまとめると、受託者には、次のことが義務づけられています。
① 信託法第37条第1項により、信託計算規則第4条第1項の「信託帳簿」を作成しなければならない義務を負っています。
② 信託法第37条第2項により、毎年1回、一定の時期に信託帳簿に基づいて貸借対照表、損益計算書などの「財産状況開示資料」（信託計算規則4③）を作成し、その内容を受益者（信託管理人が現に存する場合にあっては、信託管理人）に報告する義務を負っています。
③ その上で、信託帳簿等を一定期間保存する義務を負っています。（信37④～⑥）

　一方、信託法第36条では、委託者と受益者は、信託事務の処理の状況等について受託者にいつでも報告を求めることができるとされています。
　さらに、信託法第38条では、受益者には書類等の閲覧又は謄写の請求をすることが可能となっています。
　このように二段構えのチェックができることになっています。

信託法第36条（信託事務の処理の状況についての報告義務）
　委託者又は受益者は、受託者に対し、信託事務の処理の状況並びに信託財産に属する財産及び信託財産責任負担債務の状況について報告を求めることができる。

信託法第38条（帳簿等の閲覧等の請求）
　受益者は、受託者に対し、次に掲げる請求をすることができる。この場合においては、当該請求の理由を明らかにしてしなければならない。
　　一　前条第一項又は第五項の書類の閲覧又は謄写の請求
　　二　前条第一項又は第五項の電磁的記録に記録された事項を法務省令で定める方法により表示したものの閲覧又は謄写の請求
2　前項の請求があったときは、受託者は、次のいずれかに該当すると認められる場合を除き、これを拒むことができない。

　一　当該請求を行う者（以下この項において「請求者」という。）がその権利の確保
　　又は行使に関する調査以外の目的で請求を行ったとき。
　二　請求者が不適当な時に請求を行ったとき。
　三　請求者が信託事務の処理を妨げ、又は受益者の共同の利益を害する目的で請求を
　　行ったとき。
　四　請求者が当該信託に係る業務と実質的に競争関係にある事業を営み、又はこれに
　　従事するものであるとき。
　五　請求者が前項の規定による閲覧又は謄写によって知り得た事実を利益を得て第三
　　者に通報するため請求したとき。
　六　請求者が、過去二年以内において、前項の規定による閲覧又は謄写によって知り
　　得た事実を利益を得て第三者に通報したことがあるものであるとき。

　ところで、信託法第13条では、信託で行う会計については「一般に公正妥当
と認められる会計の慣行に従うものとする。」とされていますが、信託計算規
則第4条第6項では、「信託帳簿又は財産状況開示資料の作成に当たっては、
信託行為の趣旨をしん酌しなければならない。」とされています。
　「信託行為の趣旨をしん酌」とは、抽象的な表現となっていますが、相手の
事情や心情をよく酌みとって行いなさいという意味ではないかと思っています。

信託法第13条（会計の原則）
　信託の会計は、一般に公正妥当と認められる会計の慣行に従うものとする。

信託計算規則第4条　（信託帳簿等の作成）
　6　信託帳簿又は財産状況開示資料の作成に当たっては、信託行為の趣旨をしん酌しな
　ければならない。

（参考）
「会計の原則」とは？
　○　信託法　「信託の会計は、一般に公正妥当と認められる会計の慣行に従うものと
　　　　　　　する。」（法13）
　○　信託計算規則　「信託帳簿又は財産状況開示資料の作成に当たっては、信託行為
　　　　　　　　　　の趣旨をしん酌しなければならない。」（規則4）
　○　会社法　「一般に公正妥当と認められる企業会計の慣行に従うものとする」（法
　　　　　　　431）　　　　　　……➡　企業会計原則などとされている。
　○　会社計算規則　「一般に公正妥当と認められる企業会計の基準その他の企業会計
　　　　　　　　　　の慣行をしん酌しなければならない。」（規則3）
　○　法人税法　「第二項に規定する当該事業年度の収益の額及び前項各号に掲げる額
　　　　　　　　は、別段の定めがあるものを除き、一般に公正妥当と認められる会
　　　　　　　　計処理の基準に従って計算されるものとする」（法22④）
　○　金融商品取引法　「一般に公正妥当と認められる企業会計の基準に従うものとす

る」(財務諸表規則1①

武田昌輔 (元 成蹊大学教授)…「税務大学論叢3号」より抜粋
　　法人税法第22条第4項においては、課税所得の計算について、「一般に公正妥当と認められる会計処理の基準」に従って計算する旨定めている。
　　しかしながら、この基準が現実にいかなるものを指すかの問題になると必ずしも明らかでない。つまり、実体的にその基準が存在するわけでなくて、いわば理念として抽象的に存在するに過ぎない。
　　たしかに、公正処理基準と判断される素材は存する。たとえば、企業会計原則、財務諸表規則、商法における計算規定、税法の各種の計算規定等である。
　　われわれとしては、これらの素材を整理統合して、公正処理基準の形成に努めることが必要である。

　以上で、信託に関する帳簿の作成及びその保存についての説明を終わりますが、これらの事務も受託者が行わなければなりません。

　次は、信託に関する「法定調書」について説明します。

【法定調書】

　みなさんは、法定調書（又は「支払調書」）という言葉を聞かれたことはありませんか。

　税法の中で使われている言葉です。

　現在は、60種類の法定調書が税法で定められています。

　よく耳にする「給与所得の源泉徴収票」や「利子等の支払調書」、また、最近報道されている「国外送金等調書」などがこの法定調書といわれるものです。

　これらの法定調書は、「所得税法（43種類）」、「相続税法（5種類）」、「租税特別措置法（8種類）」及び「内国税の適正な課税の確保を図るための国外送金等に係る調書の提出等に関する法律（4種類）」の規定により現時点では計60種類あり、それぞれの法律により税務署に提出することが義務付けられています。

> ※　余談ですが、平成28年1月1日以降の金銭等の支払い等がされる場合にこの法定調書にはマイナンバー・法人番号の記載が義務付けられています。
> 　ちなみに、令和2事務年度の1年間に提出された法定調書の枚数は、4億3486万枚と聞いています。
> 　現在は更に増えているものと思われます。

　その理由は、適正課税を維持するための情報収集を行うことにあります。

　課税情報を集めるため、とても細かいところまでカバーしています。

　そして、信託に関しては上記の所得税法及び相続税法の中で提出を義務付けています。

　税制は、国の財政の確保及び適正課税の維持、租税回避の防止を基本として定められていますから、信託法が改正されたことにより、当然、適正課税を行うための税制改正が行われ、併せて、それに関する情報収集策である法定調書についても法整備が行われています。

　そして、平成18年の信託法の改正で、いわゆる家族信託といわれるような家族間での信託が可能となるなど幅広な改正が行われたこともあり、税制においても適正課税を維持するために、その課税情報を収集すべく法改正を行い法定

調書という形での情報提供を義務付けています。

　これは、信託に関しては、資料情報の収集が極めて重要であるとの表れであると考えます。違反者には罰則規定も定められています。

　信託は、財産の移転から始まります。

　税法では、財産が無償で移転すれば基本は贈与税課税となります。

　財産が移転すれば、元々の所有者の財産が減少することになりますので、それをそのまま放置すれば、相続税逃れに繋がることになるからです。

　そこで、信託であっても財産（受益権）が無償で移転すれば、贈与税を課税する必要があるわけです。

　中には、信託財産が委託者から受託者に移転する場合に、登記を必要とする財産もありますが、それ以外の財産では、信託された事実が対外的に明らかになることは少ないのではないかと思います。

　家族信託はその大部分が家族間で行う契約ですので、税務当局が課税情報を入手しようとしてもなかなか困難であります。

　そこで、法律でもってその情報の提出を義務付けたわけです。

　では、家族信託に関してどのような法定調書があるかというと所得税法と相続税法に定められています。

1　所得税法上の定め

　まず、所得税法上で規定されている内容から説明をします。

　提出義務者は「受託者」となっています。

　その受託者が作成しなければならない法定調書は、所得税法上では「信託の計算書」とその合計表である「信託計算書合計表」です。

　信託の受託者は、その信託に係る受益者別に、その信託の計算書及び合計表を税務当局に提出しなければなりません。

　所得税法第227条では、「信託の受託者は、財務省令で定めるところにより、その信託の計算書を、・・・・信託会社以外の受託者については毎年1月31

日までに、税務署長に提出しなければならない。」と定めています。

　信託会社以外の受託者、いわゆる家族が受託者となる家族信託の場合は、翌年の1月31日までに、「信託の計算書」及び「信託計算書合計表」を税務署長に提出しなければならないとされています。

所得税法第227条　（信託の計算書）
　信託（第十三条第一項ただし書（信託財産に属する資産及び負債並びに信託財産に帰せられる収益及び費用の帰属）に規定する集団投資信託、退職年金等信託又は法人課税信託を除く。）の受託者は、財務省令で定めるところにより、その信託の計算書を、信託会社（金融機関の信託業務の兼営等に関する法律により同法第一条第一項（兼営の認可）に規定する信託業務を営む同項に規定する金融機関を含む。以下この条において同じ。）については毎事業年度終了後一月以内に、信託会社以外の受託者については毎年一月三十一日までに、税務署長に提出しなければならない。

　また、財務省令である同法施行規則第96条（信託の計算書）第1項では、「法第227条に規定する信託の受託者は、同条の規定により、その信託に係る法第13条第1項に規定する受益者（みなし受益者を含む。）別に、次に掲げる事項を記載した計算書を、その受託者の事務所、事業所その他これらに準ずるものでその信託に関する事務を取り扱うものの所在地の所轄税務署長に提出しなければならない。」と定めています。

　信託の計算書への記載事項は次のとおりです。
　①　委託者及び受益者等の氏名又は名称、住所及び個人番号
　②　その信託の期間及び目的
　③　前年十二月三十一日におけるその信託に係る資産及び負債の内訳並びに資産及び負債の額
　④　前年中におけるその信託に係る資産の異動並びに信託財産に帰せられる収益及び費用の額
　⑤　受益者等に交付した信託の利益の内容、受益者等の異動及び受託者の受けるべき報酬等に関する事項

　なお、同条第2項で、上記④について、「各人別の同項第四号に掲げる信託

財産に帰せられる<u>収益の額の合計額が３万円</u>（当該合計額の計算の基礎となった期間が一年未満である場合には、１万５千円）以下であるときは、その信託に係る同項の計算書は、<u>提出することを要しない。</u>」としています。

「信託の計算書」は、各人別の信託財産に帰せられる収益の合計額が年額３万円以下（計算期間が１年未満の場合は１万５千円以下）の場合は、提出は不要となっています。

この３万円以下とは、どのようなケースが該当するのかといいますと、例えば、収益を生まない自宅を信託財産とした場合や未上場株式等を信託財産としたような場合はこれに該当すると考えられます。

「信託の計算書合計表」については、「信託の計算書」を信託財産の種類別に合計した内容で記載することになっています。

「信託の計算書」の提出先は、その受託者の住所地等の所在地の所轄税務署長です。

所得税法施行規則第96条（信託の計算書）

　法第二百二十七条（信託の計算書）に規定する信託の受託者は、同条の規定により、その信託に係る法第十三条第一項（信託財産に属する資産及び負債並びに信託財産に帰せられる収益及び費用の帰属）に規定する受益者（同条第二項の規定により同条第一項に規定する受益者とみなされる者を含む。以下この項及び第三項において「受益者等」という。）別に、次に掲げる事項を記載した計算書を、その受託者の事務所、事業所その他これらに準ずるものでその信託に関する事務を取り扱うものの所在地の所轄税務署長に提出しなければならない。

　　一　委託者及び受益者等の氏名又は名称、住所若しくは居所（国内に居所を有しない者にあつては、国外におけるその住所。以下この号において同じ。）又は本店若しくは主たる事務所の所在地及び個人番号又は法人番号（個人番号及び法人番号を有しない者にあつては、氏名又は名称及び住所若しくは居所又は本店若しくは主たる事務所の所在地）

　　二　その信託の期間及び目的

　　三　信託会社（法第二百二十七条に規定する信託会社をいう。以下この項において同じ。）が受託者である信託（租税特別措置法第四条の五第一項（特定寄附信託の利子所得の非課税）に規定する特定寄附信託（以下この項及び第三項において「特定寄附信託」という。）を除く。次号において同じ。）にあつては当該信託会社の各事業年度末、信託会社以外の者が受託者である信託又は特定寄附信託にあつては前年十二月三十一日におけるその信託に係る資産及び負債の内訳並びに資産及び負債の額

　　四　信託会社が受託者である信託にあつては各事業年度中、信託会社以外の者が受託

者である信託又は特定寄附信託にあつては前年中におけるその信託に係る資産の異動並びに信託財産に帰せられる収益及び費用の額

五　受益者等に交付した信託の利益の内容、受益者等の異動及び受託者の受けるべき報酬等に関する事項

六　～　七　省　略

2　前項の場合において、各人別の同項第四号に掲げる信託財産に帰せられる<u>収益の額の合計額が三万円</u>（当該合計額の計算の基礎となった期間が一年未満である場合には、一万五千円）<u>以下であるときは、その信託に係る同項の計算書は、提出することを要しない</u>。

3　省　略

4　第一項の計算書の書式は、別表第七（一）による

2　相続税法上の定め

次に、相続税法上で規定されている法定調書について説明します。

相続税法における課税についても、基本的には所得税法等と同様に受益者等課税信託の考えを採用しています。

したがって、受益者の相続税や贈与税を捕捉するための情報収集が必要となります。

さらに、信託財産の移転についていえば、信託法第91条で「後継ぎ遺贈型受益者連続信託」の組成ができるようになり、一つの信託契約の中で、次から次へと受益者を移動させることが可能となるなどこれまでにはできなかった新しい仕組みの信託ができるようになりました。

このような状況の中で、税務当局においては、登記・登録を義務付けられているものについては、登記簿などを通じて辛うじて情報収集を行うことは可能ですが、登記・登録が義務付けられていない、例えば、定期預金などが信託財産とされてその受益権が委託者から受益者（他益信託の場合）に移動したとしても税務当局にはその情報が入りません。

信託により受益権が移動した場合には贈与税課税（死亡で移動した場合には相続税課税）が必要となりますが、税務当局にはその情報が届くことはありません。

そうしますとそこに、贈与税等の申告漏れや申告逃れを生じさせる可能性が出てきます。

　そこで、相続税法においても、信託に関して法定調書という制度を活用して情報収集を行うことにしています。

　そして、今回の改正により新たに創設された法人課税信託などをはじめとして、従来の法人税、所得税、相続税の枠を超えた課税のつながりが生じ、単にこれまで通りの調書では対応が難しくなってきていることなどから、委託者又は受益者を個人に限定することなく法人であってもその調書の対象とすることとするとともに調書の提出機会を増加させるほか、調書の提出者を受託者すべてに拡充することとしています。

　相続税法上の法定調書は、「信託に関する受益者別（委託者別）調書」であり、同法第59条第3項に定められています。

　内容の趣旨は、「信託の受託者は、次に掲げる事由が生じた場合には、当該事由が生じた日の属する月の翌月末日までに、受益者別（受益者としての権利を現に有する者の存しない信託にあっては、委託者別）の調書を税務署長に提出しなければならない。ただし、信託に関する権利又は信託財産の価額が一定金額以下であることその他の財務省令で定める事由に該当する場合は、提出はいらない。」となっています。

　ここでいう「次に掲げる事由が生じた場合」とは、次の4項目です。

　①　信託の効力が発生した時

　②　受益者等が変更された時

　③　信託が終了した時

　④　信託の権利内容が変更された時

　また、「信託に関する権利又は信託財産の価額が一定金額以下」とは、相続税法施行規則第30条第7項第1号で「受託者の引き受けた信託について受益者（受益者としての権利を現に有する者の存しない信託にあっては、委託者。以下この号において同じ。）別に当該信託の信託財産を法第22条から第

25条（財産の評価）までの規定により評価した価額が<u>五十万円以下であること</u>。」と定められています。

　したがって、「信託に関する受益者別（委託者別）調書」は、上記①から④の４つの場面の事由が発生した時で、受益者（委託者）別に当該信託の信託財産の評価額が50万円を超えた場合には提出しなければならない義務があることになります。

　調書の提出期限は、前述の４つの事由が発生した日の属する月の翌月末までとなっています。時間的な余裕はありません。

　法定調書の提出義務者は信託の受託者となっています。

　受託者になられる方は、そのことも含めて考えなければなりません。

相続税法第59条　（調書の提出）

3　信託の受託者でこの法律の施行地に当該信託の事務を行う営業所、事務所、住所、居所その他これらに準ずるもの（以下この項において「営業所等」という。）を有するものは、次に掲げる事由が生じた場合には、当該事由が生じた日の属する月の<u>翌月末日までに</u>、財務省令で定める様式に従つて作成した<u>受益者別</u>（受益者としての権利を現に有する者の存しない信託にあつては、委託者別）の調書を当該営業所等の所在地の所轄税務署長に提出しなければならない。ただし、信託に関する権利又は信託財産の価額が一定金額以下であることその他の財務省令で定める事由に該当する場合は、この限りでない。

　一　信託の効力が生じたこと（当該信託が遺言によりされた場合にあつては、当該信託の引受けがあつたこと）。

　二　第九条の二第一項に規定する受益者等が変更されたこと（同項に規定する受益者等が存するに至つた場合又は存しなくなつた場合を含む。）。

　三　信託が終了したこと（信託に関する権利の放棄があつた場合その他政令で定める場合を含む。）。

　四　信託に関する権利の内容に変更があつたこと。

相続税法施行規則30条　（調書の記載事項等）

7　法第五十九条第三項ただし書に規定する財務省令で定める事由は、次に掲げる事由とする。

　一　<u>受託者の引き受けた信託について受益者</u>（受益者としての権利を現に有する者の存しない信託にあつては、委託者。以下この号において同じ。）<u>別に当該信託の信託財産に属する財産を法第二十二条から第二十五条までの規定により評価した価額</u>（当該財産のうちこれらの規定により評価することが困難であるものについては、当該財産の見積価額。以下この号において同じ。）の<u>合計額</u>（その年の一月一日から当該信託につき法第五十九条第三項各号に掲げる事由が生じた日の前日までの間に当該信託と受益者が同一である他の信託（以下この号において「従前信託」とい

う。）について当該事由が生じていた場合には、当該信託及び当該従前信託の信託財産に属する財産を法第二十二条から第二十五条までの規定により評価した価額の合計額）が五十万円以下であること。

　また、法59条にある「その他の財務省令で定める事由に該当する場合は、この限りでない。」とは次をいいます。（平成19年度税制改正の解説（引用））

「平成19年度税制改正の解説」（485頁）

(注)　調書の提出が不要とされる一定の信託とは、次のものをいいます。
　(1)　信託の信託財産の価額（当該信託と受益者（受益者の存しない信託にあっては、委託者。以下この（注）において同じです。）が同一である他の信託（「従前信託」といいます。）を引き受けていた場合は、当該信託及び当該従前信託の信託財産の価額の合計額）が50万円以下である信託（当該信託又は当該従前信託についてこれらの信託財産を相続税法第22条から第25条までの規定により評価することを困難とする事情が存する信託を除きます。）。
　(2)～(4)　‥‥‥‥　略
　(5)　次に掲げる場合の区分に応じ、それぞれ次に定める信託
　　①　信託の効力が生じた場合　次に掲げる信託
　　　(a)　特別障害者扶養信託契約に基づく信託
　　　(b)　委託者と受益者等とが同一である信託
　　②　受益者等が変更された場合等　次に掲げる信託
　　　(a)　当該信託の受益者等の変更について受託者が所得税法第225条第1項に規定する支払調書を提出することとなる信託
　　　(b)　顧客分別金信託等
　　　(c)　受益者等の変更が次に掲げる事由により生じた信託
　　　　a　受益者等の合併又は分割があったこと。
　　　　b　定型的信託契約に基づく信託の受益権について買取請求があったことにより受託者がその受益権を買い取ったこと（その受益者がその受益権を遅滞なく消却する場合に限ります。）。
　　　　c　貸付信託法の規定により貸付信託の受託者がその貸付信託の受益証券を買い取ったこと（その受託者がその受益証券に係る受益権を遅滞なく消却する場合に限ります）
　　③　信託が終了した場合等　次に掲げる信託
　　　　a　顧客分別金信託等
　　　　b　信託の終了直前の受益者等が有していた当該信託に関する権利に相当する当該信託の残余財産の給付を受けるべき者等となった信託
　　　　c　残余財産がない信託
　　　　d　信託法第182条第3項の規定により残余財産が受託者である信託銀行に帰属した貸付信託又は合同運用信託
　　④　信託に関する権利の内容に変更が生じた場合　次に掲げる信託
　　　　a　受益者等が一の者である信託（信託の受益者等のすべてが有している

信託に関する権利が同じ種類である信託を含みます。)

　　b　信託の受益者等（法人課税信託の受託者を含みます。）がそれぞれ有する信託に関する権利の価額に変動がない信託

これまでのことをまとめると次のようになります。

事　由	（補足説明）	提出する調書	提出が不要な主なケース
信託設定時（効力が生じた時）	当該信託が遺言によりされた場合は、当該信託の引受けがあった場合を含む	信託に関する受益者別（委託者別）調書及び合計表	①　自益信託の場合 ②　受益者別に計算した信託財産の相続税評価額が50万円以下の場合
受益者等が変更された時	受益者等が存することになった場合、又は存しなくなった場合を含む		受益者別に計算した信託財産の相続税評価額が50万円以下の場合
信託終了時	信託に関する権利の放棄があった場合、権利が消滅した場合を含む		①　残余財産がない場合 ②　信託終了直前の受益者が残余財産の給付を受けるべき者となった場合 ③　受益者別に計算した信託財産の相続税評価額50万円以下の場合
信託の内容に変更があった場合			受益者別に計算した信託財産の相続税評価額が50万円以下の場合

　上の表からも分かるように、委託者と受益者が同一人物である自益信託の設定時には課税は発生しませんので提出の必要はないことになります。

　しかし、他益信託を設定した場合又は相続や受益者連続型信託で受益者が変更となった時で、信託財産の評価額が50万円超の場合には「信託に関する受益者別（委託者別）調書」を提出しなければならないということです。

　ここでいう、評価額とは、相続税法上（22〜25条）の財産評価方法を用いて行うことになっています。

　特別な扱いではなく、相続税、贈与税を算定する時の評価方法と全く同じ方法で行うこととなっています。

　所得税法及び相続税法で定められている法定調書の場面を簡単に表すと次のようになります。

家族信託では、基本的に5つの場面で税務署へ法定調書の提出が必要です。

①②③⑤の場合⟹信託に関する受益者別（委託者別）調書及び合計表（相
続税法59条の規定による）⟹⟹提出期限は翌月末日まで

④の場合⟹信託の計算書及び合計表（所得税法227条の規定による）

3　罰則の定め

　上記の提出義務のある支払調書を提出しなかった場合などには罰則規定が
定められています。

　そのことについて説明をします。

　所得税法第242条及び相続税法第70条の規定により、書類の提出期限まで
に税務署長に提出せず、又はこれらの書類に偽りの記載若しくは記録をして
税務署長に提出した者は　「1年以下の懲役又は50万円以下の罰金」　が課せ
られることになります。懲役刑、罰金刑もいずれも刑事罰に該当します。

　安易に考えたり、知らなかったということはいえません。

所得税法第242条
　次の各号のいずれかに該当する者は、一年以下の懲役又は五十万円以下の罰金に処す
る。
　　五　第二百二十五条第一項（支払調書）に規定する調書、第二百二十六条第一項から
　　　第三項まで（源泉徴収票）に規定する源泉徴収票又は第二百二十七条から第二百二
　　　十八条の三の二まで（信託の計算書等）に規定する計算書若しくは調書をこれらの
　　　書類の提出期限までに税務署長に提出せず、又はこれらの書類に偽りの記載若しく
　　　は記録をして税務署長に提出した者

相続税法第70条
　第五十九条の規定による調書を提出せず、又はその調書に虚偽の記載若しくは記録を
して提出した者は、一年以下の懲役又は五十万円以下の罰金に処する

国外送金等調書法第9条
　次の各号に掲げる違反があった場合においては、その違反行為をした者は、一年以下の懲役又は五十万円以下の罰金に処する。

　考えてみてください。

　信託は、所有権を移転させることで成り立ちます。

　それが、登記・登録を要する財産の場合であれば、国税当局においても把握する手段はありますが、そうでない財産については、追跡することは難しく把握が困難になります。その結果、課税漏れ事案が増大することになります。これは大変なことです。

　信託法が改正されるまでは、許認可を得た信託銀行等が受託者となっていますし、信託を行う人は限られていました。

　国税当局においては、その信託銀行等に対して指導等を行えば、間違うことなく信託財産の課税情報を集めることができていたわけですが、信託法が改正され、親族間での信託契約が可能となった今、受託者の多くは一個人となります。

　受託者となったその一個人の方が、税務当局に書類を提出しなければならないことや受益者の方が税務申告をしないといけないことなどをどこまで周知することができているかは大きな疑問であります。

　周知徹底が上手くできなければ、申告漏れを多く作るのではないか、また、信託を悪用する者もいないとは限りません。

　申告漏れなどは、追徴課税の他に加算税が上乗せされます。

　これは、本人にとっては不幸なことであります。

　このようなことを防ぐためにも、家族信託の活用に当たっては制度の普及と税知識の周知を伴って行うことが必要であると考えます。

　このように、家族間で信託を利用して経済価値の移転があった場合、税務当局にはその実態の情報が入りにくい環境にあり、また、税法の手続きに関して、余り周知が行き届いてない信託で法定調書の提出義務者になったとしても手続きを失念してしまうおそれが十分に考えられます。

家族信託を正しく広めるに当たっては、制度だけではなく、課税の問題、法定調書の問題があることを併せて広めていかなくてはなりません。

　信託は当事者同士の契約で成立する制度ですが、その多くは専門の士業の先生に相談をされて行っているのではないかと思います。

　相談を受ける士業の先生方においては、法定調書の関係も含めたところで、信託に関する税の説明も行っていただきたいと願っています。なぜならば、税法上での法定調書の提出義務者は、受託者となっているからです。

　家族信託の受託者は、多くの場合、税法に疎い方だと思います。

　でも、信託法ではこの疎い方に多くの信託法上の義務が課せられていますが、そこにさらに税法上の知識が必要であるということを指導してあげなければ、のちに税務署から受託者の方に問い合わせがいくことになり、受託者の方は困惑されることになります。

第 **3** 章

その他

1　成年後見制度との違い

　成年後見制度は、平成11年の民法改正で、それまでにあった禁治産・準禁治産制度に代わって制定され、平成12年（2000年）に施行された制度です。

　その内容は、「民法」に基づく法定後見と「任意後見契約に関する法律」に基づく任意後見になっています。

　双方とも、「認知症・知的障害・精神障害など意思能力が低い状態の人」や「自分の財産を管理したり治療や介護を受ける契約を結んだりする意思決定が困難な人」のために、その人の判断能力を他の人が補うことを法律的に支援する目的で作られた制度となっています。

　したがって、寝たきりで外出できないなど身体的な障害はあるが判断能力には問題がないといった人については、この制度の対象者にはなりません。

　あくまでも、意思能力、判断能力に問題のある人が対象になっています。

　本人の意思を尊重しつつ、必要な代理行為を行うとともに本人の財産を適正に管理することを目的としている制度です。

　なお、この制度は、介護保険制度と同時に制定されました。

　制度導入の背景には、福祉サービスを利用するには、利用者の意思決定を尊重できる契約制度を取り入れるべきではないか等の意見があり、その中で、認知症や高齢者などの人が契約という法律行為ができない場合もあることから、そのことも議論され、結果、そこを支援する方策を制定する必要性が生じたことから、この成年後見制度が制定されたという経緯があります。

　法定後見制度は、すでに判断能力が低下している場合に利用するもので、本人の判断能力の程度に応じて、後見・保佐・補助の３つの類型に区分されています。

　抽象的な表現ですが、それぞれ次のように定められています。

　　○　後見とは、その本人が常に判断能力を欠いている場合

　　○　保佐とは、判断能力が著しく不十分な方を対象

○　補助とは、判断能力が不十分な方を対象

　手続きは、本人または配偶者、四親等内の親族、市町村長等の申立権者が家
庭裁判所に成年後見（保佐・補助）開始の申立てを行い、家庭裁判所が適任と
思われる成年後見人（保佐人・補助人）を選任する制度となっています。
　一方、任意後見制度は、本人に十分な判断能力がある状態の時に、将来、判
断能力が不十分になった時のことを考え、あらかじめ自らが選んだ信頼できる
任意後見人に、自分の希望する財産管理や身上監護に関する事務の全部又は一
部について代理権を与える任意後見契約を、公の機関である公証役場で結んで
おくというものです。
　そして、本人の判断能力が低下した後に、任意後見人が、任意後見契約で決
めた事務について、家庭裁判所が選任する「任意後見監督人」の監督のもと本
人を代理して契約などをすることによって、本人の意思にしたがった適切な保
護や支援をすることになっています。
　任意後見監督人は、任意後見人の業務を監督する立場の人のことです。
　任意後見制度の場合、任意後見契約内容を本人と任意後見人との間で決定す
るので、法定後見よりも、本人の意思を反映させることが比較的容易といわれ
ています。
　なお、公正証書の内容が法務局に登記され、その後、本人の判断能力が低下
した段階で、申立てにより裁判所において任意後見監督人が選任されて、はじ
めて任意後見人の効力が発生することになっています。
　ここから、後見がスタートします。

　このように、法定後見は、判断能力が既に失われたか又は不十分な状態であ
るため、自分で後見人等を選ぶことが困難な場合に、裁判所が後見人を選ぶ制
度であるのに対し、任意後見は、まだ判断能力がある程度（後見の意味が分か
る程度と言われている。）ある人が、自ら後見人を選ぶ制度となっています。
　成年後見人の権限として認められる内容は、預貯金の解約や株式の売却、遺
産分割協議や相続の手続き、病院・介護施設への入院・入所契約などとなって

います。

　また、<u>財産管理に関する法律行為</u>では、本人の資産や負債、収入や支出の内容を把握し、その範囲において、本人のために必要な支払いなどを行いながら資産を維持していくことにあります。

　一方、<u>身上監護に関する法律行為</u>では、介護契約や施設入所契約など、本人の身の回りの世話や療養看護に関することとなっています。

　そして、この身上監護は成年後見制度でしかできません。家族信託ではできませんので誤解のないようにしてください。

　私がこの項で伝えたいことは、財産管理では、「<u>本人のために必要な支払いなどを行いながら資産を維持していくこと。</u>」というところです。

　成年後見制度では、財産管理を行うに当たっては、<u>ただ本人のためだけにしかできないということです。</u>

　家族のためには基本的には使えないということです。

　なぜならば、成年後見制度はその人の財産を維持することが目的だからです。

　・投資をする・・・・リスクがあり財産維持が困難、

　・貸家を建てる・・・本人のためになぜ必要なのか、

　・相続税対策を行う・・対策を講じて得をするのは本人ではなく相続人、

となるから、このような行為は裁判所が認めないと言われています。

　財産管理については、成年後見制度では今ある財産を維持することが目的となっており、さらに家庭裁判所の監視下で厳しいチェックを受けて行わなくてはなりなせん。

　一方、家族信託での信託財産の運用については、家庭裁判所の監視下には置かれていないこともあり、信託行為の中で定められた範囲内であれば柔軟に行うことができます。

　このことが、家族信託のメリットと言われているところです。

家族信託の受託者と成年後見人の対比

	家族信託上の受託者	成年後見人（法定及び任意）
権限	・信託財産の管理、処分 （身上監護権はない）	・財産管理、法律行為の代理、身上監護
財産の処分や運用の可否	・信託行為の範囲内で自由な処分や運用ができる。	・財産を本人のためだけに使うことが求められている。 ・「生前贈与」や「相続対策」「財産の処分」などの財産の減少となるようなことは認められない。
不動産の処分等	・信託行為の範囲内で受託者が自由に処分できる。	（法定後見の場合） ・処分は家庭裁判所の許可が必要 （任意後見の場合） ・家庭裁判所の許可は不要であるが、説明のできない処分は事後において問題とされる。
悪質な訪問販売等への対応	・受託者にはその取消権は認められてないが、信託財産は受託者の管理下にあり、被害の対象になることはない。	・法定後見人は取消権を行使し被害の回復は可。
預貯金口座の相続手続き	・預貯金口座の凍結はされないため、引き続き受託者の管理下で利用が可能。 （委託者が死亡したら信託が終了という設計ではダメ。）	・預貯金口座は凍結される。 （解除には時間がかかる。） ・被後見人の死亡により後見業務が終了するので、相続人に相続財産を引継げばその後の事務や遺産整理は後見人の業務権限外となる。
受託者や後見人への監督機能	・信託監督人等の監督機関を任意に設定することが可。	・家庭裁判所の監視下にある。 （年に一度の報告義務がある。）
倒産隔離機能の有無	・信託財産は、委託者、受託者のいずれの倒産からも隔離される。	なし

（参考）

○　令和３年12月末日現在の成年後見制度の利用者数　239,933人
　（認知症患者数（予備軍含む）は862万人、　割合：2.8%）

○　令和２年２月12日のマスコミ報道（読売新聞）
　見出し《　成年後見制度・半数が知らず　》（内閣府調査）
　「内容は知らないが言葉は知っている、内容も言葉も知らない」が全体の49％。

2　遺言との違い

　遺言とは、遺言者が自らの生涯をかけて築き守ってきた財産を、有効にそして有意義に活用してもらうためにその意思や想いを言い残す行為であり、書き留めたものを遺言書といいます。

　遺言は民法第960条「この法律で定める方式に従わなければすることができない」とあり、要式行為（一定の方式によることを必要とする行為）となっていることから、これに違反する遺言は無効になります。

民法第960条（遺言の方式）
　遺言は、この法律に定める方式に従わなければ、することができない。

民法第961条（遺言能力）
　十五歳に達した者は、遺言をすることができる。

民法第963条
　遺言者は、遺言をする時においてその能力を有しなければならない。

　また、遺言は相手方のない単独行為であり、その効力は民法第985条で、遺言者の死亡後に効力が生じる法律行為とされています。

民法第985条（遺言の効力の発生時期）
　遺言は、遺言者の死亡の時からその効力を生ずる。
2　遺言に停止条件を付した場合において、その条件が遺言者の死亡後に成就したときは、遺言は、条件が成就した時からその効力を生ずる。

　そして、民法第1022条では、「遺言者はいつでも遺言の方式に従って、その全部または一部を取消すことができる」　と定めていますので、遺言者は、自由に取り消しや変更を行うことができることになっています。

民法第1022条（遺言の撤回）
　遺言者は、いつでも、遺言の方式に従って、その遺言の全部又は一部を撤回することができる。

　遺言書は、新しい日付のものが優先され効力を持ちますので、新しい遺言書

を作成するとそれまでの遺言書は効力を失うことになります。

　遺言書のメリットについては、①相続人間の争いを避けることができる、②自分の好きなように財産を分けることができる、といわれています。

　もし、相続が発生して遺言書がない場合には、亡くなった方の法定相続人が遺産をどのように分けるかという遺産分割の話合いを行うことになります。（「遺産分割協議」といわれています。）

　この遺産分割協議では、相続人全員の参加のもと、相続人全員の同意を得ることが必要となっています。

　参加しない人が一人でもいる場合や遺産分割案に反対する人が一人でもいるならば、協議は成立しません。

　亡くなった人の大切な財産を巡って相続争いが起きてしまいます。

　まさに、争続（争族）になります。

　相続争いでは、血の繋がりがある親族だからこそ遠慮のない状態となり、言いたいことを主張し合うなどして合意には至らず結局は決裂したという話を耳にすることがあります。

　また、遺言書を作成する場合には、法律で認められている遺留分にも注意をしなければなりません。

　これを無視すると、これがトラブルの引き金になる可能性があります。

　遺産争いの状況をご存知でしょうか？

　令和元年の死亡者数は約138万件、令和元年の家庭裁判所への遺産分割協議調停申立件数は15,842件でした。単純に、この２つの数字から約87件に１件の割合で家庭裁判所での調停となっているという見方もできます。

　最高裁は遺産分割事件について、「新受件数は，高齢化の影響等により，長期的に見れば増加傾向にある。」と発表しています。

　近年、権利意識の高まりとともに書籍やインターネット等により相続に関する様々な情報が入手しやすくなってきたこともあり、自己の相続分を主張する人が増加しているのではないかと思われます。

　また、その他にも、核家族化による兄弟姉妹の価値観の相違や経済格差、親の高齢化による介護負担の問題などいろいろな原因があるようです。

　おそらく、今後も、裁判所に持ち込まれる案件が増えてくることも予想されています。

（参考）令和元年の遺産分割事件のうち認容・調停成立件数における遺産の価額別割合
【出所】最高裁判所「令和元年司法統計年報　家事編」

　　　　1,000万円以下 ……33.89%
　　　　1,000万円超で5,000万円以下…42.87%
　　　　5,000万円超で1億円以下…10.80%
　　　　1億円超で5億円以下…… 　6.78%
　　　　5億円を超える ……0.58%
　　　　算定不能・不詳 ……5.08%
　　●　遺産分割でもめるのは約77%が遺産5000万円以下

　そして、令和元年の遺産分割事件（平成29年発表）の内容を見ると、意外なのは、大富豪の莫大な遺産をめぐり大勢の相続人が泥沼の争いを繰り広げているのではないかとのイメージとは異なり、裁判になっている案件は遺産総額が1千万円を超え5千万円以下の方の割合が42.87%と最も多く、1千万円以下は2番目に多く33.89%という状況になっています。

　遺産総額が5千万円以下では、全体の76.76%と約4分の3を占めています。

　相続でもめる「争続」は、身近なところで起きるということだと思います。

　ところで、遺言書は単独行為であることから、自分一人で作成する中で分配の仕方などで悩むことも多々あるようです。

　さりとて、何もしない状態で相続が発生すれば、法定相続により分割され、親に尽くした者からすると何もしなかった者に対して不満と怒りが生じ、相続人の間でしこりが生まれることになります。

　相続人同士が、遺産分割において揉めることなくスムーズに行えることができればそれが最善ではありますが、先ほども話しましたように現実は厳しいようです。

　これが家族信託であれば、まず、契約で信託行為を行う時には基本的に受託

者になっていただく人（信じて託せる人）と話し合わなければなりません。

　そこには、関係者全員を集めて話し合うことも可能です。

　皆さんの了解の下でオープンに話すことができれば、後日のトラブルを避けることができます。

　遺言書がない場合で、相続人間で遺産分割協議を行う時は、被相続人は既にいませんので、歯止めがかかりませんが、家族信託では、まだ依頼者である委託者は実在していますので、自分の考えや希望を伝えることが可能であり、また、重石となりますので円満な話し合いになることが十分に期待できます。

　もちろん、親（委託者）に対する相続人の貢献等も加味した、互いに納得できる受益権の分配が可能になります。

　そして、遺言書の効力は、相続が起きたのちに発生するのに対し、家族信託は信託契約書作成と同時に効力が発生します。

　このことは、親（委託者）が健在なときから信託内容がスタートすることになりますので、親（委託者）の指導を受けることも可能です。

　次に、遺言書と家族信託との優劣について、説明いたします。

　家族信託も遺言制度も、財産の円滑な承継を実現するという点では同じ目的をもった制度です。

　そして、意外なのは、家族信託であっても遺言代用信託の方法を取り入れれば、遺言書の役割も担うことができるということです。

　気になることは、家族信託制度の普及が進んでいない中では、遺言書と家族信託の双方を取り入れて財産管理や資産承継などを行う人が出てくることも考えられます。

　例えば、一つの財産について、

　①　遺言書を作成した後に、家族信託契約を締結する場合
　②　家族信託契約を締結した後に、遺言書を作成する場合　です。

①の場合
　遺言書は、新しい日付のものを優先することになっています。

　遺言代用信託の場合は、遺言効力が認められていますので、遺言書を作成した後に、家族信託契約（遺言代用信託）を締結した場合は、遺言書に抵触する部分については、家族信託契約が優先されることになります。

②の場合

　信託の基本は、委託者の財産が受託者に移転するということです。

　家族信託によって信託財産に組み入れた財産は、委託者固有の財産から離脱し、所有権は移転して受託者所有となり、信託財産として存在することになります。

　したがって、家族信託契約を締結した後に、委託者が別途遺言書を作成したとしても、信託財産に組み入れた財産は委託者の財産ではないので、遺言書に書くことはできません。仮に書いたとしてもその部分については効力が及ばないことになります。　結果は、家族信託が優先されます。

　結論としては、上記①、②ともに家族信託が優先されることになると考えます。

プロフィール

著者 山 田 吉 隆

大分県出身

昭和45年4月　熊本国税局採用

昭和46年4月　大阪国税局　東税務署配属

平成19年7月　豊岡税務署長

平成22年7月　芦屋税務署長

平成24年7月　芦屋税務署長（退官）

平成24年8月　公益社団法人天王寺納税協会専務理事

平成24年9月　税理士登録

平成31年3月　公益社団法人天王寺納税協会専務理事（退任）

家族信託の税金

令和5年6月15日　初版印刷
令和5年6月26日　初版発行

不　許
複　製

著　者　　山　田　吉　隆

一般財団法人　大蔵財務協会 理事長
発行者　　木　村　幸　俊

発行所　　一般財団法人　大蔵財務協会
〔郵便番号　130-8585〕
東京都墨田区東駒形1丁目14番1号
（販売部）TEL03（3829）4141・FAX03（3829）4001
（出版編集部）TEL03（3829）4142・FAX03（3829）4005
http://www.zaikyo.or.jp

乱丁、落丁の場合は、お取替えいたします。　　　　印刷・恵友社
ISBN978-4-7547-3140-3